イデアの哲学史

啓蒙・言語・歴史認識

神野慧一郎 著

ミネルヴァ書房

はしがき

近世哲学の流れは、合理論から経験論への移行と、その両者の総合、という形で述べられることが多い。そういう記述の仕方が間違ったものだと言うつもりはないが、そこにはいくらか問題があるのではなかろうか。時代を近世に限定したとしても、史上の哲学者たちを合理論者か経験論者かとする分類枠は、いつも適切というわけではない。加えて、それら両者は、少なくともある意味で知識概念の理解に関して対立的なのに、いかなる接点を通して互いに議論しあえたのか、つまり合理論と経験論とは、どういう次元で議論しあえたのか、なぜそれはカントによって総合されえたのか。これらのことは必ずしも明白ではない。

本書では近世の哲学の流れを別の基軸で、つまり観念説の変遷という観点から見ることにした。奇を衒うものと思われるかもしれないが、実はそうではない。これは、かつてホワイトヘッドが言った「西欧の哲学史はプラトン哲学への脚注である」という発言に触発された哲学史の見方の一つのつもりである。観念すなわちイデアという概念は、言うまでもなく元来プラトンの哲学が生んだ考えである。そして「観念」は、デカルト以後の近世哲学史の一つの中核をなす考えである。

哲学史の流れの見方をこのように変えてみることの目的の一つは、上記のとおり、合理論と経験論とが、哲学の議論としてどういう点で噛みあっているかを明らかにすることにあるが、その他にも私の抱いていた目的は、歴史の理解に用いられているキャッチ・ワードが独り歩きをする結果、しばしば実情を歪めているものだということを具体的に指摘することであった。たとえば我々は、一方の合理論は知識の源泉を知性にあるとし、他方の経験論はそれを経験にあるとするというような、粗雑な表現のもたらす誤解から脱却せねばならない。
このような誤解に捕らわれているなら、たとえば、近代の科学が合理論に基礎づけられて成立しえた理由が理解できなくなるのではないか。というのは、一方で近代科学は、合理論に基礎づけられたことによって神にその基礎づけを仰いでいたこと、デカルトの場合に見てとれるごとくであるのに、なぜその近代科学が「神なき時代」を招来したことになるのであろうか。そしてまた科学、特に自然科学が、経験や観察に基づくと言われるのはなぜなのか。

たしかに近世の思想の流れは、神への求心力で動いていた中世の思想に比べると、人々が微妙に「神」から遠ざかって行くという傾向を示す。近世哲学の流れを観念説から見ても、やはりそうした成り行きを描くことになる。近世の後である現代は、「神なき時代」であるのかもしれない。しかし、たとえ現代はそのような時代であるにしても、そのことは、近世の思想や科学が、無神論へと直結するという、しばしば主張される見解を支持するものではない。私の述べたい近世哲学の流れは、むしろそういう見解に対する批判をも含む。近世における観念説の設定をデカルトに見るなら殊にそうである。というのも彼は近世哲学の基礎を構築することを通じて、近世における自然観の哲学的基礎を構築したわけであるが、彼の哲学は神を外せば瓦解するからである。

たしかに彼以後の自然観の変遷は、やがて無神論あるいは唯物論という分枝をも生じさせたが、少なくともそれらは機械論的自然観の論理的帰結ではない。たとえばベルジャーエフは、機械論的自然観をもたらしたのはキリスト教だと言っている（『歴史の意味』）。つまり人間の存在を精神と自然とに厳しく分割したのは、むしろキリスト教だという意見である。実際、機械論は、キリスト教の精神主義が、あるいはそれへの反動が、もたらしたものかもしれない。この意見が正しいかどうかはここで論じないが、もし正しいとすれば、デカルトの自然観は無神論を誘う主張ではなく、機械論的自然観はむしろキリスト教のもたらした一つの帰結である。デカルトは自然成立の背後に神を置くことによって、神と人間との間に適切な隔たりを与えたのだ、と解釈すべきことになるであろう。彼は神に最初の一蹴りだけをさせたのではない。少なくともデカルトに対するパスカルの非難は当たらない、と私は考える。たとえば、近世におけるプロテスタントの広がりは、精神界と自然界との不自然な関係（奇跡信仰）の廃棄と無縁ではなかろう。

あえて言うならば、規則に従って整然と運行する自然は、自然を粗末にする傾向どころか、むしろ逆に、自然への敬意とその美への讃嘆を生んだ。思想の歴史は、科学の成立を無神論の産出や自然破壊と同一視するような簡単な扱いでは片がつかない。科学的知識を利用しての技術による自然破壊が行われてきたという事実は、科学知識が自然破壊を帰結するということを論理的に意味するものではない。

本書は、四つの章からなっているが、第1章では、「観念」を近世初頭の哲学史の軸にして、デカルトからヒューム、カントに至る近世哲学の繋がりを見直した。この間にあってロックは、観念についての議論において合理論的な考えを継承しつつ、他方で、外的な事柄についての観念は経験によって得られるものであるという意味での、経験論の立場に立って議論を展開している。尤も、デカルトからロックへ、つまり合理論から経験論への移行を観念に即してより詳細に見るには、マールブランシュやアルノーらの「観念」についての理解と論争を考察すべきであるが、ここではその点に立ち入る余裕がなかった。ロックの後には、バークリやヒュームなどが続くということになる。

ロックの思想における合理論的要素の存在を主張するのは、第3章（近世の言語哲学）での議論への布石でもある。ロックの考えは、啓蒙思想を理解する一つの契機であるだけでなく、また近世における言語哲学の流れの理解にも繋がる。ロックは合理論的な要素を取り入れたが、彼の「観念」は、当然また合理論者の観念と同一ではない。ロックの考える観念に基づけば、「同一のものを見ている人は、いずれの人も同一の観念を持つ」ということを意味しない。たとえば、「赤い」という観念は、それぞれの人で異なってなっているかもしれない。合理論者なら、そういうことは観念の定義からしてありえない、と考えるであろう。それゆえ、ロックの認識論は、合理論者たちとのそれと、基本的に構造と目的が違うものにならざるをえない。

第**2**章では啓蒙の時代について述べたが、ここでは近世の啓蒙の始まりを一七世紀のロックの思想に置き、啓蒙期の時代を拡げるという提案をした。このことによって、これまで啓蒙の時代に関し英国が置かれていた奇妙な地位を解消することができる。というのも、我々の見解に従えば、英国ではスコットランドにのみ啓蒙運動がありイングランドには啓蒙的な活動の時期がなかったのではなく、むしろイングランドが啓蒙の先進国であったと見うるからである。啓蒙の思想を述べたダランベールの「序論」が、ベーコンのみならずロックやニュートンに払っている敬意を見れば、この提案はそう無理な考えではなかろう。

スコットランド啓蒙が人目を惹くということは、イングランドに啓蒙期がなかったということを意味しない。事実はむしろ、スコットランドはイングランドの圧迫下に、政治的にも経済的にも国家的困窮の状態にあったゆえにイングランドに遅れ、またいろいろな意味でそこから圧力や衝撃を受けて奮起し、一八世紀にいわゆる「スコットランド啓蒙」と謳われた時期を迎えたということではなかろうか。ちなみに、ある意味でスコットランドと同様な立場にあったアイルランドには、バークリやスウィフトのような知識人が生まれているが、啓蒙と呼んでよいような社会史的・思想史的現象はそこに見てとり難い。

なお、英国も国王の首を刎ねるという惨事を経験したが、後のフランス革命ほど悲惨な経験をせずに済んだという事実は、啓蒙思想自体に惨事の原因が含まれていたのではなく、政治的、社会的（宗教問題も含めて）な偶然的な原因が大いに歴史の成行きに関係していたことを示唆するであろう。たとえば英国の宗教事情は、フランスとは大分異なったものであった。

啓蒙の時代を理解するには、それを一八世紀フランスの現象として見るよりも、一七世紀の英国、特にロックの思想から始まる、深く長いうねりをもつ幅広い現象として見るほうが素直なのではないかと思われる。フランスでの啓蒙思想が英国のそれに比して、過激な、時には極端なと思われる形を取った理由については、ドルバックの『自然の体系』の冒頭の発言が極めて的確に物語っている。あるいはフランス革命の時代がもはや理性の時代ではなく、感情（情念）の時代であったことは、たとえばレッディ著『感情の航法』（W. M. Reddy, *The Navigation of Feeling : a framework for the history of emotions*, Cambridge Univ. Press, 2001）の人類学的、社会心理学的考察が示すところである。

近世における啓蒙は一七世紀英国に始まるとしても、思想としての啓蒙のアクメは、ヨーロッパ全体として見れば一八世紀のフランスにあったというのが適切なのかもしれないが、そのアクメはフランス革命以前に終わっていた。実際また、啓蒙思想家が行動としての啓蒙（革命）を主導したわけではない。啓蒙思想家のほとんどが、その時期には生きていなかった。

啓蒙思想の再吟味の必要を喚起するのもここでの狙いの一つである。というのも、現代における啓蒙の時代の評価にはネガティヴなものが多いが、そうした主張は少し性急に過ぎるのではあるまいか。思うに、我々の時代はなおまだ啓蒙思想の掲げた理想ないし価値の実現の途上にあり、それを行動の指針とし続けていると言えようからである。それゆえ、啓蒙思想とはいかなるものであったかをもう一度想起し、吟味してもらいたい、というのが私の希望である。端的に言えば、啓蒙思想の掲げた、自由と平等との両立は、今なお我々の課題ではなかろうか。もちろん、だからといって私は、啓蒙思想を全面的に肯定するつもりはない。

近世思想の襞《ひだ》を明らかにするためには、上記のことに続いて、「自然」観念の変化とその影響について述べるのがよいであろう。「自然概念」に関して、まず古代から近世への変化とは何であったか、そしてそれに応じて、近世の自然観の主軸ないし基本的発想（あるいは思想的先駆者）はニュートンではなく、ある意味では、むしろデカルトにあると言ってよい理由を述べるつもりであったが、それは省略せざるをえなかった（近代的自然観の問題については、拙論：「近代的自然観」『哲学』22、法政大学出版局、一九七二年を参照されたい）。

その論述は、啓蒙の時代においてヴォルテールやダランベールがデカルトの先駆性を主張したことの支持になるのかもしれないが、私は、文化におけるナショナリズムを助長するつもりはない。歴史の流れを明らかにしたいだけである。

近世を導いた主要な考えの一つに、「ニュートン主義」と言われるものがあるが、その内容は見定め難い。ニュートンにはあまりにも多くの顔があった。それゆえ彼の考えを「ニュートン主義」と言ってみてもあまり説明にはならない。それゆえ、彼の自然哲学の中核的な部分がいかなる背景を持つかを明らかにすることは有益であり、かつ必要であろう。そうした解明の鍵は、自然科学的知識に関しては、それがデカルトの思想の存在であると私は考える。それゆえ自然観念の変遷に関して、デカルトに触れる私の目的を積極的に言えば、歴史の中の襞をより明らかにするため、ということになろう。もちろんヴォルテールやダランベールの主張を支持するといっても（本書一〇六頁参照）、彼らが、現代の知見（たとえば二〇世紀のＪ・ヘリベルの議論）を知っていたというのではない。彼らがそういう主張をしたという事実を確認することは、啓蒙の時代の、より客観的で包括的な歴史的理解の手掛かりを述べることになるというのが、私の考えである。

自然観の変遷を述べるもう一つの狙いは、自然の機械論的な把握がどういう影響を歴史の上で残したかを明らかにすること、たとえば近代の自然科学的知識が、宗教や美学にもたらした、いわば良き影響を指摘するということにあった。それは、科学に対する不毛な嫌悪や誤解を除くためである。

私はもちろん、デカルトを不当に弁護するつもりはない。また科学至上主義を唱えるつもりもない。科学は万能ではない。科学は道徳判断を生み出さない。しかし、道徳判断を変化させることはある。それゆえ我々は科学知識とはどういうものかを明確にする必要がある。実際、人々は科学的な知見に頼って「脳死」という観念を作り上げ、さらに一種の生体移植を法的に認めるに至った。脳死は人格の崩壊と同義であると見てもよいであろう。また人の命を救うことはよきことである。けれども「死」についての新しい定義を導入してまで生体移植を行うことは、

「生死」の問題や、社会全体のあり方という問題にとってよい結果をもたらすことであるかどうか、そこにはまだ疑問が残りうる。それは我々の生の理解に対する、予期せざる、おそらくは悪しき結果をもたらすのではないか、私は不安を抱いている。

「死」の定義の推移は、科学が自動的にもたらしたものではない。それは、人間の欲求の実現の為に科学的知識が用いられた結果生じた決断によるものである。一般に、科学は道徳判断や政策決定には役に立たない（決められた政策の可否判定や、実現手段の考案には役立つであろうが）。心臓の生体移植は、科学の知識とそれに支えられた技術とが可能としたものであるが、生体移植の実施は現代人の決定がもたらしたものである。原爆の保有は、原爆の使用を論理的に含意しているわけではない。使用には保有ないし使用する人の決断を必要とする。それゆえ、ある国が、自国民の死を減らすために原爆を用いる決定を下し、敵国を絶滅させたなら、それは道理ある行為と言ってよいかどうかが問題になりうる。

原爆を製造しうる知識と技術とが、原爆の使用を論理的に含意しているわけではない。原爆使用の決定と脳死に基づく心臓移植の実施との間には、この面に関して、共通点はないであろうか。

私が自然観の変遷を述べたいと思った理由は、大まかに言えば、歴史の複雑な構造、つまり、その一筋縄では捉えることのできないあり様の実例を示したかったということにある。しかし、それは、またの機会に譲らねばならない。

第**3**章は、近世における言語哲学の流れを「観念説」に沿いながら取り上げている。この章はホッブズから始めるが、近世における言語の問題の主流は、ロックからコンディヤックへの線（「観念説」で結びうる）にあることを示そうとした。つまり、第**3**章は、近代初期における言語哲学の議論の大綱はロックにあり、それがコンディヤックによってさらに引き継がれ、発展させられたことを述べている。ただ注意すべきは、ロックは合理論的な立場に立つポール・ロワイヤルの影響を受けており、それも当然コンディヤックに引き継がれているということである。

しかし、コンディヤックの思想は誤解され、『人間認識起源論』における彼の言語哲学上の功績は、なぜかヘルダーに奪われた。その成り行きは、単に理論的問題としての哲学の歴史を見るだけでは解明できない性質のものらしいが、その解明に踏み込むことは本書ではできなかった。

ヘルダーが述べたことは、コンディヤックの考えと似たようなものであった。しかし、両者の間に大きな違いがあると一般に思われてきた。そうした間違った理解を歴史の正しい事実把握だとし、しかもそうした誤解が一般的意見となるという事実が成立したところに、啓蒙への悪評の成立理由と、一九世紀の反動が生んだ歪みの一つが見て取れる。啓蒙への悪評の成立した背後に、一九世紀という歪みの時代があるのではなかろうか。英国の一九世紀におけるロックの不評、コンディヤックに対する不当な理解と扱い、これらが示すのは、啓蒙思想の軽視や、むしろ啓蒙思想への憎悪を生む地盤が、その時期に出来上がっていたことではないのか。歴史は、見直す必要があるように思われる。私の現在の能力の範囲では、一九世紀をも含めた議論に踏み込みえなかったけれども、少し得体のしれない不透明な感じのある一九世紀の思想的風土をよく整理しないと、その後の哲学の状況も把握しにくいところがあるように私は思う。この問題に関しても他日を期したい。

以上のような様々なことを念頭に、最後の第4章では、歴史的知識の分析を行った。そして、ともあれ、今回はこれで筆を擱くことにする。

イデアの哲学史——啓蒙・言語・歴史認識

目次

第1章　近世哲学史の流れ

1　流れを眺める視点――観念

ふつう近世哲学の歴史を述べる場合、その大筋は、最初にデカルトの哲学か、またはベーコンの哲学を置き、その後を合理論と経験論の流れとして叙述し、やがてカントがそれらを統一して近世哲学の一つの決算を提出したというふうな筋書きとなる。

この筋書きは、それほど不当なものではない。けれども、人は同じ景色が別様に見える経験を持たないであろうか。最近は列車が速く走るので、特に新幹線などは、車窓から見える景色を楽しむ幸せを滅多に与えてくれないが、昔は特急でも、そうした楽しみを味わうことができた。同じ場所の景色が、行きと帰りとでは、別の場所のように思えた記憶が多い。

昔のことを持ち出さなくても、曖昧図形（多義図形）や反転図形のことを思い出していただけば、私の言おうとすることは納得していただけるであろう。「うさぎ」の絵か、「あひる」の絵か。また、向き合って見合っている二人の顔の図形か、立派な壺の図かというようなゲシュタルト心理学の教科書の挿絵を思い出していただけばよい。

そういう意味で私は、近世哲学史の流れを、少し角度を変えて眺めてみようと思うのである。合理論と経験論という二つの山脈が交錯し、より大きな山系を構成している景色も壮大であるが、そうした山脈の一つの尾根が案外、いくつかの山系を結ぶ脊梁であったりするかもしれない。

歴史というものは、過去に起こったことを全部網羅することではないし、そういうことはそもそも不可能である。過去を歴史という形で概略化する場合、そうした概略化のための何らかのパースペクティヴがどうしても入って来るであろうし、パースペクティヴとまでは言わなくても、どの山を、あるいはどの尾根を重視するかという、選択が入って来ざるをえないであろう。私の試みは、近世哲学史についてそういう視点の変更をしてみようということである。

そこで我々の問題は、まず近世哲学の始まりをどこに置くか、ということである。ここで常識に従えば、既に言ったごとく、それはベーコンまたはデカルトからということになろう。この常識について私はそれほど異論を持つわけではない。しかし、歴史の流れの中でのベーコンは、今のところ少し奇妙な位置に置かれているように見える。というのは、一方で、彼は早くからスコラ哲学に不満を持ち、自然研究を実験的に行って、自然についての知識を持っていたし、人間の自然に対する支配力を増すことを学問の目標とした哲学者として評価されている。

彼の主張のおおよそは、こうである。すなわち、その目標を果たすために、我々は虚心に自然の事実を受け入れねばならない。そのためには我々の偏見を除かねばならない。そういう偏見を彼は「イドラ」と呼び、四種類に分けている。①個人的偏見である「洞窟のイドラ」：好き嫌いのようなもの。②種族的偏見である「種族のイドラ」：感覚や想像のごときもの。③社会的偏見である「市場のイドラ」：言葉と事物を混同するようなこと（この偏見は人と人との交わりから生ずる）。④伝統的な思想からくる「劇場のイドラ」：独断論や懐疑論のような説（これらの説は人間の人工であり、宇宙の実像を与えない。つまり劇場の舞台での演技のようなものである）と呼んでいる（『ノヴム・オルガヌム』第1巻第39節、第41節、第42節、第43節、第62節などを見よ）。

しかし、偏見や先入見を捨て、実験を重視し、自然研究にいかに進むのか。これについて彼は、アリストテレス以来の演繹的な論理に代えて、「帰納法」を提唱した。これは、事実を集めてそこから一般的法則を導くという方法である。つまり、彼は、新しい論理学を提唱した人として知られている。そして、これは彼を近世の思想を切り開いた人の一人とするにふさわしい。

ところが、他方、彼は彼自身の侍医であるウイリアム・ハーヴェイの輝かしい科学的業績（血液の循環）を無視したばかりでなく、ギルバートの磁石理論もオッカルト的空想であるとして斥けている。これは彼の実験重視とどう折り合うのか。さらにまた彼は、コペルニクスを嫌い（地動説を採らず）、ケプラーの法則を無視し、ガリレオの地動説に基づく潮汐理論を斥けたとされている。これは実験重視という指針の悪しき適用ではないのか。

もちろんベーコンについてのこうした断定は正しいのかどうか、資料的な問題があるのかもしれない。しかし、そういう断定も全く不当とは言えない気がすることも事実である。実際のところ、二〇世紀の科学哲学者は、ポパーのような例外を除いては、あまりベーコンに関心を払わなかった。ラッセルもムアもウイットゲンシュタインもベーコンについて論ずることは殆どなかった。こうした二〇世紀の科学哲学者たちの態度が容認しうるものであり正当なのかどうか、私は今のところ断定を控えたい。というのも一七、一八世紀の人々が彼に払った敬意を見るとき、二〇世紀にはきわめて一般的であったこうした意見ないし態度については、今一度、もう少し詳しく研究し直す必要があるようにも思えるからである。ベーコンを専門的に研究していない私は、ベーコン解釈上の問題について意見を述べる立場にはない。もう少し彼を親切に読むことが必要なのかもしれない。ともあれベーコンの哲学的な意見については、ここでは立ち入らない。私は近世哲学の始めをデカルトに置くことにする。

ベーコンの哲学の主張が、本当はいかなるものであったにせよ、彼はやがてロバート・フックやロバート・ボイルらの称賛を受けることになる。「仮説を造らず」というベーコンの主張は、ニュートンの座右の銘でもあった。もちろん、こうしたベーコン讃辞は、ロイヤル・ソサエティの成立はある意味でベーコンの遺産であるからには、彼が当然受けてしかるべきものではある。のみならず、彼に対する称賛の声は英国内のみでわき起こったものではなかった。実際彼は、ヴォルテールやフランスの百科全書派によって、またカントによって、近代科学の創始者として祭り上げられることになる。ただし、『百科全書』の「序論」を書いたダランベールは、確かにベーコンを自分たちの天才的大先達として称賛しているが、ベーコンの理論上の具体的貢献については、知識の分類のこと以外には、あまり触れていない。むしろ「彼の哲学は誰かを驚かすにはあまりにも慎重であった」とダランベールは言う。もちろんベーコンは宮廷人であるゆえ、身を処すに臆病ですらあったであろう。にも拘らず彼は収賄という罪で挫折するのであるが。

ベーコンは、エリザベス一世や特にジェイムズ一世に仕えた高官でもあった。そしてベーコンは、科学というものが、個人的な研究ではなく、共同で研究するものであるという確信を持っていたので、ジェイムズ一世に様々建言していたようである。実験科学の推進のための大きな学校を造り、また学識者の研究社会を設立し、ケンブリッジとオクスフォードに科学の教授職を創設するように提案していた、と言われている。これらの意見は彼の生前には実現することはなかったが、いくつかのことは彼の死後実現された。ロイヤル・ソサエティは全くベーコン的な精神で作られたものであり、ジェイムズ一世の孫であるチャールズ二世は、その熱心な援助者であった。ロイヤル・ソサエティのようなことについてのベーコンの考えの原型は『ニュー・アトランティス』の「ソロモンの家」に見て取れよう。

けれども、ベーコンをこうした社会的な制度の提案者としてのみ見ることは、ベーコンを正しく見ることには必ずしもならないのではないかとも考えられる。それは彼を単にプロジェクトの企画者にしてしまう危険があるような気がする。ベーコンの哲学的主張についての研究が今後進められるよう期待したい。ともあれ、彼の主張は、世を動かす大事な主張であった。私は、近世哲学の流れをデカルトの考えから発するという形で述べる。しかしベーコンの存在の重要性は、はっきり認定しておかねばならない。

蛇足であるが、カントは『純粋理性批判』の第2版序言でベーコンを高く評価し、自然科学における近世の進歩を促したものの一部をベーコンの提言に帰している。また、ベーコンは『学問の進歩』第2巻、(河出書房版、訳7・

2、7・3、pp. 85-87、岩波文庫版では pp. 161-163）において、「第一哲学」と「形而上学」とを区別し、形而上学をむしろ自然学に結びつけているが、これはカントの『純粋理性批判』における考え、すなわち、「自然の形而上学」が、学問的認識の条件を示すという意味での超越論的哲学（「感性論」と「分析論」）という形で成立するという考えを連想させるものがある。

さてデカルトの話である。デカルトについてはこの国でもかなりよく知られているし、解説書も今ではいろいろあり勉強には事欠かない。しかし、やはり私の強調点を述べておく必要があるであろう。

2　デカルトの哲学

(1) デカルトの「観念」または観念説

前節に述べたことに基づき私は、近世哲学についての話をデカルトから始めることにする。といっても私はデカルトの哲学の概説を試みるのではない。デカルトについての解説書は既にたくさん書かれていることであり、今さら新しい本を書く意義はあまりない。ここで私が述べようとしているのはデカルトの観念説である。念のために言えば、「観念説」という言葉はデカルト自身が用いている言葉ではない。それは後代、特に二〇世紀に用いられ始めた言葉であろう（余計なことかもしれないが、この表現は、言葉としては、トマス・ヒル・グリーンが編集したヒュームの『人間本性論』の『入門』において使われている。これは後に『ロックとヒューム』と題する単行本として出版されている）。

観念説というのは、英語では、theory of idea ということになる。そこに用いられている idea という言葉は、今では観念と訳されるのが普通であるが、それは元来「イデア」からきた言葉であろう。イデアというのは言うまでもなく、プラトンの哲学の中心概念である。プラトンにおいてイデアは、ものの存在の根拠でもあり、認識の根拠でもあった。たとえば、「石」が、石として存在するのは、それが石のイデアを分有するからであり、我々が石を石として認識しうるのは、石が石のイデアを分有していることを根拠にして可能となる、というふうにプラトンは説明する。

現代ではこの言葉は日常会話の中でもふつうに用いられており、今やそのまま日本語にもなっている。「何かいいアイデアはありませんか」などと、我々は言ったりする。しかしこの言葉は、もとはいわば専門語であった。というのは、アイデアといえばプラトンを思い出すというだけではなく、古代以来、たとえば中世においては、神がその知性の中で諸物の原型として持っているものを指して用いられるのが常であったからである。

デカルトはそれに新しい意味を与えた。すなわち、デカルトによれば、「観念」とは我々の「考え」の形相であり、それを直接に意識することによって我々が、当の「考え」を意識するものである。このことは、彼がはっきりとした意識を持って、この「観念」という言葉に新しい用法を与えたことを意味する。「観念」は、どこにあるかよく分からないイデアでもなければ、神の知性の中にあるものでもない。それは人間の心の中にある。後で彼の正式な発言を引用するが、そこで彼ははっきりと言っている。「観念」とは心の内容をなすものであり、認識の対象(内容)である、と。

彼は、観念をどこか雲の上ではなく、また神の知性の中でもなく、人間の心の中に置いた。そしてそのことによって彼は、人間の認識の原理を人間の心という次元に移したのである。観念は人間の心の中にあるという主張は、古代や中世と違う別の時代、すなわち近世と呼ばれるべき時代の到来をはっきり示す発言である。

私がデカルトの観念説についてここで言いたいことはこれに尽きる。けれども彼の哲学全体を考えると、説明しておかねばならないように思われることがなおいくつかある。というのもたとえば、彼は認識の機軸を人間の精神の中の「観念」に置いたが、その基礎にはその支えとしての「神」をまだ残していた。それゆえデカルトにおいて人間が独立したと言うためには、そうしたことに関していくらか説明しておくべき必要があると思われる。実際のところ、観念から神という基礎を取り除いた観念説が、より近世的なものになるには、さらに経験論の洗礼が必要であった。そしてそれは、たとえばロックの考えのようなものと出会う必要があった。もう一つの問題は、デカルトの解析幾何学は、幾何学と代数学の結合であるというようなことが言われるが、代数学はいかなる手続きで成立するかという問題である。

デカルトの「観念」の事情をいま少し詳しく言っておくため、私は以下において、デカルトの哲学がどのようにして成立し、その中で「観念」という概念がどのような位置と働きを持っているかということを述べようと思う。まずは、デカルトの哲学の成立と哲学のおよその内容を見ることにしたい。

(2) デカルトの時代

デカルトは、一五九六年、ルネサンス期の末にフランスに生まれた。ルネサンス期は、政治的社会的な見地からは中世に近いが、思想的精神的な見地からは近世に近い。というのも、思想史の上ではまさにデカルトこそが、近世を成立せしめたと言えようからである。政治社会的な情勢については、近世的な国家がヨーロッパ一帯に成立するにはまだいくらか時間がかかった。

ルネサンスは、中世期には精神が枯渇しかかっていた人間が、その鬱積した精神を一度に外へと噴出した時代であって、後代の我々から見るとたいへん面白い時代である。しかし、その時代に生きていた人々にとってはどうであったか。それは先がよく見えない不透明な時代であったろう。ルネサンス期には、相対主義と懐疑論が広まったということは、そのことを物語るものである。政治的社会的な面では、ヨーロッパの諸国は、宗教問題を口実に互いに攻防を繰り返していた。そして諸国内では、封建制から絶対主義的な中央集権の国へと移ろうとしていた。それもまた混乱を引き起こしていた。しかしヨーロッパの近代化ということの内実をなす要素の一つは、そうした社会的政治的な動きにもあったとも言えよう。

多彩な時代というものは、その中に生きる人にとっては、必ずしも幸せなことではない。ルネサンスの時代が多彩で面白かったであろうと思えるのは、観察者である後代の人間たちである。多彩とはまた雑多ということであり、そこで人々は判断に苦しむ。多彩は相対的な立場や迷うということと隣り合わせであり、迷うということは懐疑への道である。しかも人は、迷いながらも何らかの判断をして進まねばならない。動乱の時代、人々は、秩序の整わない社会において、自らの道を切り開いていかなくてはならない。これは思想においても同じである。

デカルトはこういう時代に生まれあわせて、相対と懐疑の中から、また混乱と混瞑の中から、確実で真である知識を見出そうとした。そのため彼は、剛直に物事を根本まで断ち割って分析した。そして彼は、無謀は避けたが、自分の生を大胆にまた果敢に生きた。

(3) デカルト哲学のあらまし

彼の哲学について大体の見当を付けるためには、彼の『哲学の原理』、特にその仏訳の「序文」が便利とされている。彼はそこで、哲学をその本来の意味である「知恵の探求」であると述べた後、その知恵を一本の木にたとえている。その木の根は、「形而上学」であり、その幹は、「自然学」である。さらに知恵の実が結ぶのは枝においてであるが、枝は三本あり、一は機械学、二は医学、三は道徳であるとしている。ここにいう道徳は、すべての認識によって支えられた最も完全な道徳であり、そこに至るまで暫定的に定められる「仮の道徳」とは区別されている。注意すべきは、ここで哲学を知恵であるという場合、「知恵」というのは単に知識を指すのではなく、それに基づいてよき生き方をすることだという考えが含まれているということである。デカルトの哲学は、いつも、いかに生きるかという問題との緊張関係の上に置かれていた。

デカルトが彼の哲学を打ち立てたと言う場合、その哲学の中に含められた諸学はどのようなものであったかを知っておく必要があろう。それゆえそういう諸学のうち、形而上学と自然学について、それがどういう性質のものかを簡単に述べておこう。

大筋を言えば、形而上学において彼が論じている順序は、まず懐疑から始め、精神としての自己の存在を確かめ（我思う故に我あり）、次いで無限で完全な精神としての神の存在を示し、それに基づいて認識論的基準を立て、最後に物質的世界の存在を論じている。それゆえ、彼の「形而上学」は、自己（人間）と神と世界との根本的な関係について論じたものであり、そういう意味での彼の存在論である。それは心身分離の立場に立つ。しかし、これだけの説明ではあまりに抽象的だと思われる方は、デカルトの『省察』をお読みいただきたい。デカルトの形而上学の議論の構造について知るには彼の『省察』を読むのが一番よい。

彼の形而上学は、一方では近代の科学の哲学的基礎を与えたものと言えるが、他方、近世の哲学に大きな問題をも残した。その問題とは、心身問題である。心身問題は、彼の後スピノザ、ライプニッツ、否カントに至るまでの哲学者を大いに考えさせた問題である。そしてまた二〇世紀の哲学者もこの問題をひとしきり論じたものである。それはどんな問題か。

彼の形而上学は、心身分離ということを基礎にして成り立っていると我々は今述べたが、しかし我々はふつうの状態においては、心身合一の状態にある。つまり心身間に相互作用があると考えている。これは矛盾ではないか。心身の相互作用は、心と体を実体として区別することを不可能にするのではないか。なぜなら、相互作用が成り立つもの同士は、何らかの意味で同質であらねばならないはずである。精神と物質とは、全く性質を異にするというのが、デカルトの心身分離の根拠ではなかったか。

実際この問題は、デカルトの愛弟子エリザベト王女によって最初に問われた。そしてそれを嚆矢として、この問題についての議論は現在にまで及んでいる。デカルトは、もちろんそれは矛盾ではないと答えているが、王女もまたその後の哲学者たちもその答えに満足しなかった。「心身関係」の問題は、近世哲学の流れの中で長きに亘って論じられてきた大きな問題として現代に至っているのである。

次に、デカルトの自然学について注意しておくべきはいかなることであろうか。

自然学は、世界がいかにあるかを示すものである。結論から言えば、デカルトは力学的（機械論的）自然観を打ち立てる。著作でいえば、彼の自然学は、『世界論』や『哲学の原理』に述べられている。それは一種の原子論を採り、物質は微粒子からなり、微粒子の大きさと形からいくつかの種類の元素ができるという構想からなっている。この構想は、自然学の記述は数学的な言語で表すことができるということを意味しており、近代的な数学的自然観への道を開いていると言うことができる。「自然学」というとき、彼または彼の時代の人が用いている言葉は、現代なら「物理学」と訳される言葉であるが、彼の自然学はいまだ素朴ながら物理学と化学とを含んでおり、それはさらに、生物を一種の機械と見る彼の見解によって、生物学と接続することになる。彼は自然現象を運動学的見地から記述し説明することを目指したので、それは数学的概念で表現できるものであると言えよう。それゆえ彼の自然学は、ガリレオやニュートンと同じく数学的自然学と言われうるものである。

（4） 基本概念としての「観念」と方法としての「分析」

このような近世の形而上学と自然学の基礎を置いたデカルトの哲学の基礎は、「観念」にある。そのことの意味を以下で述べよう。

しかし、そこに至るためにまず問うておかねばならない。そもそもデカルトはいかなる姿勢で哲学に向かったのであろうか、と。彼は、不透明で不確実な時代にあって、「行動において明らかに見、確信を持ってこの世を歩みたい」と考えた。だが確信を持って歩む道を探求するには、いかにすればよいのか。明らかに見るための知識の探求はいかなる方法に従って行うべきか。そして得られた知識に基づいて、我々はいかに生きるべきか。これらのことが彼の根本的な問いであろう。そしてこのことを見出すために彼は、自分の取る方法を提示する。

学問は普遍的である、とデカルトは考える。つまり、彼によれば、学問は特殊な知識や専門的知識に閉じこもることを意味しない。学問を専門的知識へと切り刻む考えは、学問を技術と同一視する誤りに由来する。知恵はどんな対象に向かっても、常に同じ一つの知恵である。現代社会は、技術的知識を追う。現代人は、知恵よりもいわばその場当たりのシミュレーションによって進む。むしろそれが現在人の知恵かもしれない。しかし、デカルトの求めた知恵ないし学問の統一性は、いろいろな内容の知識に通ずる形式の統一である。デカルトは、そうした知恵によって、先のよく見えない道を切り開きながら進むことを目指した。

古来こうした普遍的形式を扱う学問は、数学と論理学とであった。しかし、デカルトの置かれていたルネサンス期の状況は、既存の知識を一つに纏めるような形式を求めるのではなく、雑多と混乱との中に、新しい知見を切り開くべき状況にあった。それゆえ彼が求めていた方法と形式とは、新たな真理を発見する方法と形式でなくてはならなかった。この見地から彼はスコラの論理学を捨てる。スコラの論理学による推論は、前提に既に含まれていること以上の結論を与えない。またスコラの論理は、真なる前提から真なる結論を引き出すことは許すかもしれないが、妥当な推論であっても偽なる前提から真なる結論を引き出すことを許すこともある。またルネサンス当時に流行していたルルスの論理は、何の判断もなく、饒舌になるだけのものであり、有害無益なものである。デカルトは論理学を彼の方法とすることはできない。彼は数学へ向かう。しかし数学のどういうところが方法としての力を持つのか。

彼によれば、それは「解析（分析）」という方法である。それは古代の幾何学者が新たな真理を発見するときに用いていたものである。それは問題が与えられたとき、未知量と既知量を同じに扱って、問題に示されたすべての条件を表現する方程式を作るというやり方のことであり、代数の方法でもある。問題ないし方程式が成立するべき必要条件を求めて進み、未知なるものを既知なるものへ還元するという形で解が発見される。プラトンのイデア探求の論理も、より根源的なものへ向かうという形のものであり、それもこのような論法に従っていたと言えるのかもしれない。なおまた我々は、後にこの「解析（分析）」という考えが、啓蒙の時代の主要概念として力を発揮するのを見るであろう。デカルトが幾何学から取り出した「解析」という方法は、それを一般的な分野で用いる場合には、むしろ「分析」と呼ぶのが適切なのかもしれない。以下では解析とは言わず、分析という表現を主に用いることにしよう。

分析という方法を自然研究に適用すればどうなるか。その場合、問題の解決とは、経験において与えられる事実を未知の条件と既知の条件との複合体（すなわち「問題」）と見なして、これを分析することによって未知を既知に還元することを意味することとなる。尤も自然学の場合は、観察や実験という問題も入って来るので、少し話は複雑になることを彼は認めている（『方法序説』第6部、『哲学の原理』など参照）。彼の発見の方法は分析である。とはいえ、彼は総合が学問において持つ意義を軽んずるのではない。

それでは彼は具体的にいかなる方法を提示するのか。『方法序説』第2部を見よう。そこに四つの規則が述べられている。①第一は、「私が明証的に真と認めた上でなければいかなるものをも真として受け入れないこと、言い換えれば注意深く速断と偏見を避けること」、つまり原理は明証的なものでなくてはならないという「明証の規則」、②第二は、「自分が吟味する問題のおのおのをできるかぎり多くの、しかもその問題を最もよく解くために必要なだけの数の、小部分に分かつこと」、③第三に、「私の考えを順序に従って導くこと、最も単純で最も認識しやすいものから始めて、少しずついわば階段を踏んで、最も複雑なものの認識にまで登っていき、かつ自然のままでは前後の順序を持たぬものの間にさえも順序を想定して進むこと」、④第四は、「何ものをも見落とすことがなかったと確信しうるほどに、完全な枚挙と全体にわたる通覧とを、あらゆる場合に行うこと」（枚挙の規則）である。

人はこれを見て、あまりにも当然なことが語られているのでかえって失望するかもしれない。実際ライプニッツは、これはしかるべくやれば、しかるべきものが得られると言うに等しいと嘲っている。しかし、方法は実践的であるためには、簡潔でなくてはならない。のみならず、方法というものは抽象的に見ても値打ちが分からないものである。方法の値打ちは、実際にそれを知的な問題に適用してのみ分かる。デカルトは、これらの規則に従って、これまでは難しいと思っていた数学の問題が次々に解けたと報告している。

これら四つの規則のうち、我々は特に、①と③とに注目したい。①において彼は、「明証の規則」を哲学の基礎的な問題に適用し、それによって彼は、すべての知識の批判の基礎を獲得すると言う。「明証性」の追求は、明晰判明な観念の獲得へと進む。規則①は、デカルトの知識探求に、きわめて特徴的で明確な特性を与えている。「明証性」の規則は、彼が、他の三つの規則とも合わせて、真理決定の基準の行使を、神ではなく人間の側（いわば主観の側）に置いたことを示している。このことは③においてさらに強化される。なぜなら、彼は、自然における順序を知識探求者の側（人間の側で）で想定せよと言うのであるから。

彼が知識探求においてこれらの規則に徹底的に従うことによって知識獲得するに至るのは、懐疑という方法を通じてである。「懐疑という方法」が、知識探求の方法であるばかりでなく、知識獲得の方法でもあることを我々はやがて見る。懐疑を経て、解析（分析）の概念は、「（内在）観念」ないし「明晰判明な観念」という考えに行き着くであろう。そして懐疑は、問うては進む探求を導入するが、最後にはかえって彼の目指すところである体系的知識を弁明するものとなるのである。ちなみに後にヒュームは、明証性というこの古来の知識基準を捨てたように思われる。という意味は、知識が明証的であっていけないことはないが、明証的であるということは、個体（人間ないし生物）が外的環境を自己化して心理的世界として体制化したということを意味するのではないこと、つまり人がそれを自己の心理的体制の中に組み入れる（認知する）というわけではないということである。それはまた、行動をもたらすものは、単なる観念ではないというヒュームの主張と表裏をなす考えである。そして、ここでは説明できないが、明証性という古来の真理基準を捨てたことと、ヒュームが懐疑論者であると言われたこととは大いに関係がある。

デカルトに帰って言えば、彼は知識の基準を明証性に置く。しかし、彼の言う「明証性」を持つとはいかなるもののことか。それは、「私がそれを疑ういかなる理由をも持たないほどに明晰に判明に」私の精神に現れるもののことである。しかし、知覚の対象がそのようなものとして現れるということは、いかにして成立するのか。それは懐疑によるのである。

(5) 真理探究と実生活

デカルトは、実生活と真理探究の場での行動基準を、それぞれ別のものとする。彼の言葉で言えば、「前にも言ったように、実生活にとっては、きわめて不確実とわかっている意見にでも、それが疑いえないものであるかのように従うことが、ときとして必要であると、私はずっと前から気がついていた。しかしながら、いまや私はただ真理の探究にのみとりかかろうと望んでいるから、まったく反対のことをすべきであると、考えた。ほんのわずかの疑いでもかけうるものはすべて、絶対に偽なるものとして投げ捨てて、そうした上で、まったく疑いえぬ何ものかが、私の信念に残らぬかどうか、を見るべきであると考えた」のである(『方法序説』第4部)。(「前にも言ったように」とあるが、ここに述べたような理由から、彼は、実生活においては「暫定道徳」を認めたのである(『方法序説』第3部)。)

しかし、真理探究の場は実生活の場とは異なる。そこでは、あらゆるものについて、それを疑おうとしても疑いえないものに到達するところまで懐疑を推し進めるというのが、真理を発見する方策である。この方策は、疑わしきものを斥けることによって確実なものを得ようと狙う。しかし疑わしきものを斥けるというのは、まずそれについての判断を中止するということから始まる。これはまた、それについての議論を続けるために、それをあえて偽であるとして扱うということである。これはもちろん、それを偽であると主張することではない。しかし真理を確実なものと同一視し、確実でないものを偽であると主張することは、それも一種の独断であって、あまり道理あることではないのではないか——特に独断を避けようとしているデカルトにとっては、真理への探究がなぜ確実性の探求となるのか。再びヒュームとの対比をすれば、ヒュームは行動における明証性による確実性の追求よりも、行動へと動かす確からしさに従い穏和な中庸の道を進むことを選択した。

真理への探究がなぜ確実性の探求となるのか。このことについて説明するためには、我々はもう一度『省察』に立ち返らねばならない。だが、その前に、今我々がデカルトに呈した疑問の意味を説明しておかねばならない。つまり確実でないものをあえて偽であると仮定して探求する必要がなぜあるのか、ということを説明しておかねばならない。その上で、この真理への探究がなぜ確実性への探求となるのかという問いの意味が説明できることになろう。それにはまず次のように、プラトンの『テアイテトス』に従って、問うてみるのがよい。真理の探究は、知識の探求と同じことであろうか、と。この問いにおいて、「真理」を「真なる思いなし・意見」と置き換えてみると、「真なる意見」は知識とは別ものであることが分かる。つまり、私がたまたま真なる信念（意見）を持っていても、私はそれを知識であるとは知らないかもしれない。つまり確実性ということを認識者の持つべき心理的な条件と取ると、真理への探究は必ずしも（確実性を持った）知識の探求ではないことになる。確実性の確信を得るためには、偽であるという仮定が斥けられる必要があることが見て取れよう。

(6) デカルト哲学における人間存在論

デカルトの場合、彼の懐疑は単に真理探究の方法として採用されたというよりは、まずは確実なものを求める実践的な営為として開始されたものなのであろう、と我々は考える。実際彼は確実なものを求めるに当たり、感覚や記憶や想像や夢を、否、数学や論理さえもまずは疑いを差し挟みうるもの、確実ではないものとして拒否することから始める。しかし、そうした捨て身の懐疑からくる絶望の末に、そういうふうに疑っている私の存在は疑いえないとして、つまり疑っても疑いえない命題（真理）として、「コギト　エルゴ　スム」（我思う故に我あり）に彼は到達した。このことは、おそらくデカルトが哲学的思索に入った動機が、単に知識ないし真理の獲得ということではなく、自己の存在の基礎を求めようという実践的な動機も含んでいたことを意味するのではないか。尤も「我思う故に我あり」が論証の体をなしているかどうかについては議論があるが、ここではその問題に立ち入らない。ともかく彼はこうして「考えるもの」としての自己の存在を確立しえたと考えたのである。

精神としての我の存在を確かめた後、デカルトは、自分が自己の存在を確立する際に従ったものは明証性だけであるとして、明証性のみを頼りにさらに進む。しかし、彼が明断に認知するものとは何か。我々が天や地やその他のものについて認知していたものは、「そういうものの観念である」。それゆえ、我々が知識を持つのは観念を通じてである。しかし観念には種類がある。観念は内在、外来、そして作られた観念の三種に分けることができる。明証的な観念はどの種類に属するのか。それは、内在観念である。デカルトの考えは、神が我々の魂に真なる観念を宿らせたということであった。若い頃彼が書いたもの（たとえば『精神指導の規則』）の中で、「真理の種が我々の精神のうちに宿っている」と彼は言っている。カントのことを思い出しながら言うと、そういう観念はアプリオリなまたは先験的な観念ということになろう。

「我」の存在から彼がまず向かうのは、神の存在証明である（第三省察）。これは、疑う我の存在だけは疑えぬ、と知った我々が、さらに進んで世界についての知識を獲得するための第一歩である。なぜそれが第一歩となるかということは、今言った「真理の種」の話を背景にすれば分かりやすいであろう。彼は、完全であって欺くことのない神の存在を証明することによって、我々の明晰判明な観念（知識）には確実性を与えてもよいのだと主張するのである。神は誠実であって、我々を明証的な認識において欺くことはない（神の存在の証明のための彼の議論は三つあるが、ここではそれを紹介しない）。つまり神の存在が証明されたことから出てくる結果は、我々は明晰判明な認識において過《あやま》つことはなく、それはすべて真であるということである（第四省察）。さらに、これに基づき、知識の全体を神との関係において論ずることにより、「誤謬論」が出てくる。

神は欺かないのにどうして人間はしばしば過つのか。デカルトは言う。それは我々が、物事を明晰判明に認知しない前に早まって肯定否定の判断をするからである、と。「誤謬」は、速断から起こる。ものを認知するのは知性であり、判断を下すのは意志である。人間の知性は有限であるが、意志は無限である。それゆえ意志は知性が判明にしうる範囲を超えてしばしば働き、判断する。これが誤謬の原因である。そうならば誤謬を防ぐ方策も明らかである。意志が自制すればよいのである。意志は知性が明晰に示すものについてのみ判断すればよいのである。このことは、子供の頃から持っている偏見（これは判断以前のものである）にも及ぼさねばならない。

この後、デカルトは物体の本性の説明を行い、外界の存在の証明に向かう（第五省察）。そして『省察』の最後の章（第六省察）では精神と物質の実在的区別（心身分離）の証明が述べられる。しかしその内容はここでは取り上げない。

（7）デカルト哲学における「観念」

我々の関心はデカルトの認識論の中でも、彼の用いている「観念」という言葉にある。というのも、彼は明晰判明に認知するものは真であると言うが、明晰判明に認知するということは、明晰判明な観念を通じてものを見るということだからである。知識の成立とは、彼の場合、明晰判明な観念を通して見たということに他ならない。それゆえデカルトは、自己の存在以外のものの存在を論証するのに、彼が自らの中に見出す「観念」の性質を吟味することによる。神の存在もまたしかりである。

「観念」というのは、現在では日常語の一つであり、「考え」というような意味のいわば軽い言葉になっているが、既に述べたように、この言葉はプラトンの昔から中世期を通じて哲学上の専門用語の一つであった。中世では、それは諸物の原型のようなものとして、神の知性の中にあるものを意味したようである。たとえばアウグスティヌスは、『八十三問題集』の第46問題のところで、「イデアは神の精神における、事物の恒久的理念である」と言っているし、トマス・アクイナスは、『神学大全』第1部第84問題第5項のところでそれを引用して論じている（『神学大全』第1部第6冊、高田三郎・大鹿一正訳、創文社、一九六二年、p. 268、p. 270）。さらに近世においてもライプニッツは、ロックの「アイデア」を批判して、「イデアは久遠に神の中にあり、我々が実際に思考するときに先だって我々の中に存在しさえする……」というようなことを言っている（『悟性新論』第3巻）。これを人間の意識という次元にはっきり引き下ろし近世的な意味の言葉とした最初の人はデカルトであった。彼は、「観念」を人間の心の中の内容をなすものという意味で一貫して使おうとしている。このことは一つの解釈ではなく、事実であることを明確にするために、彼の発言を示しておこう。彼がこの言葉に与えた正式の定義は次のようなものである（『省察』答弁2）。

① 「観念」という言葉によって私が理解するのは、思考（考え）の形相である。すなわち、その形相を直接知覚することによって、私は当の思考（考え）を意識するのである。（注として言えば、ここで形相というのは、本性ないし本質ぐらいの意味に理解しておけばよかろう。）

そしてこれに続いて彼は言う。

② そのあり方はこうである。私が理解している何事かを私が言葉に表すことは、このこと（私が私の言っていることを理解するということ）によって、そうした当の言葉によって意味されていることの観念が私の心の中に存在しているということが確実であるのでないなら、不可能である。

尤もこれらの主張を正確に理解するのはそう簡単なことではない。私はここで、デカルトの解釈を目指しているのではないが、指摘しておきたいのは、ここに彼が開き後世に残した新しい考えの次元がある、ということである。そしてそれが近世の始まりを画すということである。そのために、私の取り出したいのは、上記引用①からは、彼が認識の次元は意識の次元であることを明確に述べたという発言であり、引用②からは、観念と概念ないし言葉の意味とが結びつけられている、という発言である。これらのことが、イデア近代化の第一歩である。それについては第3章の近世初頭の言語哲学の話を参照していただきたい。

なお②は、もしさらに観念というものが心像でもありうるという理解を許すなら、心像と概念とが結びつくという解釈になる。ただし、このことを近世初頭における問題として受け止めるなら、逆に、その時代に「心像」ということはどういう意味に使われていたかをも検討しなくてはならないであろう。このことは、英国経験論における観念を吟味する場合にまた問題となりうる。現代では言語哲学が問題としているような問題がそこにあるように思われる。

ただ正直に言うと、②はどういう主張であると受け止めるべきか難しい。すなわち、その主張は、意味ある言葉にはすべて、ある観念が一つずつ対応しているということの表明であろうか。またXに対する（Xを表す）言葉をどう使うか知っているということが、Xという観念を持つことの十分条件であると主張しているのであろうか。逆に言えば、Xという観念を持つということは、Xを表す言葉を理解することの必要条件であると主張しているのであろうか。しかし、唯物論者なら、神や魂の観念を我々は持たないというかもしれない。

(8) いくつかの問題

デカルトも観念という言葉をいろいろに説明しようとしているが、観念の意味ないし用法はなかなか整合的には把握しがたい。我々はデカルトが観念に与えた意味を整合的に把握することを、ここでは試みない。しかし、彼がどのような仕方でそれを使用しているか、いくつかの実例を見ておくのは無駄ではないかもしれない。それは少しこうるさい話となる。本節の以下の話は、そういうものとして扱っていただきたい。

もう一度②を見てみよう。言葉と観念との間には、単純な一対一の対応があるわけではない。たとえば「無」に対応する観念はあるか。あるとすれば、それはどのような意味で「ある（存在）」と言えるのか。また一つの言葉が二つのものに対応することは、どう理解すればよいのか（例：「太陽」の指示対象は、感覚に表れる太陽の観念か、理論的な太陽の観念か）。「天使」でも、「神」でも、「動物」でも、「冷たさ」「熱さ」でも、音でも色でも長さでも、多くの違ったものをそれぞれ指しうる。それは一対多であるから、一対一対応ということは考えにくい。また、ある観念は、一つの言葉でなく命題に対応する（後にヒュームは、観念はそのどちらをも指しうると言っている）。あるいはまた、我々は多くの表現を同じものに対して用いることができる（多対一）。

デカルトはまた「観念」によって、知的な能力（つまり「神」の観念：神を知る能力、あるいは「真理」：真理とは何かを理解する能力など）のようなものだけでなく、個別的な実際の経験（「熱さ」の観念——たとえば：火に触わって、熱いとか、今日は気温が高くて、暑いとかいう感じ）のようなものまで様々なものを指す（外来観念）。言葉を使う能力というようなこととの関連で「観念」と言うときは、そういう能力を記述しているわけであるが、別の場合にはエピソードを彼は指す。つまり、観念は、あるときは心の働きを指し、あるときは、心の働きではなく、そういう働きの対象であったり内容であったりする。

この多義性はデカルト自身の認めているところである。『省察』の「序文」ではたとえば次のように言われている。知性の働きを指す場合、これは質料的に理解された場合である。その働きによって表されているものを指す場合、これは客観的に理解された場合である、と。しかし、「働き」と「対象」の区別は単純ではない。

これらとは少し別の種類の問題もある。たとえば、デカルトは、観念が感覚的刺激と似ているという言い方を斥ける。しかし、他方で彼は、「私の意識（思念）のうちのあるものは、いわば対象の画像（image）であり、そしてこれらのもののみが本来は観念と呼ばれるのである」と言う（第三省察、「中公クラシックス」訳p. 54参照）。

こうした問題を解消するには、いくらかの区別を心にとめておく必要があるであろう。すなわち、能力としての観念（意志、恐れる、肯定、否定など）は、内在的かもしれないが画像（picture）ではない。他方、エピソーディックな働きの対象（意識的な出来事）としての観念は、心に浮かぶ画像と言えるかもしれないが内在的な観念ではない。なぜなら、その観念の真偽は、私が判断によって、私の外にあるものと似ていると判断することによって生じうると、A・ケニィは指摘する（Kenny. p. 105）。

少し込み入った事態もある。デカルトは、ホッブズやガッサンディなどの唯物論者と議論するときは、「観念によって心像を意味しない」と主張する。これは、デカルトにとっては、心の持つ心像は脳の中の物質的な模様ではないということを強調するための発言であろう。彼にとって心像は、物質的な構成を持つものではないのである。これに関してはさらに、時代的な事情もある。現代では心像と概念とを区別するのは常識である。しかしデカルトの時代はそうではなかったように思われる。デカルトにおいても後の経験論者においても、心像としての観念が概念であるかのように扱われているところがある。

かくして、彼の「観念」は、知性の働きか、その働きの対象か、心像か概念の行使か、経験が生じているということか様々な意味で用いられていると言わねばならない。彼の主張を理解するには、「観念」がそのいずれを指すか区別する必要がある。

なお①に述べられている観念と思考との関係について言えば、彼はふつう両者をエピソーディックな意味で（意識的な出来事を指すとして）使っている。そして時々は、両者は同義とされているが、また時々は、観念は、思考の様態として扱われている。時には（ホッブズに対し）、観念は、それが何についてであれ、心が直接に意識するものというふうに使っている。ここにも多義性が見られる。

観念についてデカルトはいろいろ語っているが、おそらく次の二つのことが（彼にとっても）最も重要であろう。①観念は、真または偽でありうること。②観念は、明晰判明でありうるか、または曖昧であり混乱しているかのいずれかであるということ。我々もこの二つの点を中心にデカルトの観念説を受け取っておくことにしよう。

デカルトの「観念」にまつわるこうした多くの問題は、哲学の次元を主観的な意識の次元（心理的な次元）でなく、言語の次元に移すという、やがて二〇世紀に成立した言語哲学への転向がもたらされるべき原因であったと言えよう。デカルトの観念説は、スピノザにも当然受け継がれている。そのことを見よう。

3　デカルトからスピノザへ

近世哲学は、デカルトの後、いわゆる合理論はスピノザ、ライプニッツという流れを取り、それに対して経験論はロック、バークリ、ヒュームという流れを取ったというふうに言われる。我々もある意味ではそういう言い方を大体認める。「大体認める」というのは、この他にも注目すべき哲学者ないし思想家が多くいることを無視するのではないという意味である。たとえばホッブズはデカルトより少し早く生まれた人であるが、彼をどう取り扱うべきかというような問題もあり、またマールブランシュなどは、この国では専門に研究する人は少ないが、哲学史のよりよき理解のためには研究する価値のある人であろう。道徳論に関してはシャフツベリなども取り上げられてしかるべきである。

しかし今我々が目指しているのは、重要な思想家を遺漏なく拾い上げて、紹介することではない。我々の目標は、第2節においてデカルトの思想から取り出した「観念説」を手がかりに、それを近世的な知識の探求の核として、近世の思想の展開を見ることである。我々はデカルトの後の合理論の哲学者として、以下ではスピノザ（一六三二～七七年）の考えを覗いてみよう。まず彼の生い立ちについて若干述べておく。

(1)　スピノザとその背景

スピノザの呼び名は、ヘブライ語でバルフ、ポルトガル語でベントー、ラテン語でベネディクトゥス、「祝福されたもの」という意味である。しかし彼は名前の通りの人生を送ったであろうか。

スピノザは、アムステルダムで生まれたユダヤ人であるが、彼の家族は、先祖がカソリックの迫害を逃れてスペインから脱出した一家である。スピノザの父は、ポルトガルで生まれた。しかしポルトガルもスペインと同様、宗教上の迫害は厳しかった。スピノザは、スペイン、ポルトガルでキリスト教に強制改宗させられたいわゆる「新キリスト教徒」（「マラーノ」、つまり「豚」と呼ばれる）の子孫である。

スペインにおいてユダヤ教への弾圧が厳しくなったのは、一三世紀ぐらいからである。一三九一年には多くのユダヤ人がキリスト教徒の暴徒により虐殺され、その数はイベリア半島では七万人以上に上った、と言われている。虐殺から逃れるには改宗しかなかった。マラーノたちは、祖先伝来の宗教を表面上は捨てることによって、自らの生命を守った。しかしその改宗は表面上のものであり、大多数の「新キリスト教徒」たちは、実際にはユダヤ教の習慣を守った。これによって彼らは、「マラーノ」つまり「豚」と呼ばれた。しかしこの「新キリスト教徒」たちの社会進出は目覚ましいものであり、非ユダヤ人との結婚が許され、アラゴンでは、王家を含めて、ユダヤ人との関わりがない貴族は殆どいないと言われるまでになった。しかし当然これは非ユダヤ系のキリスト教徒の反感を買った。一四七三〜七四年にかけて、前回のそれに劣らぬ虐殺が行われた。今回は、改宗という逃げ道はなかった。それゆえ暴動はいっそう悲惨であった。

しかし、これで偽善的ユダヤ人は取り締まれるとしても、本来のユダヤ教徒も残っていた。このためフェルディナンド二世とイサベル女王は、一四九二年、勅令を出して、ユダヤ系住民を根こそぎスペインから追放する策を取った。大部分のユダヤ系住民はポルトガルへ逃れた。ポルトガルはスペインに比べると寛大であった。しかし、ここではマラーノの社会進出の道は閉ざされていた。そしてマヌエル一世がイサベルの娘と結婚すると、ここでもスペインと同様のユダヤ人迫害が始まった。多くのユダヤ人は、トルコ、北アフリカ、オランダ、ベルギーへと移住していった。このうち最大の移住先はネーデルランドであった。中でも商業の中心地アムステルダムには多くのマラーノたちが移住し、ここを「新イエルサレム」とすることとなった。そしてアムステルダムへ移住した人々は進んでユダヤ教に改宗した。

アムステルダムに移住したユダヤ人たちは、スペインや、ポルトガルで味わった悲惨な生活を脱して、人間らしい扱いを受けることとなった。しかし、それでもここのユダヤ人は、一般のオランダ人と直ちに同等であるというわけにはいかなかった。最初のうちはユダヤ教の公式な礼拝は認められておらず、その禁止が解かれたのは一六一九年になってからである。市民権が与えられて公職に就くことができるようになったのは、一六五七年（スピノザがユダヤ教会を破門された次の年）のことである。

閉鎖的なユダヤ人社会で育ったため、スピノザはオランダ語がそれほど自由でなく、ポルトガル語を日常は話していたと言われる。後に破門されて、ユダヤ人社会から追放されるまで、彼はオランダ人でなくユダヤ人であった。こういう背景からして、彼が宗教や教会、またその背後にある政治の批判者となったことは不思議ではない。私がここで取り上げようとしているのは、スピノザの認識論とそれに関係する限りの形而上学であるが、宗教や政治に関するスピノザの意見は、やがて来たる啓蒙の時代に大きな影響を及ぼしている。このことは我が国ではあまり取り上げられない（ここでも取り上げない）論点であるが、スピノザ理解にとって大事な点であるので、そのことを指摘しておくべく、少し脱線したことをお許し願いたい。

宗教に関して比較的寛容であったオランダでも、スピノザの説は周囲の敵意を引き起こした。彼は一六五六年、異端としてユダヤ教から破門追放されている。後の一六七〇年には、彼の『神学・政治論』が、『聖書』についての過激なその見解のゆえに、今度はキリスト教神学者たちから攻撃を受け、これは一六七四年に禁書とされている。こうした諸々の攻撃のゆえに、彼の主著『エチカ』は彼の死後一六七七年まで出版されなかった。

彼はデカルト哲学が一世を風靡している時代の子であり、デカルトに影響されつつ哲学的思考を推し進めたが、彼の展開した体系は彼の独自な展開によるものであり、彼の哲学はむしろデカルトを批判する形を取っている。けれども彼が早くからデカルトの哲学を綿密に、しかし批判的に研究したことは確かであり、実際彼は、『デカルト哲学の原理』という著書を書いている（一六六三年）。これはデカルトの『哲学原理』の第1部から第3部までを扱ったものであるが、ただし第3部に関しては断片である。この著書はしかしスピノザの関心が形而上学にあるため、デカルトの認識論を議論の中心に置いてはいない。しかもそれは、デカルトにある思想を弟子たちないしは仲間に教えるという立場で書かれたものであるゆえ、彼自身の考えを展開したものではない。それでもスピノザ独自の考えは、かなりそこに込められている。それは、スピノザがデカルトの哲学に仮託して、自分の考えを述べたものとも言えるであろう。

(2) スピノザにおける「観念」

観念説についてスピノザは、そこで特に反対の意見を述べてはいない。むしろ、彼は、我々が既に引用したデカルトによる観念の定義を認定している。それは、『デカルト哲学の原理』第1部「定義」に述べられている（「観念」という言葉によって私が理解するのは、思考（考え）の形相である。すなわち、その形相を直接知覚することによって、私は当の思考（考え）を意識するのである。――『省察』の第二答弁の中にあるもの）。

しかし、スピノザが「観念」に関してデカルトの考えを踏襲していることを示す著作、あるいは、「観念」についてのデカルトの説をスピノザ流に書き直したもの、とも言える著作がさらにある。それは『知性改善論』である。そこでは、「観念」という言葉が中心的な地位を占めている。ただし、この著書はおそらく『デカルト哲学の原理』より先に書かれたが、出版されたのは彼の死後であり、一八世紀のことである。また彼がこの著作で自らの説を展開しようとしているとは必ずしも言えないようである。

(3)『知性改善論』における説明

『知性改善論』は、まず、我々の人生において真に求むべきものがあるかどうかという問題から出発する。これはデカルトの哲学に対する態度と共通点を感じさせる発言である。以下その議論を追ってみよう。

まことの善とはいかなるものか。最高の、あるいは究極的な善とは、相対的な善または悪のことではない。それは人間としての最高完全性を獲得することであろう。我々は、この目標に至るために知性を正しき道に置かねばならない。そのためには我々の知性を改善しなくてはならない。そこで、我々が反省してみると、物事を肯定し否定するに用いる知覚の様式は、次の四つに分かちうる、とスピノザは言う（『知性改善論』岩波文庫、p. 18：英訳 p. 8）。すなわち、

① 人からの聞き覚えや、人が勝手に呼び名を付けている記号から得られる知覚。
② 単なる経験から、つまり知性によって規定されていない経験からえられる知覚。その知覚が単なる漠然とした知覚だというのは、それがたまたま生じた出来事であり、我々がそれを受け入れているのは、それと矛盾する事実を持たないというだけに過ぎないという意味である。
③ 事物の本質が他の事物から、十全ではない形で推論されるとき生ずる知覚。この知覚が生ずるのは、我々が、たとえばある結果を見て、そこからその原因が何かあるだろうと推し量るときなどである。
④ 事物がその本質によって知覚される場合、またはその最も近くの原因の知識によって知覚される場合、である。

これらのうちの最上の知覚様式はいずれか。それを明らかにするためにはいかなることを考察すべきか、そのために必要な手段はいかなることか。

この問題についての彼の結論は次のことである。

①のいう知覚様式は、不確実であるばかりでなく、それによっては、我々は何ら事物の本質を知覚しえない。②のいう知覚は自然の事物について偶有性しか知覚しない。しかし偶有性はまず本質が理解されなくては、決して明瞭に理解されない。それゆえこれも取るに足らない。③のいう知覚はある意味で、事物の観念を与える。それはま

た誤りに陥る恐れなしに、結論を引き出させてくれる。しかし、この様式もそれだけでは、我々の完全性を獲得する手段ではありえない。残るところは④である。これは、事物の本性を十全に把握し、また誤謬の危険性がない。我々はこの様式を用いるべきである。しかし、未知の事物に関してこの種の認識を遅滞なく獲得するために、この知覚様式をどのように適用すればよいか。

人間が道具を作る場合、初めは簡単なものを骨折って作るが、そのうちにだんだん難しいものを比較的簡単に作るようになる。これと同じように、知性も、そのもともとの力からだんだん高度の能力を獲得し、最後には、知識の最高峰に達するようになるであろう。そのための方法を獲得せねばならない。

その方法は、「観念」を用いることにある。観念には真なる観念と偽なる観念とがある。我々は、真なる観念を他の知覚から区別し、偽なる観念や虚構された観念また疑わしき観念を排除して、これらを真なる観念と混同しないようにすればよい。スピノザの考えでは、我々は観念の観念を持つことができるゆえ、観念を吟味することができるのである。ある観念はそれを対象とする観念となりうるのである（これはデカルトの観念についての考えとスピノザの考えが違うところである。デカルトの考えでは、観念は観念の対象にはならないように思われる。というのもデカルトにおいては、「観念」はもちろん心の中にあるが、「心」と「心が持つ観念」とは区別できないものだからである）。円の観念は、円そのものではない。物体の観念は物体そのものではない。すなわち観念は、その対象とは異なったものである。それゆえ、観念は、その観念を対象とする観念そのものによって理解されうるものであろう。スピノザの獲得する真なる観念の基準は、明晰判明である。そして明晰判明な観念は単純なものの観念であろう。我々はまず単純なものの明晰判明な認識から始めればよい（邦訳同上 p. 44；英訳 p. 23）。

以上の議論を眺めると、スピノザの認識論は、デカルトの認識論の焼き直しであるかのように見えるかもしれない。特に用語の点からはそういう印象を受けても無理はない。しかし、そういう印象はある意味で誤りである。というのは、彼の真骨頂は『エチカ』にある、つまり形而上学にあるのであって、今解説したような知識論にはないのである。ただ、ここでのスピノザについての紹介は、彼の哲学が「観念」を真理探究の基礎的な道具として用いていることを示すにあった。もちろん、我々は観念に関する彼の議論を詳細に見たわけではないが、我々の目標は、多分、達成されたであろう。

(4) デカルト哲学との連続性

しかし、ここで注意しておかねばならぬことがある。以上に述べたスピノザの議論は、彼自身の議論の概略であるが、今さっき言ったように、それは現在なら一種の知識論または知覚論と言われるものであろう。しかし彼自身が、『知性改善論』で展開しているのは哲学の議論ではないと自ら述べているのである。すなわち彼が述べているのは、虚構された知覚、偽なる知覚、または疑わしき知覚がいかにして生じるかということ、またいかにして我々がそのおのおのを避けられるかということであって、それは知覚の本質を論ずる議論(哲学の議論)ではないというのである(邦訳同上 pp. 34-35:英訳 p. 18)。彼においては、知識をどのようにして獲得するかという議論はまだ哲学ではない。知識とはいかなるものかを示してこそ哲学である。哲学は追究している物事が、いかようにあり、いかなるものかということを明らかにするものでなくてはならない。彼にとっての哲学とは形而上学であった。

ここで形而上学ということで意味しているのは、世界を全体として理解し、その中での人間の位置を明らかにするという意味である。そして、そうしたものとしての形而上学においては、彼はデカルトと全く異なる議論を展開しているのである。私の示したかったのは、スピノザの知性論もデカルトと同じ概念(観念)——厳密に言えば内容が少し違っているとしても——に基づいているということに過ぎない。彼の形而上学がデカルトの形而上学の直接的発展であるというようなことを言うつもりは全くないのである。

ただしデカルトの哲学が生み出した心身関係の問題は、スピノザにもライプニッツにも受け継がれた(答えが受け継がれたという意味ではない)。しかし当然ながら全く異なる回答が展開されている。回答は三者三様である。デカルトは心身相互作用説、スピノザは心身並行説（と昔は言ったが、今なら二側面説の方が好まれるかもしれない）、ライプニッツは予定調和説（これは一種の並行論と言えるかもしれないが）を唱えた。心身関係の問題は、デカルトからカントに至るまでの近世哲学の中心問題の一つであった。そしてその後もそうである。

心身関係について、デカルトが「相互作用説」を取り、スピノザは並行論を取ったということは、それぞれの形而上学の他の面での変更を伴うことは言うまでもない。デカルトの存在論では、実体を神、精神、延長の三つあるとされていたが、スピノザでは、実体は神だけであり、思考や延長は神または自然の属性であるとされている。ライプニッツはいわゆる「単子論」を提唱し、心身関係を「予定調和」という考えで理解した。予定調和説は、心身関係ないしは実体間の対応関係を、精妙に作られた時計がみな同調することになぞらえて理解する。そこでは実体間の交通（相互作用）は、実在的なものではなく観念的なものと見なされた。自然学に関してもライプニッツは、デカルトの機械論的、運動学的（キネマティック）な自然理解を批判し、「力」という概念を中心に据えて動力学的（ダイナミック）な自然学を展開している。

デカルトもスピノザもライプニッツも形而上学に関して「合理論者」である。その意味の一つは、彼らのそれぞれが提唱した体系は、世界を理性または知性にとって理解できるものとするにはどうすればよいかを規定したものだということである。実際、彼らがこの自然的世界の可能な知識モデル、あるいはプログラムとして提出したものは、それぞれ大いに違ったのみならず、どこまでこの世界ないしは自然が認識可能かということにおいてもそれぞれ違っていた。しかし、彼らは、我々の知性、あるいは我々の合理的方法が、世界を理解可能たらしめるという楽観論を共有していた。その基礎に、明晰判明な思考ということがあり、その基礎概念は「観念」であったということを我々は言おうとしたのである。彼らにとっては、明晰判明な観念を見出すことこそが知性のまことの働きであり、それが真理への道であった。それゆえまた、彼らにとっては純粋知性の、あるいは明晰判明な思考の、あるいは合理的な方法の範型は、数学であった。（彼らにとっては、知性と想像力とを区別することが大事であった。特にスピノザにとってはそうであり、これが彼の自然理解が、その全体主義的な構想にも拘らず、後のロマン派と異なる点の一つである。なおデカルトは、ある意味で数学において想像力が助けとなりうるという主張を許している。)

(5) スピノザの人物像

ある種の読者にとっては、我々は見当外れの紹介をしているように思われるかもしれない。政治や宗教についての彼の考えをここでは取り上げないのは分かるとしても、我々はスピノザを一種の科学哲学者として描こうとしている、と言われるかもしれない。そしてもちろんその批判はある意味で正しい。ある意味でというのは、彼には他に政治哲学者としての、また宗教についての批判者という面もあるからである。しかし、我々の見解への批判が、スピノザはもっと神秘主義的な哲学者ではないかというものであるなら、その意見は否定したい。そして、我々は、彼が科学的認識の分析をしているという姿が、それほど的を外れていないことを示すために、次のようなエピソードを述べておきたい。

ヘンリー・オルデンブルグという人物がいる。この人は後に英国のロイヤル・ソサエティの秘書(secretary)になった人であり、当時の英国のみならずヨーロッパの科学事情に目を光らせていた人である。秘書というのは日本語ではむしろ幹事に当たる地位である。この人が一六六三年の八月、スピノザに手紙を送り、要請した。つまり、スピノザに、当時の英国の科学の指導的人物であったロバート・ボイル(一六二七〜九一年)と力を合わせ、確かな基礎に基づく本物の科学を推し進めるべく努力して欲しいというのである。オルデンブルグは、スピノザの数学的精神を以って世界の基本的原理を確立することを続けて欲しい、ちょうど同じことをボイルが実験と観察によって確認し例証するよう、彼(ボイル)の心を動かそうと自分(オルデンブルグ)はいつも止むことなく試みている、というのである。オルデンブルグの意図は、理論家・哲学者と、実験家ボイルに互いにその長所を以って科学の進歩に貢献してもらう状況を作り出すということにあったのであろう。合理論と経験論との総合ということでもある。

この話の成り行きについては、私は詳しいことは知らない（この話は、イズラエルの、*Radical Enlightenment*, Oxford Univ. Press, Oxford, 2001による）。現在の、あるいは今までの我々のスピノザについての通念に照らすと、この話は奇妙ですらある。彼は当時の数学や科学の最高の業績についての十分な知識を持っていたとしても、理論的にも実際上の事柄に関しても、何ら貢献はしていないように思われるからである。もちろん彼は、当時の先端科学であるレンズに関しては指導的な立場にいた。また彼の哲学は科学と科学の方法によって深く影響を受けていた。彼自身、科学の支持者であったろう。実際、今さっき述べたように彼は、「真なる観念」を求めることから彼の思索を始めている。それでは、彼の実像はいかなるものであったのか。この辺の事情を明らかにすることはきわめて興味を引くが、ここではそれを追求することはできない。

ただ蛇足かもしれないが、付加しておこう。一つは、『神学政治論』における奇跡の否定の議論の中核は科学を基準とするものであり、機械論的な自然観に基づく決定論によるものであることを。それはすなわち、自然法則を超えるようなものの存在を彼は一切認めない、ということである。そして彼はこのことによって奇跡を否定するのである。付加するもう一つのことは、彼の哲学は、今日の目からは、「科学的」とは映らないかもしれないということに関するコメントである。すなわち、彼の与えるそうした印象が、一つには彼の用語が特異な点にあり、また加えて彼の体系がいわゆる公理からの演繹という形を取っていることにもあるとするならば、それはそうでもあろうが、しかし、彼が主著『エチカ』において採用した公理からの演繹体系という記述法は、ユークリッド以来、学問体系の叙述の模範とされていたものであり、彼の時代においてもそれは存続していた模範ではなかったであろうか、と我々は言いたい。公平に見ると、彼の哲学は実験的にも、演繹という点でも、当時の科学に基礎を置いていたのではないか。このことは、『知性改善論』における彼の議論が、科学的方法に関しても哲学的手続きに関しても、区別する必要のない仕方で、つまり両方に通ずる仕方で、推論の妥当性を判定する基準を定式化していると言えることによっても支持できると思われる（cf. Israel, 上述書 p. 244）。蛇足の付けついでに、さらに言うなら、現代の優れた大脳生理学者であるA・ダメイシオに登場願おう。彼は、スピノザの議論を、情念の理解の際の導きの糸としているのである。彼の著書はいくつもあるが、その一つを挙げれば、『感じる脳』である。これは邦訳の題からはスピノザとの繋がりは見て取れないが、原題は *Looking for Spinoza* となっている著作である。なお、ライプニッツが優れた数学者であり、科学者であることについては、何を言うのも愚かであると思う。

(6) ライプニッツの意見

ライプニッツ（一六四六〜一七一六年）が、比較的若い頃に書いた「認識についての省察――真理と観念」という短い論文がある（公刊されたのは、一六八四年）。この論文はまだ彼自身の考えの真骨頂を示すものではないが、ここでデカルトおよびデカルト派に対して論戦の口火を切ったもののようである。この中でライプニッツは、デカルトの「観念」に対する批判を行っている。尤も彼のより大きな狙いは、デカルトによる神の存在証明が不十分なものであることを示すことにあるのかもしれない。

この論文のまさに冒頭のところで、彼は言っている。真の観念と偽なる観念とについて、優れた人々の間に、現在、論争が続いており、また、この問題は真理の認識にとって最も重要なものであるのに、デカルト自身においても十分満足な仕方では論じられていない、と。そして続けて言う。「認識と観念との区別と、それらがそれぞれ満たすべき基準との関わりで確認できると私が考えていることについて、いくらか説明するのは時宜にかなったことであると思う」と。ちなみに、ここで優れた人々というのは、A・アルノーとマールブランシュを指している。言うまでもなく両者とも、その時代の碩学である。この両人の間で行われた論争を見るには、両者の著書を見ればよい。アルノーの議論については『真なる観念と偽なる観念』（一六八三年）を、マールブランシュのものはそれに応える形で一六八四年以後、数年に亘り出版されている。

ここでのライプニッツの認識論は、まず認識の明晰、判明、また十全、不十全というようなことから説明を始めているが、議論を次第に進めて、思念が複合的な場合に及ぼして、次のように論ずる。思念がきわめて複合的なときは、その思念が内包しているすべての思念を一度に思考によって包括することはできない。しかし、そういうことができる場合、またはそういうことが少なくともできる範囲のものである場合には、そういう認識を、「直観的」と呼ぶ。思念が、判明で、原初的（それ以上不可分割であり、したがって定義できないもの）であるときは、そうした思念については、直観的認識以外の認識はない。これに対し、複合的な思念についての認識は、記号的（象徴的）でしかない。ここでライプニッツが記号的（象徴的）というのは、言葉の使い方のことである。たとえば、我々が代数学や数論において、また殆どあらゆる領域において使用する認識であるが、次のような類のものがある。たとえば正千角形（千の辺を持つ多角形）を考える場合、「辺」とか、等しいということ、数字の千というようなことをいつも考えているわけではない。しかし我々はそうした言葉を用いて、そうした事物（辺とか、等しいとか……）の観念の代わりにするのである。もちろん言うまでもなく、その際我々は、これらの言葉の意味を判明でなく不完全な仕方で精神に現前させているであろう。というのも我々はその際、それらの言葉の意味を意識はしているし、今のところはその言葉の意味を解明することは必要でないと判定しているのであるからである。こういう認識を、記号的（象徴的）と彼は言うのである。

少し、話がごたごたしてきたが、こういう考察に基づいてライプニッツが引き出すのは、判明に知られている事物についてすら、我々が観念を把握し知覚するのは、直観的思考に訴える限りでのことに過ぎない、ということである。つまり彼が言いたいのは、我々は精神の中に観念を持っていると、誤ってそう信じ込むことがまことにしばしばあるのだ、ということである。というのも、我々は、自らの用いる言葉なら、それは既に説明し切れている言葉だと誤って思い込んでしまうのだからである。

しかし、記号的な用い方をされている言葉について言ったことから見て取れるように、矛盾が、複合的な思念に多分含まれていても、我々の目を逃れてしまうということがしばしば起こるのである。そのことを示すために彼は、古来スコラ哲学で有名であったが、最近（つまり、ライプニッツの少し前）デカルトが新たに用いた神の存在証明（存在論的証明といわれるもの）を取り上げる。

それを彼は、次のように提示する。すなわち、ある事物の観念すなわちその定義から出てくることはすべて、その事物自体について肯定されうる。ところで、存在は、神の観念、すなわち思い浮かべることのできる最も完全な、ないしは最も偉大な存在という観念から出てくる。なぜなら、最も完全な存在は、あらゆる完全性を含んでおり、その完全性の中には、「存在」もまた参入しているのでなければならないからである。それゆえ、存在は、神について肯定されうる、と。「しかし」、とライプニッツは言う。本当は、この議論から結論できるのは、次のことでしかない。すなわち、もし神が可能なものであれば、それが存在するということが出てくる、ということである。なぜなら、我々は、上の定義を確信を持って使用し、そこから確実な結論を引き出すためには、それら定義が実在的であるか、それらが矛盾を含まないかを知る必要があるからである、と。なぜなら、思念が矛盾を含む場合は、そこから矛盾する結論を引き出しうるからであり、これは馬鹿げているからである。彼は、実際、「最も早い」という観念は、矛盾を含むことを示して見せる。たとえば、今、車が「最も速い」速度で走っているとせよ。その車の車輪の先の点は、中心の速さ（車の速さ）よりも速いのではないか。カントなら、アンティノミーを、矛盾する概念の例として出すことであろう。

こうした議論からライプニッツにとっては、我々は、神の観念を持っていると確信しうるためには、最も完全な存在を考えるだけでは十分ではないのであり、神の存在の可能性を想定するか、証明するかする必要があるのである。もちろんこう言ったからとて、彼は神の存在を否定するつもりはない。神が存在するのは真理であると考えている。

この議論から彼はさらに、実在的定義と名目的定義の区別についての議論に進む。彼によれば、前者は定義される事物の可能性を樹立している定義であり、後者は他の事物から区別しようとしている事物の特徴のみを含んでいる定義である。この区別によってライプニッツは、たとえばホッブズの議論、すなわち真理は名目的定義にのみ基づいているので勝手に決められるという主張に応じうる（ホッブズは、社会的な規範が契約に基づく規約だとしたのみならず、言葉と言葉の指示対象との関係も規約であると考えた。意味論におけるこの規約主義は、真理の規約論へと繋がっている）。ライプニッツはこれを批判して言う。定義の実在性が我々に基づくのではなく、我々はどんな思念でも一纏めにしうるわけではないのだということを、ホッブズは考慮していない、と。

名目的定義が完全な認識になるには、それによって定義されている事物が可能であるということが樹立される、という条件が満たされなくてはならない。それゆえ、観念が名目的な定義である場合は、その観念を通じて見られているものは、存在しているとは言えないであろう。これらの考察は、真なる観念とはいかなるものであり、偽なる観念とはいかなるものであるかを分からせてくれる。真なる観念は、可能な思念でなければならないし、偽なる観念とは矛盾を含む観念である。

ところで我々は、ある事物の可能なるか否かを、アプリオリにか、またはアプステリオリに知る。アプリオリに知るというのは、思念をその要素に解消するか、または他の思念――その思念が可能であると我々が知っており、またそれら思念にはいかなる非両立性も含まれていないような――に解消する場合である。アプステリオリにというのは、我々が経験によって、その事物が実際に存在していることを知っている場合である。ところで我々が、ある十全な認識を持つ場合、我々はいつもその可能性についてのアプリオリな認識をも持つ。というのは、分析を最後まで推し進めたとき、いかなる矛盾も現れないなら、その思念は可能なものであることは確かだからである。けれども、人間は思念について完全な分析をいつか制定できるのかどうか、つまりそれら考えの可能性の始原でありそれ以上分解不可能なところにまで、すなわちすべての事物の究極の根拠であり、始原的な原因である神の絶対的属性そのものにまで遡れるのかどうか、自分はまだあえて決めるつもりはない、と彼は言う。我々は、大方の場合、いくつかの思念の実在性を経験から得て、それらの思念を用いて、自然に倣って他の思念を構成するだけに満足するであろう。

これらの議論から、ライプニッツは、観念に訴えるという道はいつも危険がないものであるというわけではない、と結論する。多くの人が、この観念という言葉の重みを悪用して、想像に重みを付けている、と彼は言う。また、我々が事物について明晰判明に思い浮かべうるものは、すべてその事物について肯定できるという、当今有名な原理もまた乱用されている、と彼は言う。これはもちろんデカルトやポール・ロワイヤルの人々への批判であるが、デカルトならこれに答えて、ライプニッツの議論は、観念という言葉の核心を外れていると言うであろう。何となればデカルトが観念と見なす表象は、それがあらゆる懐疑に耐え、あらゆる疑いを斥ける限りにおいて、真の観念と見なされるのだからである。デカルトにとっては、もし神の観念が矛盾を含むなら、それは観念ではなかったであろう。ただし、公平のために言うならば、明晰判明を示すために論理をも使用せよというライプニッツの指針は、デカルトの念頭になかったであろう。なお、ライプニッツの「観念」の理解に関してさらに蛇足を付けるなら、ライプニッツの出している千角形の例は、彼が観念を心像の意味で理解していることを示しているように思われる。デカルトは、幾何学において想像力が助けになることがあるのを認めたが、想像力が観念を形成するものであるとは考えていない。

4　経験論

(1)　扱う経験論者たち

経験論というのは、認識論上の一つの立場で、知識の起源が理性でなく経験にあるとする主張一般を指す。しかし、それでは意味が広すぎるであろう。知識の起源が経験にあるということの意味が曖昧であるばかりでなく、ここで経験論者としてどういう人たちを考えているのかもよく分からないからである。ここで我々の念頭にあるのは、いわゆる英国の経験論である。これでもいまだ意味はあまり確定しないかもしれない。というのも英国には、中世においても、経験論的な哲学者は多々いたからである。たとえばオックスフォードのマートン・コレッジに連なるスコラ哲学者たちがそうである。また、ウィリアム・オッカムやフランシス・ベーコンなどもそうであろう。我々は、誰を念頭に置いていると言えばよいであろうか。

ここで経験論と言うとき、我々はロック、バークリ、ヒュームを念頭に置いている。我々は、これら近世の三人をなぜ一連の繋がりあるものとして扱いうるのかという理由を述べようとしているのである。

ロック、バークリ、ヒュームという三人が、英国経験論の代表者であると言うとき、それに対置されているのは、我々が既に触れた、デカルト、スピノザ、ライプニッツである。代表者がどちらも三人というのは、たまたまの偶然であるかもしれないが、問題はなぜどうしてこの対置が意味を持つのかということにある。対置する理由を、それら二つの立場の中心概念が、一方では経験、一方では理性となっているとするだけでは不十分であろう。というのは、経験論だから理性を無視するとか、合理論だから経験を軽視するというのは、全く不当な見解であることは、実際これら哲学者の著作を読めばすぐ分かることだからである。もちろん合理論者と経験論者とは、それぞれ我々の知識が理性または経験に多くを負うと考えていることは間違いない。しかし、合理論ならば経験を排除し、経験論ならば理性を排斥するわけでは、必ずしもないのである。

たとえばデカルトは、近世の合理主義の元祖であるが、知識、特に自然界の知識については、経験が不可欠であることをはっきり認めている。たとえば彼の、『世界論』や『哲学の原理』（第3部）を読めば、彼が「可能な理論のうちどれが真であるかを決めるのは経験である」と言っているのを読者は見出すであろう。また彼は、彼なりに様々な観察、実験、解剖すら行った人であった。

他方、いわゆる近世の英国経験論の元祖とされているロックの思想をひもとけば、彼の考えは、外界についての知識は経験からという主張であり、それはデカルトのいう内在（むしろ生得）観念の存在を斥けるものであることは事実であるが、彼が理性や神の観念を斥けたのではないことは明瞭である。彼は理性を見識や推論の能力として認め、それを人間と他の動物から区別する能力であり、人間が生きる上での導きであるとしている（たとえば、E. I. 3. §15 参照：ここで彼は人間を理性的存在と呼んでいる）。彼にとっては理性も、人間の知識や蓋然的な意見を増加、拡充するものである。実際、彼を合理論者として解釈する人もいる。なおまた、彼は道徳的な規則は自然法に基づくものとするのであるが、自然法を見出すのは理性であるとしばしば主張している。バークリについて言えば、彼の主要関心は認識論ではなく、形而上学にあったのであり、彼は神の存在を弁護したかったのではないか。神の存在を示すのには経験は直接的には役に立たない――世界の設計者としてその存在を間接的に弁護することはできるであろうが。さらにまたヒュームについて言えば、彼はきわめて論理的な議論を展開する人であった。

（2）我々の議論の軸

経験論の主張が、我々の知識の素材が経験からくるという認識論上の主張であるということは間違いではないが、合理論も知識の素材が経験からくることは認めるのである。逆に、経験論も知性ないし理性という能力を認めるのがふつうである。我々はいかなる基準によって合理論と対立するものとしての経験論を理解するのか。というのも、対立するものとしてのみ両者相見合っても、進歩も向上も生まれないであろうからである。しかも後で見るように、啓蒙期には、ダランベールは、合理論と経験論とを総合した立場を打ち出している。それゆえ、両者の繋がりと違いとを理解させてくれるものが必要である。それは何か。結論から言うと、そうした繋がりと違いを成立させたのは、「観念」という同じ言葉で両者が考えていることであり、別の言い方をすれば、両者の用いる「観念」という概念の意味の繋がりと相違とである。

デカルトの議論を思い出してみよう。彼は、我々が真理を認識するのは、明晰判明な観念によってであると言う。明晰判明な観念は、神が我々の知性の中に植え付けておいた真理の種であるとさえ、彼はあるところでは言っている。それが彼の言う内在観念というものである。それは、外的な世界から得られた観念ではない。デカルトのいう観念、特に内在観念は、神に支えられて真理を我々に与える力を持っていた。しかしロックは、人間の知性がデカルトの考えたような意味で神に支えられているという考えを捨てた。人間は、神なしで、自ら知識を探求しなくてはならない。どうすればよいか。ロックはそれゆえ、観念を、自己の外からくるものの中に見出さねばならなかった。つまり彼は感覚知覚から始めねばならなかった。それはどういうことか、いま少し言っておこう。

デカルトは、観念を三種に、つまり内在、外来、形成（人間が作ったもの）に分けている。真理の種になるのは、我々の知性の中に本来内在する観念である。それは神が我々に与えた観念であり、神は欺かないゆえ、内在観念は必然的で、永遠真理を与えるということになるであろう。たとえば「延長」や「量」の観念はそういうものである。デカルトは若いときプラトン哲学に傾倒していた。観念はプラトンのイデアから来ている言葉であるから、デカルトの場合もプラトンの場合と同様に、存在の根元でもあり認識を可能ならしめる根拠でもある。ところがロックは、この言葉をデカルトから受け継ぐのであるが、その意味を変えてしまう。つまりロックにおいては、アイデアという言葉は、現代でいう感覚知覚（これはデカルトでいえば外来観念である）をも指すものとなる。ロックはデカルトの言う内在観念を生得観念という意味にとって、そのようなものは存在しないと言うのである。

ここでロックがデカルトの哲学にどういう形で近づいたかを述べておくのがよいと思われる。ロックについて伝記的なことを少し述べる。

（3）ロックの生い立ち

ロック（一六三二～一七〇四年）はサマーセットのゼントリーの一家に生まれた。ブリストルの近くである。一家はピューリタンに共鳴していた。父親は、土地の大物ポパムに与し、議会軍に属して戦っている。この縁でロックはウェストミンスター校から、オクスフォードのクライスト・チャーチ（きわめて裕福なコレッジ）へと進んだ。しかし、そこでのカリキュラムは彼を苛立たせるものであった。彼はスコラ的な議論の方法と、スコラ的な論理や形而上学のごまかしの議論を嫌悪した。オクスフォード時代、彼が一生懸命勉強した形跡はない。文学書などを読んでいたとも言われている。彼はちゃんとした学位さえ取っていないようである。この頃の彼がどのような意向を持っていたのか不明である。法律家になろうとした形跡もあるようだが、後代の研究者は、ロックの思想にはコモン・ロウの知識の影響が全くないと言っている。またロックは、当時の人気職業であった僧職に就こうとしたこともあるようであるが、結局そうした考えを捨てている。そして彼は、むしろ医学に興味を持った。医学の研究は、彼を自然哲学へと導いた。彼はハーヴェイを読み、化学の研究を始めている。ボイルに初めて出会ったのは、一六六〇年代の最初の頃らしい。ボイルは、ある時期、オックスフォードに住んでいた。ロックが機械論的哲学に出会ったのはいつ頃か、正確には分からない。しかし一六六〇年以後は、ボイルの著作などを通して、新しい機械論的哲学を学んでいる。またその頃には、デカルトの著作も読んでいる。殊に「光学」「気象学」また『哲学の原理』特にその第3部、第4部を読んでいる。これは自然学を論じた部分である。またガッサンディを読んで原子論に触れている。

ロックの伝記をバランスよく書くためには、彼と政治的な問題および実際の政治との関わりにおける彼の生き様を述べねばならない。しかし、それはここでは割愛する。我々がここでロックの伝記の断片を述べた目的は、彼が機械論的哲学、またデカルトの哲学と触れ合うことになったのはどのようにしてかを言うためであった。つまり、それは彼がいわば独学的に研究したのである、ということを言いたかったからである。ただ、ここでは彼の医学研究が、彼を初代シャフツベリ伯爵に結びつけることになったことを付け加えておこう。ロックは、この偉大な政治家の侍医として、また秘書ないし参謀として、住み込みで支えるのである。彼はこのシャフツベリの死去に際し、葬儀を終えて後、迫り来る官憲の手を逃れて、オランダに亡命するというようなきわどい経験もしている。また彼は、初代のシャフツベリに孫の教育をも任されていた。この孫、後の第三代シャフツベリは、有名な哲学者（道徳感情論の提唱者）であり、もし我々が一七世紀後半の道徳論を論ずる機会があれば、ちょっとした歴史の皮肉を見ることになる。というのも、ロックは、理性主義的な道徳論を唱えていたからである。ロックは道徳法則についての知識を「論証的知識」と見なしていた。

以下ロックによる「観念の、新しい道」について述べよう。

（4）ロックの観念説

ロックの知識論が展開されている著書は、『人間知性論』である。この著書がいつ書き始められたかというのは、あまりはっきりしていない。しかしその執筆の始まりは、大体、一六七一年ぐらいであろうと言われている。最初に出版されたのは、一六八九年一二月、あるいは一六九〇年というのが正しいのかもしれない。つまり長い時間をかけて書かれた本である。そういう著書は概ね読むのが難しいものである。ロック自身そのことに気がついている。

この著書が目的とするのは、人間の知識の起源、確実性、そして範囲、を探求し、併せて信念、臆見、同意の根拠と程度を探求することにあると彼は言う。神の大権を脱し、神の助けを借りない人間の知性は、どの程度の主権を発揮しうるのか。この探求こそは、まさに彼以後の知識論が課題とすることに他ならない。この議論の中心的な言葉が、「観念」なのである。彼自身「緒言」（Introduction）のところで、「観念」という言葉を論述の中でしばしば使うことをお許し願いたいと断りを入れている。

観念は、思考の対象である。ロックの説明では、この言葉は、我々が思考するときに、知性（understanding）の対象が何であれ、そうした対象を表示（stand for）するのに最も役立つ言葉である。知性の対象が表象像（phantasms）であれ、概念（notions）であれ、形象（species）であれ何であれ、心が思考する際にそこへ向けられるものを表すのにこの言葉を使う、と。「観念」は、知識を分析する際のロックの道具というか、方法というか、とにかくそのようなものとされている。彼は自分の分析の方法を「観念による新しい道」（a new way of ideas）と呼ぶ。

観念という言葉のこのような用法は、一七世紀においてはデカルト哲学の影響下、ふつうのことであったように思える。デカルトは、観念について、観念は我々が物事を思い浮かべるとき、それをどんな仕方で思い浮かべるにせよ、我々の心の中にあるものの全体であると言っており、ロックもこの考えを受け継いでいる。けれども、ロックがデカルトから思考の対象としての観念という考えを受け継いだとしても、しかし、両者の考えはあるところで基本的に違っている。どこが違っているかということを当然我々は明らかにしなければならないが、その説明は少し手間がかかる。もちろん既に言ったように、ロックの言う観念は、デカルトの内在観念のするように、その明証性で真理を我々に伝えるというような機能ないしステータスを持たないものであることは当然である。しかし、それだけでは両者の違いを十分に説明することにはならないのである。違いの解明にはより微妙な区別を必要とするのである。

差し当たり簡単な答えを言うとすれば、ロックの観念は経験からくる。しかし彼の場合、我々の知識は経験に基礎を置くとはどういうことか。我々の観察は外的な、感覚される対象について行われるにせよ、または我々の心が知覚し反省する内的な働きについて行われるにせよ、観察こそが我々の知性への全材料を供給するのである。これらの観察は、概ね感覚知覚（反省からくる感覚――内官感覚――の観念も含めて）のことであると言われるようであるが、私は、しかし、この解釈には従わない。それはヒュームについては当たる解釈かもしれないが、ロックについては必ずしも正しくない――ロックの見解がよりよいかどうかは別として。私はロックの反省を内的感覚と同一視したくないのである。というのも、「反省」から得られる観念なしには、経験論に立って知性の十分な説明を与えることは、少し難しいと私は考えるからである。けれどもその問題は、後に（本書第**3**章第3節で）論ずるとして、まず「感覚知覚」というのは何であるのか。この概念の含む問題はいかなるものかを見よう。

（5）ロックの議論の問題点

感覚知覚の構造分析はなかなか難しい。それゆえ、そういう観念ないし概念を用いてロックの観念説の説明を試みようとすると、少し準備的説明が必要となる。そしてそれは、『人間知性論』におけるロック用語法の問題点を指摘することと重なるであろう。実際、そういう事情があるので、ロックはこの著作を出版するまでに長い時間を要したのであった。彼が最初に書いた草稿は、すっきりした論考であった。しかし、実際に出版されたものは、いわばごたごたした感じのものである。

それではどんなことが問題として起こってくるのか。いくつか述べてみよう。

① 観念にはいくつか異なった種類のものがある。しかし、すべての観念に共通な事柄がなければ、それらをすべて観念だというわけにはいかないであろう。その共通な点はどんなことか。ロックによれば、それは、観念が、我々の決して直接には見知りえない対象（もの）を、心に対し表現するという機能を持つということである。しかし、このことを認めると、次のことをも認めなくてはならない。すなわち、観念は心の中にあるものであるばかりか、心の対象でもあるということを認めなくてはならない。前者はデカルトも認めることであるが、後者をデカルトは認めない（スピノザは認めたが）。デカルトにとって、心と心が持つ観念との区別はないのである。それは、蝋の塊と、蝋の塊が取っているいろいろな形とが、違いないのと同じように、違いがないのである。デカルトにとっては観念なしには心はない。「観念なしの心」というのは、デカルトにとっては矛盾概念である。しかし、ロックは観念なしの心が矛盾概念であるとは認めない。実際たとえば、心がタブラ・ラサ（「白紙」と訳されるが、言葉通りに言えば、「削られた板」という意味である）であることを認めるというのは、「観念を持たない心」というものを認めることであろう。ロックがもし観念が心の対象であることを認めるなら、その彼にとって、観念は心の中にあるということはいかなる意味を持つのであろうか明らかではない。こ

れはロックの観念説の疵とまでは言えないかもしれないが一つの問題であろう。

② ロックの観念説のもう一つの問題は、もし我々が直接に知りうるのは観念だけだとするならば、我々は一体どのようにして世界について何らかの物事を知りうるのか、あるいはそうした物事と我々との関係を知りうるのか、という問題として現れる。この問題はロックもいくらか気づいているようであるが、これはロックだけでなく、ロックの観念説を何らかの形で引き継ぐ論者たち、たとえばバークリ、ヒュームにとっても問題となる。先回りして言えば、デカルトではこういう問題は起きない。というのも彼の内在観念は、実在を把握するものであるからである。この論点は後ですぐ取り上げる。

なおここで我々は、ロックはこの問題に気がついていたはずであると言ったが、その理由はロックが物体の一次性質と二次性質とを区別しているからである。前者（一次性質）は、物体から切り離せない性質（固性、拡がり、形、運動など）であり、後者は、色とか味とか音とかのようなものであり、実際は性質というよりも、一次性質によって我々の心の中にいろいろな感覚を生み出す力ないし能力（power）のことである。しかし、もし我々が直接には観念しか知りえないとしたら、ある性質が外界の物体の持つ性質であることをいかにして知りうるのであろうか。

③ ついでにロックの観念説の第三の問題を述べておこう。これは、バークリ、ヒュームの議論と関係があるからである。問題は、彼の言う観念は何を表現しているのか、曖昧であるということである。たとえば、「貴方はこの本をお読みですか」と問うた場合、「この本」という言葉は、私が手に持っているまさにこの本のことか、あるいはその本そのものではなくその本の別のコピーのことであるのか、二通りに理解できる。これはタイプかトークンかという問題である。観念についてもこれと同じことが問題になりうる。ロックは、両者いずれの意味でも用いているように思われる。

こういう区別は、日常の会話場面では、会話者は互いに状況を暗黙に理解しているゆえ、あまり必要はないであろうし、混乱は起こらないであろう。しかし、哲学の場合はそうではない。たとえば抽象概念(一般観念)の理解の場合には大きな問題となる。トークンとしての観念は、すべてタイプとしての観念に類似的であると言われるかもしれないが、観念が心像と考えられている場合には、そう簡単に話は進まない。「犬」というのは、もしそれを心像として考えると、それはどんな観念か。犬一般の観念とはいかなるものか。それはどんな形、どんな色をしているか。

(註　なお、ここでは立ち入らないが、ロックは、観念についていかなる考えを採るかについて、アルノーとマールブランシュとの論争を意識しており、彼自身は前者の立場に近い考えを採ったというふうに考えられている。ロックの観念について詳しく論ずるためには、この点からの考察も有益であろう。)

経験論者における抽象観念の問題は、後に(第3章第4節)また少し触れることになろう。抽象観念についてのロックの説は、英国ではまずバークリが(『人知原理論』の「序文」)、次いでヒュームがバークリの説を踏襲しつつ批判することになる(彼らの批判の論点は、知覚像はたとえそれが抽象観念の知覚像であっても個別者でなくてはならない、ということにある。犬すべてに共通な知覚像があるか。答えは「否」であろう)。

ロックの知識論は問題の宝庫であり、学生にとっては、レポートを作る上で有り難いものであるが、彼の議論はなかなか処理するのが難しい類のものでもある。しかし、それにも拘らず彼の議論は、我々に多くのことを教えてくれることに変わりはない。その意味でも彼の議論は宝庫である。彼は経験論が持っている色々な問題に目を配ったが、なかんずく彼はバークリとは異なり、近代科学を自己の視野に入れて認識論ないし知識論を展開している。たとえば彼は原子論(粒子論)を支持している。このことは彼の全哲学に対してどのような意義を持つであろうか。あるいは粒子論は、観念を説明する役割を持つ(知覚因果説)のかもしれない。しかしその場合ロックは、科学的実在の世界を支持する議論を、いかなる意味で、いかなる仕方で提出しうるのか(ここには知覚の世界と実在の世界との関係という問題がある）。それでは粒子論は世界の仮説的な説明ということであろうか。このようなことを論ずるには、おそらく、科学における仮説の役割ないし意義についての議論が不可欠であろうが、ここではその問題に入り込むことはできない。しかし蛇足を付けておこう。ロックはバークリやヒュームよりも近代科学の主張内容を念頭に置いた議論をし、科学によりコミットするところがあった、と。しかし、このことの意味は、彼が哲学的な知識（と言ってよければ）について持つ考えが、合理論者たちとは別のものになっていたということである。ロックにおいて哲学は、もはや実在の世界についての直接な知識を自らの知見とはしない。ロックの『知性論』は、その意味での「真理の探究」ではない。それはむしろ知識批判とでもいうべきものである。この考えと合理論者の哲学的知識観との違いが、なぜライプニッツの『知性新論』における議論をロックが取り上げなかったかの最大の理由をなすであろう。彼が『人間知性論』の「読者への手紙」で、誰もがボイルやシデナムであろうとしてはならない、自分はニュートンやホイヘンスらの下働きをするだけだと書いているのは有名な話である。同じく経験論者でもバークリやヒュームは、近代科学にロックほど親切でないか、あるいは実質的な知識を持たなかった。

ロックの哲学は、ここで我々がしているような仕方ではなく、もっと親切に扱う値打ちのあるものであるが、現在の我々の目的は、ロック哲学の説明でも解明でもなく、いわゆる古典的英国経験論が、どういう流れでロックからヒュームへと進んでいったかということを観念説を軸に述べることである。ここでロックについて深入りをすることは許されない。ここではロックに対する誤解を解くとか、問題を解明するということではなく、当時の人々がロックを理解したようなことに沿って述べておくべきであろう。

（6）知覚と世界

といっても、ロックの知識論や観念説の全体を取り上げることすら、今の我々にとってはまだ過大な目標である。以下では、上に述べた第二の問題、すなわち観念（知覚）と世界との関係についての議論を取り上げ、それに沿って英国経験論がどのように後代に向けて推移したかを考察することにしたい。現代的な用語で言えば、知覚と、世界についての知識との関係の問題ということになろう。

ここで繰り返し述べておきたいことがある。経験論は内在観念（というよりは実は生得観念）を斥けるので、経験論にとって観念とは、外的感覚から来るものであれ内的知覚（反省）から来るものであれ、とにかく経験から生ずる外来観念である。しかし、デカルトが我々に真理を与えるものとしての内在観念ということを言った場合、その観念は決してそういう文脈での生得的なものではない。つまり、デカルトの内在観念は、決して現代語の感覚知覚を意味しえないのである。逆に言うと、デカルトの内在観念によって認識されるものは、まさにそのゆえに実在しているのである。これに反して、感覚知覚によって知られたものは、直ちに存在を許されるわけではない。しかし後のカントのアプリオリな概念というものは、ある意味でデカルトの内在観念の子孫と言えるかもしれない。

さてロック、バークリ、ヒュームの知覚についての考えを少し統一的に論ずるために、ここで現代の用語法を導入することにしたい。現代の用語法と断る意味は、そうした言葉は彼らの用いた言葉ではないという意味である。三つの知覚説を考えてみよう。

直接実在論、知覚の因果説、観念論である。

直接実在論

直接実在論というのは、細かく分けるといろいろあるが、一般的には、知覚というものを外的な対象の直接な意識とする立場である。その最も単純な形は、素朴実在論と呼ばれるものであり、これは我々の感覚知覚が物質的対象の表面の性質であると思いなす立場である。常識の立場はこれに近い。トマス・リードをはじめとするスコットランド常識派の立場は常識的見解を弁護した。第二の立場は、知覚因果説と言われるものである。これは我々が直接知覚するものは、外的対象そのものではなく、外的対象を原因として生じ、感覚と神経系とを通じて伝わる因果的系列の最終段階としての知覚表象であるとして、直接実在論の言い分を否定するものである。ロックの立場はこれまたはこれに近いものである。

知覚因果説

知覚因果説を支持し、直接実在論を斥けるためには、我々が錯覚や幻覚を持つこと、または同じものが我々には様々多様な見え方をすることを思い出せばよい。このことは、我々に知覚と知覚表象とを区別する必要をもたらす。この区別をする必要があるという理由は、事物は心に直接には現前しないので、心に現前するものとしての観念ないし知覚表象が必要になるからである。もちろん、このようなものとしての知覚表象または観念は、心とものとの間に掛けられたヴェイルではないか。むしろ、ものを見えなくする邪魔ものではないかという意見も出てくるかもしれない。

知覚因果説は、我々のある種の常識（それはおそらく少し科学的な知識に染まった常識であろう）にも、また科学的な見方にも合うように考えられる。実際、知覚因果説は、近世の科学の成果が生んだものでもあった。たとえばデカルトでさえ実際行っているように、その当時にも感情や情念の生理学的研究の進展はあったのである。知覚因果説は、科学の議論としてはきわめて正当であるように思われる。しかし科学者である限りの科学者は、どうして人間の心と外界との両方が存在し、かつ、その間に因果関係があると言えるのかと問われたら、どう答えるのであろうか。デカルトは、その問いに対して不十分ながら答えを持つ（『省察』第六。不十分というのは、物質と精神の間に因果関係を考えるのは難しいという意味である）。しかし、ロックは答ええない。つまり、彼の答えは、仮説的説明でしかない（なぜなら原因の地位に立つものを措定できないから）。答え得ないというのは、彼らの知的能力に関して言っているのではもちろんない。哲学の立場の問題として言っているのである。ロックが答え得ないのではないかということは、彼の経験論に基づいて我々がおそらく主張しうることである。

ともあれロックは観念を説明するために知覚因果説を採り、その立場で知覚を理解しているように思われる。しかし、哲学者はこの立場を軽率に取ることはできない。というのも、今述べたように、この立場を認めるためには、外界の存在を確立し、それを見る我々の主観の存在を確立するという手順を取らねばならないからである。その上、知覚の因果説は、デカルト哲学の難問である心身問題、つまり心と物質の間にいかにして因果関係が成立するかという難問を抱えているのである。それではどうすればよいか。

観念論——バークリ

それに対する答えとして出てくるのは観念論である。ここで観念論と我々がいうのは、観念説とある意味で区別するためであるが、その立場は、我々の知覚しうるのは知覚表象だけであって、物理的客体（心的でなく、空間的存在を持つ公的な実在としての客体）の存在は認められないとする立場のことである。それはドイツ観念論とはあまり直截な関係はない。ここで我々の言う観念論は、知覚因果説の言う知覚の背後の構造（外的世界）を取り去り、そういう知的禁欲によって、知覚を守ろうという作戦に立つ主張である。バークリやヒュームのいう知覚はこれに近いものであろう。ただし彼ら、特にヒュームには、外界の存在を否定するつもりは全くない。ついでに言うと、二〇世紀には、感覚所与（感覚知覚）から、ものないし物体を構築するという現象論が盛んに行われた。現在では「感覚所与」は、もはや観念というものが元は持っていた重みを失った言葉であるかもしれないが、初期のラッセル、また論理実証主義者のカルナップ、他にもグッドマンなどが感覚所与、またはそれに相当する概念に基づいて現象論を展開した。ここで注意しておきたいのは、バークリやヒュームの議論はそのような現象論の方向に持っていくことはできるかもしれないが、それは彼らがしていたことでも、しようとしたことでもなかったということである。

バークリの観念論を見てみよう。彼の知識論は、『人知原理論』に出てくる。その第1章の冒頭で、ロックの

「観念」という言葉が、締まりのない使い方をされている点を批判して言う。ロックの観念は、対象（知覚者に観念を産出する原因である）における性質としばしば混同されている、と。同時にまた彼は言う。「実体」という観念を「観念の束」とするのは乱雑すぎる、と。バークリによれば、知覚されない対象が存在するというのは、理解できないことである。すなわち、「存在するとは、知覚されることである」（to be is to be perceived.）である。

彼の言う「知覚されるもの」は、もちろん観念である。バークリの提案は、観念の背後のややこしい問題を切り捨てた思い切った提案である。しかし過激な提案は、過激な結果を生む。つまり、この方策は一次性質と二次性質との区別の否定へと至る。なぜなら、彼の考えによれば、すべての観念は観念としてすべてステータスが同じであるからである。いずれが一次性質を表し、いずれが二次性質を表すかという区別はないことになる。しかし観念説に基づいて、人間知性の原理を吟味した彼にとっては、それは大した問題ではなかったかもしれない。というのは、彼が目標とするのは神の存在の確立であり、物質の否定であったからである。

しかし、問題はそれだけではなかった。彼の過激な説は他にも大きな問題を含んでいた。たとえば事物の存在、同一性などの問題がそこから出てくる。「存在するということは知覚されるということ」であるのなら、誰も見ていないときには、ものは存在を止めるのか、という問題である。あるいはもっと大きく言えば、実在する事物は知りえないという懐疑論が、その批判として出てくる。もちろんバークリは、懐疑論を克服するために知覚と存在とを同一視するという提案をしたのであり、彼自身が懐疑論を目指しているのではない。彼の目指すところはその反対である。このことに関しては、神を呼び出せば、彼は問題を片づけることができるかもしれないが、それは哲学的にはあまり説得力がない議論であろう。ある学者は批評して言っている。バークリは、個々の感覚の関係性については多くのことを言ったのに（たとえば『視覚新論』）、物理的世界と知覚との関係については殆ど言うことを持たなかった、と。けだし至言かもしれぬ。そしてこのゆえに、バークリの議論は、知覚についての多くの議論を含むにも拘らず、それを知識論と呼ぶ際には、いささか躊躇いを我々に感じさせるのである。

ヒュームの観念説

ヒュームについての話に我々は移るべきであろう。しかしヒュームについては、私は他の機会にいくらか書いているので、詳しくはそれらを読んでいただくことにし、ここではできるだけ簡単に済ませたい。

少し昔までは、ヒュームは懐疑論者ではないかと言われていた。しかし彼の説は、懐疑論を人々に売り込むことに最終の目標を置いているわけではない。彼自身そう言っている。最近は彼を懐疑論者ではなく、自然主義者であるというふうに特徴づけることが多くなってきた。私も時々そういう言い方をする。しかし、それも厳密に言えば適切な表現ではない（懐疑論者と言うよりはましだが）、と私は思っている。少なくともヒュームの懐疑論と彼の自然主義とは、切り離して受け取るべきものではない。私が、ヒュームを自然主義者と特徴づけるのは、彼が神を哲学の基礎とすることは少なくとも排除しているという意味において、また、彼は、我々がある意味で自然というものに身を投じ社会的存在として行動的に生きることを奨励する、という意味においてである。「結局は自然が支配する」と彼は言う。このときの「自然」は、むしろ存在の自発的発動力のようなものを意味している。彼における「自然概念」は、よく分析してみる必要がある。ただ、ここでそれを行うことはできない。

彼の知性論も観念説に基づくものである。しかし、彼の観念説が懐疑論に導かないなどと言うつもりは私には全くない。ヒューム自身、我々の知性が懐疑論に至ることを認めているのである。それはどういうことかと訝られるかもしれない。私もヒュームも矛盾しているではないか、と言われるかもしれない。この点を説明しておかねばならない。

ヒュームは大体においてロックの観念説を採ったと、トマス・リードのみならず多くの人がそう考えている。しかしより正確には、ヒュームはマールブランシュの影響を受けたというべきであることが今では示されている。しかるに、ここで我々がヒュームをロックと結びつけたのは、次のような事情があるからである。すなわち、マールブランシュはデカルト派の哲学を信じていたとはいえ、彼は僧職にある人間であるからというべきか、とにかく彼においては、観念は人間の知性にではなく、無限なる神の心の中に戻されていた（中世的理解）。彼によれば、我々はすべての事物を神のうちに見ることになる。しかし、また彼によれば、神は感覚を持つことはできない。感覚は人間の心の変容であって、人間の心の中にある。神は感覚的事物を認めるが、感じないのである。このような説の不整合ないし困難を見て取るのはロックでなくても容易である。だが、もしマールブランシュの説から神の存在を取り除いたなら、彼の観念の概念は、感覚的知覚の次元まで、いわば下落するほかない。実際この点を批判したのは、シモン・フーシェであった。なお、ちなみに言えば、バークリもマールブランシュの影響を受けている。

それゆえ我々は、ヒュームは大体においてロックの観念説を採った、とここであえて言う。しかし、彼の観念説はやはりいくらかロックの説から外れている。たとえばロックは、知覚の種類として三つのことを考える。すなわち知覚は、①我々の心の中にある観念の知覚、②記号（ないし言葉）の意味（signification）の知覚、③我々の観念間の連結と背馳、また一致や不一致の知覚である。この知覚という能力がロックでは、知性と呼ばれるのである。

これに対し、ヒュームは、知覚を印象と観念とに分け、観念を思考の対象と考えた。印象とは、感覚や情念、情動などのすべてを含むが、それが初めて心の中（意識の中）に入ってきたときの力と活力を持っている、知覚である。そして観念は印象の再生したものであり、印象に比べ、いわば情報量は同じかもしれないが、力強さや生気においては劣るというふうに考えた。そうするとそれはいわば概念に近いものになる。

我々はここでヒュームの観念説や知覚論に立ち入ることはしないで、ヒュームは大体においてロックの知性論の枠組みを受け継いで、それを骨子として知覚論ないし知性論を展開した、と言うに留めておく。ただヒュームの知覚の分類について、一言だけ注意しておきたい。一つは、ヒュームは、観念に関しデカルト、ロック以来の明証説を採らず、観念の信頼性に関して、信念に基礎を置いた、ということである。ヒュームの考えでは、人間の生にとって、他の生物の場合と同様に、決定的な影響を与えるものは感じ（feeling）であって、理性や知性ではない。したがって人間が生きる上で決定的な役割を果たすのは、また単なる観念でもない。少なくともこれまで人々が理解してきたような明証的観念ではなく、ある印象を伴い、それによってある活力を持つ観念である。そしてさらに、このことからの帰結であるが、彼は知覚を観念と印象に分けて、観念には知性論において、印象には情念論および道徳論において基本的な役割を果たさせたのである、と述べておきたい。

ヒュームは観念論的観念説を採り、またバークリの後に出てきた哲学者であるから、バークリの議論は懐疑論だという特徴づけがなされていることを知っている。おまけにヒュームは、哲学の議論において神に一役買ってもらうことを拒む思想家である。彼はバークリの議論で問題になったようなこと（たとえば知覚されていないものの存在の問題）をどう扱うのであろうか。このことについて我々は、いくらか説明しておかねばなるまい。

このことの解明には、『人間本性論』『人間知性に関する探求』などにおける彼の懐疑論を吟味する必要がある（なお「ある紳士からのエディンバラの友人への手紙」というヒュームの書いたパンフレットも有益である）。尤も、この二つの著作における彼の議論は、微妙に進化している。彼の言葉では、後の著作において議論は短くなったが、内容はより豊富になったのである。しかし大骨においては変わりないとも言える。いずれにせよ彼は我々の知性が懐疑論に陥ることを認める。では懐疑論が陥る困難からどのようにして脱出するのか。また彼は過度の懐疑は不当であるが、ある懐疑の仕方は、有益なのだ、と言う。それならどういう懐疑は有益かと問われるであろう。しかし、そもそも懐疑がなぜ有益であるのか。以下、懐疑論の有意義性について述べよう。

彼は、懐疑論に同意するのかと問われたなら、「その問いは全く蛇足である」、と言う（『人間本性論』）。にも拘らず、そのような空想的な議論（懐疑論者の意見のこと）を注意深く展示して見せた彼の意図は、第一に、「ひとえに私（ヒューム）の主張する仮説の真理性を読者に気づかせるにあったのである」。ここに言う仮説とは、「因果に関する全推論のよって来たるところは習慣のみである」というものである。また、第二に、「信念は我々の人間本性の認識的部分であるというよりは、感受的部分の働きであると言うべきである」とする仮説を読者に分かってもらうことにのみあったのである。それゆえ、理性の確実性が斥けられ、感覚も端的には信頼できないことが示されたのである、と。

前者は、我々が事実に関して行う判断は決して論証的な知識ではありえず、したがって確実性はないということを示し、我々は判断において頑なになってはいかぬという含みを持つであろう。後者はこれと関係するが、我々が存在するのはまず生物的存在としてであって、知的存在としてではないということを想起させるものであろう。もちろん人間は、いわゆる動物よりも高度な知性を持っていると考えられているが、基本的には刺激－反応の構造を持つもの、つまり生物である。

現代において深刻になった問題としては、人間が、その知性とまたしたがってその発明した道具や技術によって自ら環境（世界）を変えていくことから起こる問題がある。我々は自らが変えた世界に自ら適合しなければならない。しかしどう適合するか（もちろん世界をあまり変えないように努力するという選択も含めて）。これらのことは、人間が自然的世界に自然的存在として留まることを許さないのではないか。あるいは、道具や技術の導入による自然変更は、逆の作用も持っていて、人間自らの自然的・生物的存在に変化をもたらしているというべきであろうか。そもそも人間が自然的存在として物事を考察する限り、そうした考察には限界がある。自然が人間に与えている諸原理（理性や感覚）すら、我々に十分な自信や絶対な確実性を与えるものではない。つまり人間は自然的存在として留まればそれでよいというわけのものではないかもしれない。より正しく、より適切に生きるためには、おそらく現状に対する懐疑が必要である。ただしそのための懐疑は、全面的懐疑ではなく、穏和な懐疑であるべきである。懐疑は、我々の高慢をたしなめ、我々が自己の能力に対して節度と謙虚を持つべきだと教えるのである。そしてこの主張は、『人間知性に関する探求』においては「穏やかな懐疑論」の推奨として現れる。これは、判断において我々は過激にならないようにと勧めるものである。すなわち、彼の中庸と節度の精神を意味する。中庸の精神をもたらすこと、これが懐疑論の我々にもたらす大きな実践的利益である。それは人間の行為を破壊する議論などではない。彼の道徳論の議論を展開する上で懐疑的議論が持つ利益は、理性的道徳論を斥け、道徳感情論の展開を容易にしたことであろう。我々は生を導く感情に従うしかない。懐疑論の有益なる所以である。もちろん知性は正しい現実情報をもたらし、感情形成への奉仕もしなければならない。

それでは次に、そのような懐疑に陥る知性しか持たない我々が、いかにして物体や自我の観念を持ち（懐疑主義の袋小路から脱し）うるのかということについての説明はどうなるであろうか。これはヒュームがバークリのような懐疑論に陥らぬことを示すためにはどうしても答えなければならない問題であろう。ヒュームの返答を聞いてみよう。まず物体の存在に関しての問題を取り上げる。

これについてヒュームは、まず『人間本性論』の「感覚に関する懐疑論について」という節の冒頭において、次のように言っている。「『いかなる原因が我々を誘って物体の存在を信じさせるか』と尋ねることは許されるが、『物体が存在するか否か』と尋ねることは無益である」、と。すなわち、物体が存在することは、「我々が行う一切の論究に当たって、初めから当然のこととしなくてはならないのである」。物体の存在に関して、これほど端的な言明がまたとあろうか。しかし他方、個々の知覚しかもアトミスティックな知覚からは、我々と別個に（独立に）、また持続的に存在する物体の観念は得られないと懐疑論は論ずる。

それについてのヒュームの答えは、我々と別個に（独立に）、また持続的に存在する物体の観念の成立を、論理的には誤っているが心理的に成立する事実として、説明するものである。自我の観念もまた同様に処理される。自我の連続的存在ということも、ヒュームの考えているようなアトミスティックな知覚からは出てこない。自我は知覚の束以外の何ものでもない。しかるに我々は、自我の観念を持っていると考えている。

彼はまず、感覚も理性（知性）も、物体が我々と別個に（独立に）また持続的に存在することを確信させるものでないことを論証する。そうすると残るのは想像力しかないであろう。彼は、我々の印象のある特性が想像力に働きかけて、その協働によってそうした独立存在を持つ物体があるという結論を生み出すのである、と考える。その特性とは、彼によれば「恒常性」と「整合性」である。

たとえばいかなる印象が「恒常性」を有するか。それは対象の不変な印象である。引用しよう。「たとえば、いま眼前に横たわる山々、家並み、木々は、これまで常に同じ順序で私の心に現れてきている。そして、私が目を閉じたり頭を巡らしたりしてそれを見失うときも、それらは些かもの変更もなくすぐさま視界に戻るのを私は見出す」。もちろん厳密に言えば、この恒常性は相当の例外を認めねばならないであろうが、しかし物体と言われるものについては、もしそれに変化が生じた場合には、それらのことに整合性があることを示しうるであろう。詳しい議論は省くが、こうした議論に基づいてヒュームは言う。我々は一種の誤解ないしは想像の虚構に基づいて、同一性の観念の成立を説明するのである、と。長い合間をおいて現れた知覚に対し、中断の前後の知覚が類似しており、いわば無変動である場合、このことのみに基づいて我々は、知覚（対象）が恒常性を持つと見なし、知覚に完全な数的同一性を帰属させる。つまり、タイプの同一を、数的同一（トークンの同一）と（無意識的に）すり替えるのである。事物の中断した知覚と、同じ事物の中断せぬ知覚と取り違えるのである。この「疎漏と不注意」に基づく誤りなしには、我々は懐疑論に打ち勝つことはできない。

厳密に詳しく述べるなら、もっといろいろなことを説明しなくてはならないが、おおよそ以上のような議論がヒュームの戦術である。自我の場合も、彼は物体の場合と同様に、自我ないし心という言葉が暗示している同一性を想像する我々の自然な傾向を説明することによって、その（つまり自我の）同一性を説明する。ただし、自我というものには、物体の場合のように恒常的で不変な印象は存在しない。だがそれゆえにヒュームはまず、いわゆる実体としての自我の観念（デカルト的自我の観念）の成立を否定する。彼にとっては、自我は知覚の束でしかありえない。人間というものは、思いも及ばない早さで次々と継起する、絶えることなき流転と動きとの間にある知覚の束である。それを彼は一つの劇場にたとえた。心は一つの劇場であり、その劇場には次々にいくつもの知覚が現れては通り過ぎ舞い戻り、すべり去り混ざり合って無数の状況を作り出すであろう。しかし同時に彼は、この比喩から知覚の上演される場所を考えたり、あるいは場所を構成する材料を考えたりして、それを心の同一性の主張にも用いてはならないと言う。

それでは自我に関する我々の同一性の観念とはいかなるものか。その観念を我々が持つに至った経過を説明するために我々の犯す混乱がある、とヒュームは指摘する。その「混乱」というのは、我々が同一性または自同性との観念と、不同多様性の観念とを混同するということである。前者は、ある時間経過の間を通じて無変化無中断のままに留まる対象についての判明な観念を意味する。後者は、継起的に存在し、緊密な関係によって連結されるいくつかの対象について我々が持つ観念である。この相反した観念が、混同されるのである。その混同は、両者における想像力の活動が、互いに感じの上で殆ど同じであることによる。もちろん哲学的反省によってこの誤りは訂正しうるが、そうした反省のための緊張は長く続かない。思考の緊張が緩めば、その瞬間に人間の自然本性はその本領を発揮し、我々を元の考えに引き戻すのである。「自然は頑強である。理知がいかに攻撃すればとて、戦場を捨てて潰走しはしない」。かくして我々に残された最後の手段は、この自然の傾向に屈服し、これら連結された異なる諸事物は、どんなに中断され変動するにせよ、実は同一のものであると大胆に主張することしかないのである。そしてさらに、我々は、中断を除去するために感覚的知覚の連続的存在を虚構し、変動を隠蔽せんがために精神、自我、実体などという概念へと突入するのである、とヒュームは言う。

我々は、ヒュームが我々の知性や感覚が懐疑論に導くということを示した後、それでもなお我々が懐疑論者にならず、行動できるのはどうしてかを説明したのを見た（より詳しくは「ヒュームの懐疑論」『知を愛するものと疑う心』晃洋書房、二〇〇八年所収を参照）。これらのことの理解の助けとなりそうなイメージ的な解説を試みてみよう。次のようなふうに言えばどうであろうか。

ヒュームは、我々の行動について説明するのに、動物が行動する場合のようなことをモデルにして述べている。つまり、動物が行動する際に持っている信念（人間の場合のように自覚的に持っているわけではなかろうが）は、当の動物はそう信じているそのように行動するのであるから、確信を持っているかもしれないが、その信念の正しさは論証できる性質のものではない。それは人間の場合も同じことである。人間は、理知を持っているので、動物よりは少し状況が分かっていると言えるが、しかし、人間の言えることは事柄の起こる蓋然性だけである。しかし、行動するにはそれで十分なのだと彼は言う。ただし、そうした信念は確実なものではないので（ということは懐疑論の示すところである）、我々は考えにおいても行動においても、中庸であるのが望ましいであろう、と。

ヒュームの人柄

以上において、我々は英国の古典的経験論が、観念説を軸として繋がっていることを示しえたと考える。次の章において我々は、デカルト以来の考えと、英国の古典的経験論と言われるものの総合として理解されうる思想、すなわち啓蒙思想を考察しようとしている。イングランドとフランスとの国としての関係は攻防入り乱れて、歴史上きわめて複雑なものであった。それでは、これら英国の経験論者たちとフランスにおける啓蒙思想家たちとの関係はどのようなものであったか、と問いたくなるところである。

啓蒙期の人々とは、話をフランスに限ると、主として一八世紀に活躍した人々であり、それらの人々へのロックの影響はもちろん大きい。それは後に、ダランベールのことを述べるときにお分かりいただけるであろう。しかしロックはそれらの人と交友はなかった。彼の滞仏は、一六七五〜七七年であり、『人間知性論』出版（一六八九年）の前である。

他方ヒュームはまさにその時代のただ中の人であり、彼自身啓蒙的な思想に強い光を当てた人であるが、もはや影響を与えるという時期の人ではなかったと言うべきかもしれない。彼は、しかし、フランスに外交官として赴いたとき、その地の啓蒙主義者たちに戦友として大歓迎され、社交界でも大事にされた。彼は「ル・ボン・デーヴィッド」と呼ばれていた。「お人よしのデーヴィッドさん」というような意味であろうか。そして、フランスの社交界の花形も、ヒュームのスコットランド訛りの強いフランス語に耳を傾けた。しかし彼は英国では哲学者としては不人気であった。一つには、彼は無神論者だという疑いをかけられていたからでもあろう。確かに彼の死後出版された、宗教についての二つの著作は、決定的な宗教批判であった。しかし、生前から彼が無神論を説いていたわけではない。ともあれ彼はスコットランドでは、イングランド寄りだとして嫌われ、イングランドではスコットランド人であるというので無視された。しかし、彼の親友であったアダム・スミスは、ある有名な手紙で次のように書いている。

「かくて、我々の最も卓越した、また忘らるべくもない友は、逝いた。彼の哲学上のいろいろな意見に関しては、誰しも自分の意見がそれらの意見と合うか合わないかによって、承認または否認するであろう。しかし、彼の人柄と行いとに関しては、いささかも意見の違いはありえない。彼の気質は、もしこのような表現を使ってよければ、おそらく私がこれまでに出会ったいかなる人よりもうまく釣り合いが取れていたように思われる。……彼の本性はこの上なく優しいが、それは決して彼の心の堅固さを弱めることも、不動な決心を弱めることもなかった。……総じて言えば、私は彼の生前も、彼の死後も、彼を人間の諸本性が許す限りでの、完璧に賢明で有徳な人間の殆ど理想に近い人と常に見なしてきた。」

啓蒙の合理的精神は、決して人間性を枯渇させるものではない。

5　カント

前節でヒュームに少し言及したが、ヒュームとカントは、啓蒙期を締め括る思想家である。この節では、カントが構築した考えの特徴を考察することを目標とする。言うも野暮なことであるが、カントは偉大な思索家である。

しかし私にとっては、彼が偉大という意味は、彼の体系が壮大で見事であるという意味であるよりは、彼が自分の若いときの信念を自ら厳しく批判的に見て次々と進化させた、その強靭な知性への讃嘆である。

(1) カントの幼少時代

昔先生に習ったことを思い出しながら、カントの生い立ちと哲学的発展を述べてみよう。

彼の父親はケーニヒスベルクの革具職の親方であったが、職人気質の正直で勤勉な人であったらしい。母親は、優しい気質の人であったが、生まれつき、広い理解力と高貴な心情を持つ人であったようである。いずれも敬虔主義(ピエティスムス)の信仰に帰依していたが、殊に母親の方が熱心であった。敬虔主義というのは、ルター派の一つであって内面的信仰を説くものであり、信仰によって「新たな人」に生まれ神意に沿って生きることを目指すが、その際、罪への悔いを大切と考え、悔いが絶望にまで至ったそのときに突然道が開け新たな人になる、と考える。一七世紀のプロテスタントの正統派の形式主義や知性主義に対して、福音主義とでもいうべき傾向の立場にあった。

カントは幼年の頃、敬虔主義のギムナジウムである「フレデリック学院」で学ぶ。もともとこの学院は敬虔派の私人が設立したものであったが、カント幼年の頃、敬虔派の神学者であり、かつ哲学者ヴォルフの弟子でもあったフランツ・アルベルト・シュルツが、ケーニヒスベルクの宗教監督官兼神学教授として王によって派遣されてくる。そしてフレデリック学院の院長にもなり、子供を「敬虔に、物知りに、かつ行儀のよい者に」育てることに力を入れた。カントの母親が、このシュルツの説教を聴聞するうちに、それが縁となって、八歳になっていたカントはこの学院に入学を許されることになる。

この学院は、数学や自然科学などの教育よりも、宗教教育を重視していた。しかしラテン語の教育は充実していたようである。カントはラテン語で論文を書くことが自由にできたが、その基礎はここで得られたものであろう。当時のラテン語は、今の英語のようなものである。つまり、それは少なくとも知識社会ではなお国際語であった。

しかし、宗教教育を重視するこの学校を出たカントは、せっかくの母親の希望にも拘らず、宗教にはかえって批判的になった。後年彼は、学校時代を振り返って「幼い頃の奴隷状態」というような言い方をしている。もちろんこの表現を理解するのに、今の我が国の学校の状態を標準に置くと誤解するであろう。学校というものは、本来、勉強（強いて勉める）するところであるから、何ほどか生徒を拘束せざるをえないはずである。学校が、自由で楽しいところであれば生徒は幸せであろうが、学校は、本来そういうものを目指しているところではない。カントの経験したのは、今の人たちの思いをはるかに超える抑圧であったろう。

（2）大学時代

カントは、ケーニヒスベルク大学に入学し、哲学部に属した。中世の名残を留める大学の構成では、哲学部は、神学、法学、医学の三「上部学級」と区別され、「下部学級」と呼ばれた。つまり哲学部は、先頃まで我が国の大学にあった教養課程に似た予備課程であった。特にケーニヒスベルク大学では、哲学部で教えられていることは、ギムナジウムで教えられていることと大差ないと言われていたようである。カントはそこに六年間いた。なぜそういうことをしたのか、私はカントの伝記には詳しくないのでよく分からないが、そこには彼の人生にとって大きな意味を持つと思われる一人の若い教師マルティン・クヌッツェンがいたことによるようである。この人のおかげで哲学部は、少なくともカントにとっては下部学部ではなく、むしろ原理的基礎的真理を研究する学部となり、いわゆる上級学部は、哲学的真理の応用部門となった。神学部における神学は、哲学部の論究する自然哲学に基礎を仰ぐべきものとなる。しかしクヌッツェン自身は、その才能をゆっくり伸ばすことができず、三七歳で早世する（一七五一年）。カントは、しかし、師の志を引き継ぎ、時間をかけ努力を重ねてそれを実現したというふうにも思える。

（3）哲学的発展——初期

カントが一七四六年、大学卒業のときに書いた論文は、「活きた力の真の測度についての考察」というものである。これはデカルトとライプニッツの自然学の基礎概念についての議論である。デカルトにとっては、物質の本質は延長であり、それ自体は「力」を持たないものである。デカルトは、なるほど彼の議論の中で「力」という言葉を用いているが、それはいわば現代で言う運動量（質量と速度との積）に当たる。ライプニッツは、「力」をむしろ現代の物理学ではエネルギーに当たる量と考え、これを「活きた力」と呼んだ。当時においては、いずれの考えを採るかは、哲学的な背景を持つ問題であった。ニュートン物理学では、「力」は質量と加速度の積として表されている。しかし物理学についてインスツルメンタリズム（物理学の理論は予測のための道具と見る）を採るダランベールのような物理学者にとっては、「力」とは何かというのは定義の問題ということになり、形而上学的な意味は消えてしまう。ダランベールがこのことを述べたのは、一七四三年であるが、カントはこれを読んでいなかったのであろう。カントの考えは、運動を自由な運動と自由でない運動とに分け、前者にはライプニッツの説が、後者の場合にはデカルトの説が適当とするものである。しかし、運動についてのそうした区別が実際に引けるのかということに関して問題が出てくるので、これは満足な回答ではない（この区別はスコラ的な時代にも見られる区分であるが、自由な運動と自由でない運動の区別の含む問題に関しては、アリストテレスの「自然」観念を参照して欲しい。なおアリストテレスにおいて実体の自由な運動ないし自己実現というのは、その実体の内在的原理に従っての、その実体に固有な運動ないし自己発展のことを意味する）。ともあれカントの関心が、最初から自然学に向かっていることに注意を引いておきたい。

ちなみに物理的状態の記述には二通りの方法がある。一つは運動学的な記述であり、もう一つは動力学的である。前者の意味での状態は、力学系を構成する物体の位置、運動の向きなどの幾何学的関係だけで決まるものである。数学的な表現では、系の座標の位置によって記述される。これに対し後者の意味での状態は、力学的な瞬間の位置のみならず、全経過を通じての運動経過を含む概念である。デカルトは自然学をむしろ幾何学に帰そうとしているので、運動をキネマティック（運動学的）に見ようとした。運動は相対的であり、それを何との関係において見るかによって静止ともなり運動ともなる。それゆえデカルトにとっては、真の運動というのは意味がない。したがって運動それ自身が物体のはたらきなのではない。それがまたデカルトが自然的世界を機械論的に見るということの意味でもある。別の観点から言えば、この点でもデカルトは物体や運動を人間の主観的な観点から見るという立場に立っている。他方ライプニッツは、自然を生命的、または動力学的に見た。

カントの自然学への関心の実例をさらに述べておこう。彼はニュートンの宇宙論をよく研究しており、宇宙の生成についてニュートンの力学に従いながら、ニュートンが否定したデカルト的な「渦巻き説」を採り、太陽系だけでなく銀河系をも一つの大きな渦巻きからできたという考えに至っていた。これは現代では、「カント・ラプラスの星雲説」と言われているものである。この宇宙生成論の『一般自然史と天体の理論』はフリードリッヒ二世（大王）に捧げられたが、出版社の破産の為に世に出なかった。そのため、当時あまり知られなかった。

カントが、このように宇宙（自然）についての関心を抱いていたことは、彼の形而上学的関心と無関係ではない。彼は宇宙の力学的秩序に、神的なものを感じていた。ただしこの頃の彼が考えていたのは、少年の頃の敬虔主義の神ではなく、自然の制作者としての神であった。彼がそのような神と自然とをいかように捉えていたかは、講師就職論文「形而上学的認識の第一原理の新たな解明」（一七五五年）に示されている。彼の考えは実在論的であり、全体としての宇宙空間内における諸実体は共存しているが、すべての実体は神を共通の原因としているとしているゆえに、空間的共存ということは、そのまま相互作用であり、その作用は観念的なものでなく実在的なものであるとしている。しかし、この論文の中で特に我々の目を引くのは、その独特な「神の存在証明」である。それは、ものの内的可能性（本質）の根拠として神が存在しなくてはならないという議論である。それは、自然の基盤に神をおくという考えであり、我々はものの存在の可能性を考えれば、それは絶対必然に存在する神を知ることになるという。つまりこの証明は、神の本質が神の存在を必然的に帰結するという在来の存在論的証明と異なり、物の存在可能性から神の存在を引き出す議論である。

ちなみに、後の『純粋理性批判』では、彼は神の存在証明をすべて否定する。しかし大学で講義を始めた頃のカントは、自然の秩序の根拠としての神が存在すると考えていた。自然認識の基礎に神学がなければならなかった。神の存在は、存在の基礎としての神学を形而上学の中心に置くという考えと表裏をなす。神を自然理解の基礎に据えるというのが、若いときから彼を哲学に専心させた目標であった。

（4）哲学的発展——転換期

カントの哲学の進展を詳細に追うわけにはいかぬが、次の段階に進もう。一七七〇年、彼が論理学形而上学の正教授の地位を得たときの就任論文「感性的世界と知性的世界との形式と原理」における彼の考えを取り上げる。

この論文においてカントは、時間空間が現象の形式であり、直観の形式であるという考えを、初めて彼の哲学の構図の中に入れている。時間空間が主観的人間的な視野の枠として取り入れられたのである。ただしここでは、これまでの彼の形而上学はそのまま知性界（叡知界）の認識とされており、時間空間の形式を持つ感性的直観が現象を認知するのに対し、知性は現象を超えた真実在の認識能力であるとされている。

この認識に至るまでにカントは、ニュートン－ライプニッツ間（ただし、よく知られているように実際はクラークがニュートンの代弁者であった）に行われた論争の中の時間空間論について自分の考えを定めるという段階を経ている。前者の立場は、感覚的な時間空間と独立な絶対空間を認めるという立場であり、後者は、実体から独立な絶対空間を認めず、空間を諸実体の存在を元にして成り立った関係の一種であり、経験的に決まるものと考えた。

カントは最初ライプニッツに従っていたが、やはり諸実体とその間の関係はニュートン的に見ていた。つまり諸実体の間の関係を、観念的なものとしてではなく、実在的に見ていた。そうすると絶対空間のようなものが必要となる。その理由は、たとえば今、ある図形とその反転してできる図形（鏡像）があるとすると、その二つの図形は幾何学的には全く同じであるが、しかしそれを重ね合わせるには、一方の図形を裏返し（反転）させねばならない。つまり、それは一つの空間においてそれぞれがその空間に対して持つ位置関係を通してしか区別できない。逆に言えば、そうした二つの図形の区別には、その図形とは独立に考えられる一種の絶対空間が必要であるということである。しかしカントは、この絶対空間をニュートンの絶対空間のように考えず、主観の形式として認識の基本的前提としたのである。このことはカントにとっては、時間空間に神学的形而上学的な意味を付与することを断念するということでもあった。

この結果、カントにとっては次のような結論が出てくることになる。すなわち、①空間の観念は、外的経験から得られるものでなく、逆に、外的経験が空間の観念を前提する。つまり空間観念はアプリオリである。②空間の観念は一般概念ではない。それは個別者を部分として内に含むところの全体であり、それ自身一つの個別者である。それゆえ（つまり、個別者の観念は概念でなく直観であるから）、③空間は概念でなく、直観である。④空間は、外的に感覚されたものを秩序づける形式であり、主観的で観念的なものである。

以上はカントの空間観念についての議論であるが、同じようなことは時間観念についても言える。ただカントにおいては、時間の方が、内的な意識の形式であり、より包括的であるとされている。

（5）哲学的発展――大きな二つの衝撃

さて、以上『純粋理性批判』の前段階まで、大急ぎでカントの思索の後を追ったのであるが、ここでカントに大きな影響を与えた二人の人物に触れておかねばならない。それは、ジャン・ジャック・ルソーとディヴィッド・ヒュームとである。前者はカントの人間観と道徳観に、後者は形而上学と認識論に、それぞれ大きな影響を与えた。

カントはそれまで自然界に考えを向けていたが、やがて人間界にも目を向けようとしていた。そしてカントが、ルソーによって人間性を尊敬することを学んだというのは有名な話である。「ルソーが私を正した」とカントは言っている。ただしカントが、ルソー（思想ではなく、その人物を）を正しく理解していたかどうかは、ここで取り上げない。カントのようにまっすぐな心を持つ人はルソーのような病的な心を持つ人物を理解できなくても不思議ではない。それにルソーが立派なことを言っているのは否定すべくもない。

それではヒュームに関してはどうか。カントはヒュームからいかなることを受け取ったのか。それについて言うには、少し準備が必要である。

先程述べたように、就任論文「感性的世界と知性的世界との形式と原理」においてカントは、時間と空間を感性直観の形式と考え、そういう主観的形式における空間的時間的規定を現象界の認識枠とし、真実在（知的世界の存在）の規定ではないとして、叡知的世界を知的な認識の対象として保存した。この主観主義的な考えは、しかし、あまり諸家の賛成を得ることはできなかった。当然カントは、それらの批判に答えるべく思索を続けた。

ところで、人間の認識能力を感性と知性とに分けることは、逆に言えば、感性を認識の源泉の一つとすることである。しかし、主観的な認識能力であるその感性にその形式として時間空間を与えることは、なるほど時間空間を我々認識者の持つ形式として主観的なものとすることであるが、その時間空間に数論や幾何学的構造を見出すとすれば、その形式は客観的構造を持つことになる。自然のある面は、数学的な構造を持つものとして認識されることになるであろう。そこでもし、さらに自然は力学的構造をも持つと考えるならどうなるか。それに答えるためには、さしずめ、知性の構造をさらに明らかにすべきであるとカントは考える。

まず考えられることは、知性は知性界のみならず、感性界にも関わるのではないかということである。単に感性のみが、現象界に関わるのでなく、知性も現象界に関わるのではないか。もしそうだとすると、知性が持つとされる概念化の能力が客観化の機能を果たすということが論証されない以上、主観的性格を帯びるのは感性だけではなく、知性もそうではないのかということになろう。知性が主観的になるというのは語弊があるとすれば、知性による概念化は、いかなる意味で客観性を持ちうるかを解明する必要があろう、と言い換えておこう。知性に対しそういう疑いを差し挟むことは、知性を神から引き離して、人間的次元ないし視野に置いて見るということである。

知性は現象界（感性的表象＋X）に関わり、その感性的表象を概念化し、我々の間主観的理解を可能にするとカントは考えている。しかし我々の知性の概念化の働きはいつも問題なしに行われると言えるであろうか。というのは知性というのがもし経験論者のいうようなものであるとしたら、我々はいわゆる普遍者の存在を認めてよいと言えるであろうかどうか問題であるからである。我々は、概念とはいかなるものか、と問い直さなければならないのではないか。我々が我々の知性の概念化の能力を評価するのは、プラグマティカルにしか行いえないのではないか。もしそうなら我々の知性が常に十全な意味で客観化を果たすという保証がないと認めることになる。カントはしかし、概念化する（verständlich machen）知性の存在を認め、その能力の果たす機能に疑いを持っていないように見える。

カントの場合、知性の働く領域を現象的次元のみに限ることは、別の面から言えば、知性認識を神という基礎から引き離して人間的視野に移すことである。だが、そういう企てに出るということは、カントが若年の頃より抱き続けてきた形而上学の構想を捨てることを意味する。しかしカントは、そういう挙に出るのである。純粋理性というのは、経験に触れない理性という意味であり、彼はそういう理性を批判することになる。ここにおいてカントは、まさに啓蒙時代の思想家である。

しかし、知性認識を人間的視野に関わらせるとしても、神に頼らずに、知性と対象とをどのようにして関係づけられるか。マールブランシュのように神の観念を通じてものの真実を見るとか、ライプニッツのように予定調和を持ち出して知性とものとの関係を観念的に説明するとかいう方法によらずに、知性の観念（表象）が対象に妥当するとどのようにして言えるのか。知性の固有のカテゴリーが対象といかに関係しうるのか。

もし知性のカテゴリーが経験から得られたものであるなら、関係づけは問題にならないであろう。もちろんその関係づけは非必然的なものであろうが。しかしカントの場合、知性（悟性）のカテゴリーは経験から得られたものではない。おそらくこういう問題を考えていた頃にカントは、ヒュームを読んでその懐疑論に深い印象を受けたのであろう。ヒュームの警告が「独断のまどろみ」から覚ました、とカントは謙虚に言っている。

(6) ヒュームの議論

ヒュームは、因果関係を、①原因と結果の近接、②原因の時間的先行(結果に対する先行)、③原因と結果の恒常的継起の三つで定義した。それゆえ、彼の観点からは、因果関係は必然的に成立するものではなく、因果性という関係自体が経験から取り出された関係である。またヒュームが因果関係を論ずる場合、論ずる対象となる因果関係は、個々の、いわば具体的な因果関係であり、因果法則である。この意味において彼の扱う因果性の観念は、そうした関係自体が経験から取り出されたものである。しかもそればかりでなく、彼は、因果関係という人間本性的な経験の把握の仕方自体が経験によって認知される仕方を、経験の立場で論じたのである。また、別の言い方をすれば、ヒュームの因果性は伝統的な知識概念に収まらない代物であり、因果関係は確実性を持ちえないものである(因果関係が実際上確実と言えるものに近い可能性を持ちうることを否定しているわけではない)。それゆえ彼の因果性の議論は懐疑論的と言われた(他にも彼は懐疑論ないし彼を懐疑論と見なさせるような議論を展開してみせるが)。

ヒュームは、原因と結果の関係は演繹的な論理的関係ではないとし、また、我々は原因と結果の間の必然関係を知覚しない、と言う。カントはこの二つの点に関してヒュームの主張を認めるが、ヒュームがそこから出す結論には従わない。因果関係は確かに論理的必然性を持たないが、形式論理とは別の論理に従うものと考える。カントは、ヒュームのような習慣に基づく想像力ではなく、知性の規則に従って知覚の材料を総合する想像力を考え、因果関係を、論理的な知性が想像力を介して知覚に刻印する必然性と見るのである。またカントは、すでに「負量の概念を哲学に導入する試み」(一七六三年)を書いたとき以来、プラスの量とマイナスの量との対立は、論理的な否定肯定の対立ではないことを悟っていたので、論理的(少なくとも形式論理)とは別の論理関係があると認識していたのであろう。換言すれば、カントは形式論理的な関係と別な論理関係、たとえば実在的な関係（彼の考えているような因果関係のような）との区別の必要を悟っていたのであろう。

（7）批判哲学の成立――『純粋理性批判』の構造

以上のような様々な難問を解決して世に問われたのが、『純粋理性批判』（一七八一年）である。それの構成を少し述べておこう。それは、まず「緒言」から始まるが、続く議論は大別すると原理論と方法論との二つに大別される。前者は「超越論的原理論」と呼ばれるが、これはさらに二分されていて、その第1部は「超越論的感性論」、第2部は「超越論的論理学」とされる。第2部はさらに二分され、それぞれ「超越論的分析論」と「超越論的弁証論」とされる。そしてその後にくるのが、「超越論的方法論」である。第1部である「感性論」は、我々の感性的直観の形式としての時間空間を扱い、第2部に含まれる「分析論」は、純粋悟性概念（カテゴリー）の導出とその妥当性の根拠はどこにあるかを示す「演繹」、さらに、カテゴリーと感性の形式の媒介をするシェマの働きなどが論じられる「図式論」を経て、「原則論」を展開している。「原則論」とは、我々はカテゴリー（たとえば因果関係）の規定が例外なしに妥当すると信じているが、その根拠を示す議論である。これらがカントの認識の分析であると同時に、存在論（一般的形而上学）であると言えよう。「超越論的弁証論」は、純粋理性の諸問題、たとえば「心理学」（純粋理性の誤謬推理）、「宇宙論」（アンティノミーの議論）、「神学」（純粋理性の理想）など、伝統的な形而上学の特殊形而上学に相当する議論を含んでいる。

『純粋理性批判』はこういう形で、第一に学問的認識の条件を分析し、第二にそれに従って形而上学を批判し、第三には、学問的知識としての形而上学を捨てたが、伝統的な特殊形而上学の問題は大事に扱う。カントは、魂の不死、世界の初めの問題、神の存在という問題を道徳的信仰として解釈し、形而上学を道徳的世界観として提出する。つまり、道徳的信仰としての「神」「来世」を認め、神や来世についての信仰は、実践に基づいた未来への希望とされる。この方策がどういう帰結を生むかは、また別の問題である。

『純粋理性批判』の議論の完成に至るカントの苦心の思索をあっさり片づけるのは心苦しいのであるが、ここであまり深入りすることはできないので、彼の苦労の大変さは読者の想像力に訴えるより他はない。この著作で提示された新しい概念が有名な「先験的(アプリオリ)な総合判断」である。我々は『純粋理性批判』の解説をしようとしているのではないが、この概念がカントの哲学にとってなぜ根幹的なものであるかを述べておきたい。

(8) 先験的総合判断

カントは、形而上学の歴史を顧みて、思う。独断論の専制的支配の後には、懐疑論の無政府状態が生じ、人々は形而上学に対し、倦怠と全くの無関心となってしまった、と。形而上学のこの衰退と失敗の原因はどこにあるか。カントは、形而上学の全面的革新を志し、形而上学はいかにして可能かを考察する。形而上学を新たに確固たる基礎の上に立てるためには、「学としての形而上学がいかにして可能か」、つまりそれを建設するための方法論的な吟味が必要である。カントは、「理性に基づくすべての理論的な学には、アプリオリな綜合判断が原理として含まれている」と考える。それゆえ、形而上学のうちにも「当然、アプリオリな原理が含まれていなければならない」(「アプリオリ」の訳語を「先験的」としている)。したがって、「学としての形而上学はいかにして可能か」という問題の根底には、「アプリオリな綜合判断はいかにして可能か」という、より一般的な問題があるはずである。ここでカントは、「数学的判断はすべて総合的である」と考える。また「自然科学はアプリオリな綜合判断を原理として自分のうちに含んでいる」と考える。しかも数学や自然科学は学として確実に進んでいる。それゆえ、形而上学に関し「アプリオリな綜合判断がいかにして可能か」を問うには、数学や自然科学に倣って、そこでそれらの学問をアプリオリな綜合認識たらしめている諸制約を見出し、それを形而上学の場合に適用すればよいであろう。

カントは、認識の源泉は人間の持つ二つの認識能力、感性と悟性とにあると考えて、そのおのおのにアプリオリな原理を見出す。既に述べたように、感性についてのその議論が、「超越論的感性論」であり、悟性についての議論が、「超越論的分析論」の課題である。感性については、感性を秩序づける一定の形式として存在するのは、感覚の主観的形式（制約）である時間空間であるとされ、アプリオリな直観の形式が時間空間の構造のうちに見出されるということになる。そして、悟性に関しては、伝統的な論理学の判断表を手引きに、そこから純粋悟性概念が取り出され、なぜそれら純粋概念が対象に妥当するのかが、「演繹」から「図式論」を経て「原則論」への議論を通じて明らかにされる。これらに関する議論は、きわめて重要でもあり、興味深いが、ここではそれを詳しく論ずることはしない。（もっと詳しくカントの哲学上の発展を知りたい方は、たとえば野田又夫「カントの生涯と思想」『カント』〔世界の名著〕や坂部恵『カント』〔人類の知的遺産〕、小熊勢記『カントの批判哲学』などを読んでいただきたい。）

この『純粋理性批判』という著作で提示された新しい概念が、有名な先験的（アプリオリ）総合判断という概念である。差し当たり我々は、この概念を鍵として議論を続ける。しかし、我々は『純粋理性批判』の解説をしようとしているのではない。

(9)「知性」を「悟性」と「理性」とに区別する

さて今まで我々は知性という言葉を使ってきたのに、ここで理性という言葉が出てきて、読者は戸惑われるかもしれない。尤も理性という言葉は今では日常語だとも言えるであろうから、むしろ知性という言葉の使用に今まで訝っておられたかもしれない。我が国で理性と言うとき、それは概ね知的能力という意味に用いられているが、いずれにせよ我々は、以後「理性」という概念と接することになる。

カントに帰って言えば、上述した一七七〇年の就任論文でも既にいずれの言葉も使われてはいる。原語で言えばそれぞれ、知性はラテン語で intellectus、ドイツ語で Verstand であり、理性は、それぞれ ratio, Vernunft である。これらの用語は『純粋理性批判』以前にも用いられてはいたが（たとえば一七七〇年の就任論文の第1章第1節）、それほど違った意味を与えられてはいない。そこでは主として知性という語が、感性と区別された知的能力の名称として用いられているが、むしろ理性の課題として、抽象的概念を「感性的認識能力」によって充足することであるというようなことが言われていたりする。

しかし、ある時期からカントは、知性を、現象界に論理的存在論的形式を与える機能を持つとともに、現象界を超えて神や世界を認識するのではないとしても、少なくとも考える機能を持つものである、と考えることになる。この二つのことを明確に分ける必要があると考えて、カントは、前者、つまり現象界に適用された知性をVerstand（ふつう悟性といわれる）と呼び、この知性が現象界を超えて絶対無条件なものへと拡張して用いられる場合の知性をVernunft（理性）と呼ぶことになる。なぜ知性の能力にそういう区別を付けねばならないか。それはカントのいわゆるアンティノミーの認識による。

悟性と理性というカントの区別は、知性の（論理的な）働きのどういう機能に基づいているのか。それは知性の持つ判断の機能と推論の機能との区別である。そしてこの区別は、カントの念頭にあった論理学によって基礎づけられているように思われる（しかし、カントの想定していた論理学の体系にそのような力があるか）。ともあれ以下では、アンティノミーの引き起こした問題を説明しておこう。

アンティノミー（二律背反）とは、たとえば、①宇宙は時間的空間的に無限であるという命題と、②宇宙は時間空間的に有限であるという二つの命題のように、相互に相手の否定であるような命題の対に関することであるが、もちろんそのいずれか一方が偽であることが独立に証明できれば、そこで問題は生じない。しかしアンティノミーと言われる場合、いずれも相手の立場を仮定して出発し、そこから相手の立場の否定を引き出しうるのである。それゆえ相手の立場をすべて矛盾命題であるとして斥けうることになる。それゆえ、問題となる。

ちなみにカントは、『純粋理性批判』で、こういう類のアンティノミーを四つ提出している。すなわち、上記①世界は無限か有限かというものの他、②世界の無限分割は可能か不可能か（原子論）、③世界のすべては原因を持つ

（自然法則に従う）か、それとも何ものの結果でもない（自由な）原因があるか、④世界の原因として必然的存在者（神）があるかどうか、である。

アンティノミーの発見は、知性の働きを無制限に認めるわけにはいかぬことをカントに悟らせた。それゆえ彼は、ある範囲内での知性の働きと、そうした制限なしの知性の働きを区別する必要を感じた。そこで彼は、理性という概念を導入した。そして、それが先験的認識の原理を与えるものであると言う。理性は、悟性の到達したところをさらに最高の統一にもたらす最上の認識能力であるが、しかし悟性とは区別されるのである。

カントによれば、論理的機能として見れば、悟性は、直接推論の能力であり、理性の論理的機能は間接推論の能力である。推論における直接、間接の区別が、それほどの意義を与えうるものかどうかは問題であるが、今はそれを問題にしない。さて悟性も理性も、ある仕方で認識に関わる。カントによれば、悟性は、認識に関して言えば、感性的直観に適用され（そうでなければ、直観なき概念は空虚であるから）、感覚に与えられた材料を概念化する能力である。つまり判断において判断の内容を概念的に規定し、判断を規則に従って行う能力である（「概念なき直観は盲目である」）。しかし、理性には、単なる形式論理的用法の他にさらに、「実在的」使用があり、感覚からも悟性からも得ることのないような概念と原則の根源を含んでいるという。

こうした区別を定めるのに、あるいはカントは、知性の一般的規則を定めるものである論理学に訴えるべきであると考えたのであろうか。つまり、知性の使用に関しては、論理学の教える形式的根拠（論理学では内容――経験的なこと――は捨象されている）に従うべきであろう、と。なぜなら論理学は、古代以来、本質的な点では進歩も退歩もしていないのだから（つまりそれは知性についての普遍的な知識である）、と。カントは、理性が推論の能力を持つということと、理性が現象界という制限を超えて無条件者を考えうるということとは相重なると感じたのであろうか。しかし「考えうる」ということは、「可想的」ということとは同じかもしれないが、仮想的であるということは、デカルト的な観念にでも訴えるのでなければ、実在的ないし真であるということを含まないであろう。

もちろん、古代以来進歩も退歩もしないとカントの見た論理学の存在のみが、カントの理性概念を支えたのではなかろう。彼は、プラトン、スコラ（トマス・アクイナスら）、ライプニッツらの哲学的伝統にも従うべきところがあると考えていたのであろう。永遠で必然的な真理の認識の能力としての理性は、合理論的哲学をとる人にとっては捨て難い概念である。カントは、しかしこの主張に賛成するわけにはいかない。彼はこの点においてむしろ経験論者の立場を取っている。しかし、それでも私はカントの主張に俄には賛成しがたい。

この問題に大きな関係を持つのは、数学的な知識というものは、どういうステータスのものかという問いである。数学の理論は確かに一つの統一された論理的体系ではある。しかし、それは現象界への適用可能性を保証された先験的な知識であろうか。数学は、もちろん経験から帰納的に引き出された知識ではないにしても、ある数学の理論が成立すると言うことと、それが実在的世界（カントでは現象界）の知識と繋がるということとは、別のことである。カントも、現象界の形式の直観から得られる数学的認識を、現象界に妥当するものとして選択している。つまり、直観の形式としての時間空間の構造である数学的認識が現象界に妥当するとしているのである。しかし、それではそうでないような数学は、どういうステータスを持つのであろうか。カントにおいて数学的認識はいかなる意味の知識であるのかということを、現代の我々は深く考え直す必要があるのではなかろうか。

(10)『純粋理性批判』と形而上学

カントは、学としての形而上学を断念する著作『純粋理性批判』を書いたが、彼はやはり形而上学を大事に扱い、ある意味で形而上学を保存すべく努力した。彼は、一方では、学問的認識の条件を示すという意味での超越論的哲学（「感性論」と「分析論」）という形で「自然の形而上学」が成立すると考え、また他方、伝統的な形而上学を、学問的知識としてではなく道徳的信仰として（理性的道徳に基づく希望として）有意味と考えた。カントの理性概念は、ドイツ観念論に受け継がれた。そしてドイツ観念論は、知性（理性）の働きに過重の期待をかけた。

(11) カントにおける「観念」

ところで我々は、デカルト以来の「観念」の流れを追ってきたのであったが、それはカントではどうなっているのかと問われるかもしれない。そのことについて述べておこう。

カントにおいて、「イデー」(「理念」と訳されている)は、色々な面で出てくるが、存在論ないし認識論的な次元(つまり超越論的な次元)では、それは純粋理性概念として理解されている。これは彼が本来、合理論の伝統の系譜を踏まえていることを示す点であろう。彼によれば、悟性が、経験の形式に関しては、カテゴリーと超越論的原則とを通じて、経験の源泉であったように、理性が、純粋理性概念としての「イデー・理念」の源泉である。これら純粋理性概念はしかし、認識可能な対象ではない。「理念」は、経験とあらゆる現象の制約を超えて進むよう我々を駆り立てるものであり、無制約者である。それは認識の対象であるかのように思われるかもしれないが、理性のアンティノミーが示したのは、無制約者つまり「理念」は客体的なものの概念ではありえない、ということであった。言い換えれば、その際示されたことは、「理念」は経験を超えたところでは認識ではなくなるということであった。しかし「理念」は、構成的な概念ではなく、統整的な概念として理解すれば、つまり既に概念的に理解されている経験的素材を体系化する知性の最高の観点として使用すれば、最高の価値を持つであろう、とカントは考える。それゆえ理念は、たとえば、道徳の分野でそれにふさわしい地位を与えられることになる。ある意味で「理念」は、経験的対象の世界において数学が占めている位置に似たものを持つのかもしれない。たとえば、数学における「無限」や「ゼロ」の観念は、それに対応する実在的な対象を持たないが、自然科学的な探求には有益であり必須ですらある。

カントはできれば「観念・理念」を神に返したかったかもしれない。あるいはせめてデカルトの場合のように神に後ろ盾になってもらいたかったかもしれない。しかし、彼は神の存在を証明することを断念したのであるから、存在の不確かな神に「観念」を返却することはできない。神に助けを求めることはできない。それゆえ彼は、それを「可想的な世界」に留めることにした。彼は若いときからの形而上学の夢を、知性・理性の導くところに誠実に従って断念したが、それは彼が、近世の哲学者の立場を貫いたことの証でもあった。しかし、経験論に沿ってカントを見ると、Idee よりも、表象（Vorstellung）の方が、経験論者の言う「観念」に当たる。いずれにせよ経験論的観念と観念を扱う心の働き、つまり経験論的知性は、カントによって感性（感覚所与）と知性とに分析された。もちろん悟性と感性は協働するが、逆に言えば、カントあるいは合理論者たちから見れば、経験論者の知性は感覚から未分化だ（分析が不十分）ということになるのかもしれない。経験論的知性（understanding）というのは、たとえばロックの場合、知覚の能力を意味するのであって、知性の働きとされるのは、次の三つの知覚である。①心の中の観念の知覚、②「しるし」の表示するものの知覚、③観念間の一致不一致の知覚である（E. II. 21. §5）。そして、心はその能動的な力によって、単純観念から、複合、関係づけ、抽象などの働きによって、複合観念を作るとしている（E. II. 12. §1）。しかし、これらは、直ちに概念の能力というようなものを意味しないのかもしれない。ヒュームの場合も、これとほぼ同じである。経験論者のいう知性がこのようなものであるゆえ、そこでは普遍概念がいかなるものか問題となる。

(12) カント哲学の現代的問題

我々は、現代の科学がカント哲学に提起している問題点をいくらか述べてこの節を締め括りたい。それは、カント哲学の疵を示すためでも、いわんやカント研究がもはや無駄であると主張するにあるのでもなく、カント哲学を現代に生かす試みの手始めである。そもそも『純粋理性批判』は、学問的知識の条件を明らかにするということをもその目標の一つにしていた（特に「感性論」「分析論」）。我々の学問的知識が当時のものとは基本的に変化した今、それに対処することこそがカント哲学を現代に生かすことになるはずである。論理学、数学、物理学（自然科学）に関していくつか問題点がある。

論理学

現代論理学は、数学基礎論の研究を通じて大いに発展し、貧弱な知識しか持たなかったカントの時代の論理学とは相貌を異にしている。様々な論理体系が存在し、論理についての新たな知見が得られている。もはや論理学はアリストテレス以来変化がなかったというだけでは、彼の念頭にあった論理体系の根拠づけとはならない。彼が先験的悟性概念を引き出すため、その基礎として用いた判断の論理表は、その重みに耐えるだけの根拠を持つであろうか。

数学

①幾何学　カントは幾何学や数論の基礎づけを果たしえているか、と問いうる。彼は、数学的認識の概念を直観において、しかも経験的ではなく先験的な直観において表さねばならないと言う。しかしそのようなことが一般に可能か。彼は、空間の制約としての幾何学は、ものそのものの直観ではなく、感性形式の直観として可能であると言うが、(対象でなく)形式がいかにして直観の対象になりうるのか。それは純粋直観によるとカントは説明し、その直観の内容がユークリッド幾何学をなすと考える。しかし非ユークリッド幾何学が成立している今、これは少し理解しにくい。殊にそれが一般的形式の直観という主張は分かりにくい。また、相対性理論を認めるなら、この世界の幾何学は、むしろ非ユークリッド的かもしれない。この問題は、採用すべき幾何学の選択は規約の問題だとして、物理学の法則に変更を加えればことは解決しそうであるが、それならカントは感性論を修正せねばなるまい。なお、ユークリッド幾何学的な制約を、我々の知覚的世界に限って成立する形式と考えても、科学理論において採用される時間・空間の形式は、どういう地位を与えられるかが問題として残ろう。

②数論　たとえば虚数とか、無理数とか超越数とかは、どのように直観化するのか。もちろんこれらの概念は、名目的な概念としては理解できる。その意味を「虚数」という卑近な例で説明しよう。二次方程式の解は、「虚数」

を必要とする場合がある。虚数を認めなければ、二次方程式には解のないものもある、と言わねばならない。その場合、数の領域を拡張すれば、二次方程式の解法は、一般化できる。たとえば「実数は、加減乗除ができる」から出発して、「加減乗除ができるものが数である」と定義すればよい。そうして拡張された数（たとえば虚数ないし複素数を含む数）は、名目的に定義されているが、そういう（虚数のような）数の概念は理解できる。幾何学においても同様に進みうる。たとえばユークリッド空間では、「2点A・B間の最短距離はその間に引ける線分（直線）だ」、ということが分かったとすると、今度は逆に、「2点間を結ぶ直線（線分）とは、2点間の最短距離をなす線分である」と、定義することができよう。この唯名論的新定義における「直線」は、ユークリッド空間だけでなく非ユークリッド空間でも使用できる概念となるが、しかし直観的でも、実在論的でもない（非ユークリッド幾何学に対して、双曲線幾何学とか楕円幾何学という直観的モデルを与えうるとしても、非ユークリッド的幾何学における「平行線」の概念は直観的であるとは言えない、と私は考える）。

ここでの我々の問題は、このような「右から左へ読む」とポパーの言う定義方法や、またそれによって拡張された概念は、カントの認めうる数学理解の方法で認めうるものであろうかということにある。これは、そうしてできた概念は実在的な含み（現象への適用可能性）を自動的に持ちうる概念であると言えるかという問題でもある。

③カントは解析には触れていないが、解析は実無限という概念を含んでいる。しかし彼は実無限という概念を認めうる立場にあるだろうか。尤もこの点でカントを咎めるのはアナクロニズムである。「実無限」の概念が本当の問題になったのは、一九世紀のことである。

④そもそも数学はアプリオリな観念に基づいているか。この問題については、それは目下のところ係争中である、と言うべきであろうか。しかし、数学的認識が彼の言う意味で先験的綜合判断であるのかどうかは、彼にとって重大な問題である。数学が現象的な世界に適用できない論理的理由があるかもしれないという意味ではなくて、適用することに意味があるかどうか、あるいは適用されてよいという権利は、その数学理論自体に備わっているのでは

なく、経験に問い合わせて定まるのではないか、というのがここでの論点である。このことは、カントの形而上学をカントの言うような仕方で承認することができるかどうかを決定するための核心的な問題の一つであるかもしれない（この項および次項〔物理学の項〕については文献案内に挙げたP. Maddyの論文を参照して欲しい）。

物理学

物理学が提起するのは、たとえば因果性の問題である。量子力学的世界においては、原因が指定できない現象がある。それゆえ因果関係は普遍的ではないかもしれない。さらにたとえばアインシュタインの相対性理論は、カントにおける時間順序を否定するものである。なぜなら相対性理論では、時間順序は観察者に依存するからである。そういう意味で、相対性理論は（もしそれが正しければ）、カントの言う「時間と空間とは、直観のアプリオリな形式である」という解明の改変を要求している。それは、「時間‐空間」という新しい概念を導入し、またアプリオリとされたユークリッド幾何学を追放して、非ユークリッド幾何学をアポステリオリに支援している。少なくとも相対性理論においては、非ユークリッド幾何学の方が便利である。

相対性理論が引き起こしたのは、感性論に関わる問題であった。しかし量子力学の発展は問題をさらに広げた。それは純粋悟性概念に関わる問題を引き起こした。というのも、素粒子論では、因果関係の普遍性や、実体（素粒子）の恒常性、自己同一性の概念の適用可能性が問われねばならなくなったからである。尤もこの議論は、経験のあらゆる次元で因果性や実体性のカテゴリーが不要になったという意味のものではない。それらのカテゴリーは物理的事象の説明や、日常的な、知覚的な次元ではきわめて有用である。

こうした問題に対してカント哲学はどのように対処すればよいか。現代科学は現象の世界を超えたというのであろうか、あるいは現在の科学の諸理論はまだ真理かどうか分からないというのであろうか、あるいはカントの諸原則は絶対的でなく経験的に決まるものというのであろうか。これらの応答はいずれにせよカントの超越論的観念論を意味のないものとするように思われる。それらはカントが目指した目標を消し去ってしまうからである。科学的知識の構造ないし根拠の理論ということの意味が確立しにくくなる。ただし、歴史上のカントに対し、この論点で非難するのは不当である。

私の考えでは、哲学は戦略戦線をカントの線でなく、ロックの認識論の線まで一応下げるべきである。その意味は、理論は、数学であれ物理学であれ、ある論理空間を創設しているのだというふうに理解する方が自然ではないかというものである。そうすると、いずれの理論も、それは直観と想像力に基づく論理的な体系であり、客観的な世界からは一応独立であるということになる。その限りにおいてそれらは推論の能力としての理性（と想像力）によって構築されたものである。それらはアプリオリであるかもしれないが、真理と言えるかどうかは別の問題である。そういう論理体系をいかなる意味で「真理」と呼ぶのかを解明するには、我々は、科学理論と実在世界との関係の考察に進まねばならない。

ここではこれ以上、私の立場を述べるゆとりはない。大ざっぱに言えば、私は経験論的な立場に希望を持っている。それには、しかし、理性というもの権威をカントよりもさらに少し下げ、したがって形而上学の目標をも少し低めて、クワインの議論、特に「経験論の二つのドグマ」（一九五一年）を中心とするいくつかの論文で展開された議論への対処をすることが必要となる。というのも、クワインの議論は、アプリオリな真理を幻想とし、カント的な「超越論」を消去する議論であるように見えるからである。「総合的」と「分析的」という区別が、本当は程度の差違であるのに、それを質の差違と混同するゆえに生じた幻想として「先験的な概念」を消去するなら、「超越論的観念論」というカントの企ては大打撃を受けることになり、そしてカント的な「理性」の出番はなくなるかもしれない。

しかし理性については次のように言っておこう。与えられた事実に対して理論が構築されたとき、それはまことに事実に適合するか、また、そう考えてよい理由はどこにあるか、その理由はどのようなものであり、それは当の理論がどういう性質のもの、どういう制約ないし前提を持つものであるゆえにそう言えるのかなどを考察するのは、その理論に対する一種の（相対的な）超越論であろうし、それは意味のあることである。そして、そうした根拠づけを理論に対して行うのは知性の理性的（根拠づけ的）側面であるという意味なら、理性の存在理由は認められる。知性のそうした働きを理性的と呼ぶことはできる、と。これは、上述の「右から左へ」の読みで成立する理性概念であるが、しかし、理性という特別な能力を我々が持っているということではない。この主張は、戦線をロックの地点まで下げよ、というものである（本書第3章参照）。（理性という言葉には、英語の場合reasonという言葉が当てられているが、この言葉の本来の意味は、理由を与えるとか、根拠づけるという意味である。知的能力という意味でカントのVernuftに対する訳語として用いられだしたのは〔つまり日本語の理性に当たる意味で使われだしたのは〕、一九世紀になってからのようである〔Oxford English Dictionary〕。今述べたような科学理論に対する吟味の作業は、科学理論にその妥当性の根拠（理由）を与えるものではある。しかし、そういう作業ができるからといって、それを遂行する特別の能力もあるということには必ずしもならない。）

クワインの議論に対しては次のように言っておこう。カントが超越論的観念論を打ち立てるために根拠として用いた理論的知識体系が、カントの言う意味での先験的総合判断の可能性を示すだけの力がないという事実を我々は見たが、しかしそういう絶対的知識がなくても、科学的知識を対象として論ずることはできる、と。たとえばカルナップの「論理構文の理論」はそういう一例である。カルナップは最初、新カント派として出発した。

彼の立場の中心概念は「言語的枠組み」である。彼が「もの（物）言語」と呼んでいる言語の枠組みの中では、どういうものがどういうものの証拠となるかという明証の規則が決まっていて、そうした規則に従ってある感覚経験をすれば、ある物理的対象が存在すると言ってよいことになる。形而上学的な言明がカルナップによってナンセンスとされるのは、それには明証の規則がないからである。明証の規則があれば、たとえば「この庭には、樹が生えている」という言明が真か偽かは容易に定まることになり、そこから「物理的対象は存在する」という命題が論理的に引き出されうる。

しかし、これは哲学者が「物理的対象が存在するか」と問う場合に考えている答えではない。哲学者が「物理的対象は存在するか」と問うとき、その問いは、言語（「もの言語」）の内部での問いではなく、「外的な立場からの問い」である。そして実在論者は「物理的対象が存在するか」という問いに対して肯定的に答えてきたし、主観的観念論者は否定的に答えてきた。しかしカルナップは言う。哲学者のそういう問いは、どのような言語枠を採るかという問いであり、そのことについての議論は、いくら論争を続けても解決できない疑似問題についての議論である、と。彼によれば、言明の真偽を決めるのは、何らかの言語枠の中でのみできることであり、言語枠外で真偽を問うのは偽問題である。けれども、なぜたとえば「現象言語」でなく、「もの言語」を採用するかと問うのは、カルナップには悪いが、完全に道理ある問いであろう。哲学者は、この問いに対して、正しい答えと間違った答えがあると考えてきた。しかしカルナップは、それは全く便宜的な決定の問題であるとする。効率がよいとか、実りが多いとか、単純であるとかという実際的考慮はもちろんそこに入るが、それらは実用的な、いわば好みの問題であり、理論的と言える理由ではないと言う。

カルナップの構想の中では、大雑把に言えば、カントにおける「経験的」対「超越論的」という二つの視点は、「言語枠内在的」対「言語枠外在的」という視点に移される。科学が科学として理論を改良し、進歩するには、科学が自分で自分を改良していくに任せなくてはならない。しかし、哲学者は、科学が自分で進むのをただ見ているだけしかないのであろうか。

確たる答えは出てこないが、我々は「言語的枠組み」そのものについての分析を行うべきであろう。もちろん、そうした分析は科学における信念を変化させる基準と不可分離であり、少なくとも科学的知識の変化に即応しなくては、カントの超越論に対応するような「より高次」の次元を我々は示しえない。知性の使用の原則を明らかにすること自体は科学的知識ではなく、科学的知識に寄与するものでもないかもしれないが、そういう作業はまず科学的知識を知らねば可能にならない。科学そのものを理解しないでは、超越論的な考察、つまり我々の認識が前提している原則を取り出すための分析もできない。科学的知識を受け止めた上でのみ我々は、その言語枠が変わらない限りで、その科学理論のアプリオリな前提ないしは論理構造を取り出すことができよう。その範囲で我々は、科学理論の枠の中で科学が得た諸結果を理解し、明確にすることはできようし、あるいは改良することもできるかもしれない。科学的探求は様々なやり方で進むのであり、科学者があまり顧慮しないが大切な区別があるかもしれない。ロックやダランベールがかつて試みたように、そういう整理をするのは、なお哲学者の仕事でありうるであろう。こういうことしか哲学者の仕事はないという意味ではないが、一つの仕事なのではないか。

第2章　啓蒙の時代

1　啓蒙期の諸相

(1) 啓蒙期の思考方法の特徴

以上において我々は、近世の哲学の流れを概観した。といっても、概観したのは、もちろん近世思想を構成する複雑な流れの一つに過ぎない。我々は「観念」という一つの概念を指標にして、近世の哲学の流れを見ただけであり、それによって取り出されたのは近世の思想の流れ全体ではない。しかし、人間存在のスタンスの変化は、いくらかそこに見て取れるのではないか。そう私は期待している。

近世において人々は、ことを人間自らの立場で識別するようになった。世界を知るに際し、人間は、神の知性ではなく、自らの知性に基づいて世界を認識しようと思い定め、自覚的にその実践に入ったのである。人間のスタンスが変わったという我々の観察は、しかし、人間がそうした知識探求への道に進めばうまくいくはずであるとか、実際うまくいったとかということを意味するものではない。自立した人間は、またそれによって多くの問題を抱えることになる。そうした問題の多くは、それまで人間が自分で負わずに、神の「御心」に預けられていた。

今や我々は、近世の時代というよりは現代にいる。我々は、近世の思想を受け継ぐに当たって、当然それを批判しつつ、捨てるべきものは捨て、取るべきものを取って、進まねばならない。第1章で我々は、近世の哲学をすべて総合したと言われるカントの哲学のいくらかの問題を指摘しておいた。それはカントを斥けるという意図に基づくものではない。カントは、近世の思想を実に精妙に整理した哲学者である。我々は彼の思索に尊敬を払っているがゆえに、近世の哲学の一つの焦点であるカント哲学の問題点をいくらか指摘したのである。

啓蒙の運動は近世の出来事であるが、それはそれまでの近世思想の現実化ないし具体化を目指したものと見うる、と我々は考える。この主張を理解しやすくするために我々は、「観念」を軸として、近世思想の流れを記述したのである。というのも、啓蒙思想、殊に百科全書派の考えは、デカルトの思想もニュートンの立場もロックの認識論も、すべて寄り合わせて太い綱を作るという形で、一つに総合されていったものと考えられるからである。啓蒙の時代、人々はそういう総合を背景に現実の問題へと切り込んだ。少なくとも結果から見れば、そう言えるのではないであろうか。カッシーラーの言い方を借りれば、一七世紀は哲学的認識の本来の課題を哲学的「体系」の構築のうちに見出したが、これに対し一八世紀はこの種の「演繹」法、この形の体系的導出と論証の方法を放棄し、現実の問題へと向かったのである。

それでは啓蒙期の思想家が取った方法とは何か。それは当時の自然科学を模範にしたものであった。もっと端的に言えば、「解析（分析）」の方法であった。啓蒙の思想家は、それを意識していた。

解析の方法とはいかなることであろうか。それはそれまでの方法、すなわち最初にいくつかの原理を置いて、そこから演繹によって個別的なものへ降りていくという方法と全く逆なものである。解析の方法にとって、所与は現象ないし事実である。そこから原理を探求するのが解析の手順である（現代の分析哲学の方法でもある）。自然科学においては、「仮説」から出発するのではなく、事実から出発する。もちろん、科学は仮説を立てる。そして事実自体も、それをまことに事実と言ってよいか吟味される。そうした仮説は、随時に考案されるが、また事実に合わせ随時に変更される。仮説は、矛盾がない限り論理的にはみな平等である（この考えはデカルトに既にあった）。しかし事実（観察ないし実験）が差別を付与する。仮説は、抽象的な理性という権威が認定する特別なアプリオリなステータスを持つものではない。

ダランベールは『哲学原論』で言う。「もし誰かが現在我々が立っているこの世紀の中点を注意深く観察するならば、そして我々の眼前で起こり、我々の注意を喚起する出来事、我々の習俗、我々の仕事、さらに我々の娯楽に至るまでをつぶさに検討するならば、ある意味で、我々のものの考え方に非常に重要な変化が生じたこと、そしてこの変化の急激さは、将来起こるべきより大きな変革を予測せしめるものであることを、誰でも容易に見て取ることができるであろう……」（D'Alembert〔1986〕, p. 10）と。しかし、その変化はどのようなものであったか。

近世の哲学は、ふつうデカルトの合理論から始まって、それに続くのは、それをある意味で批判する立場であるロックの経験論である、というふうに言われる。これは間違いではない。実際そうした記述法はなお有効である。たとえば数学的自然観の成立を論ずるには、合理論という概念によるのが便利であり、そういう関連においては、なお意義ある哲学史記述である。

しかし、そのように見ると、啓蒙の思想の受け止め方が問題になる。問題になるという意味は、啓蒙の思想と、合理論ならびに経験論とは、啓蒙思想の中で、どのような関係にあるかが見にくくなるということである。というのも、啓蒙思想は、デカルトの合理論をも、ロックの経験論をも、いずれをも源泉としているからである。両者間の繋がりを示すと同時に、違いと変化とをも示すような指標がないであろうか。私はそれを「観念」に求めた。もちろん、それは指標であって、事柄の原因ではない。啓蒙思想の流れの基軸を観念説に置き、観念説の流れがデカルトからロックに至って内容の変化を見るに至ったというふうに思想の流れを捉える試みをしたのである。

（2）啓蒙思想の特質

本題に入って啓蒙思想について語ろう。啓蒙思想は一九世紀以来今日まで、あまり評判がよくない、むしろ悪評さくさくである。今や多くの人が、啓蒙思想は浅薄である、独創性がない、と言う。人間の豊かな内容を抑圧するものだ、という意見もあるであろう。

啓蒙思想は独自な見解（思想内容）を開示したものではないということは、ある意味では正しいかもしれない。というのも、啓蒙思想という大河が成立したのは、近世におけるいろいろな考えが集結して、それらが世の不合理を正そうとする動きとなったということによるのだからである。啓蒙思想家ということで、どういう人たちを指すのかはいろいろ問題があろうが、啓蒙思想家は（ヒュームやカントなど何人かの人を除けば）、哲学的には独創的ではないというのは、正しいのかもしれない。ヒュームやカントは、問題なく偉大な思想家であるが、それは彼らが啓蒙思想に賛同していたからではないであろう。すなわち、彼らの偉大さは、啓蒙思想に賛同していた限りのものであるのではなく、彼らが哲学的な諸問題に対して独自の見解を展開したからであろう。

しかし、仮に啓蒙思想の内容そのものには、独創性がなかった（たとえばダランベールの「序文」が示す通り、啓蒙思想は先行者の思想の総合であることを理由にして）と言うとしても、啓蒙思想家には、思想家自身が思想に対する態度に大きな変化が生まれていた。啓蒙の思想の内容は、それに先立つ諸世紀に依存しており、啓蒙の時代はその遺産を継承し、それを整理し選別して、発展させたのだとしても、啓蒙の思想の真の功績は、過去の遺産相続に留まらず、そこから新しく独自な思考形式を生み出したという点にある。彼らの変革したのは思考方式である。別の言い方をすれば、彼らの多くは、目を事象に向け、また得られた知見を社会の改革、改良に向けようというスタンスを明確に取るようになっていた。啓蒙の思想家の達成した学問的な成果は、そのような営為によるものである。彼らは、目を現実に向けていた。そして、それはたとえば英国の場合、経済学や歴史叙述の発展という形で新しい学問として展開された。

（3）啓蒙期の意味

さてそれでは「啓蒙」とは、また「啓蒙の時代」とは歴史的に見ていかなるものであろうか。この点についてまずはっきりさせるのが順序であろう。しかし、それは困難な課題である。というのも、現在は、これまで軽視されてきた「啓蒙」についての研究の必要が、やっと自覚され始めたに過ぎないからである。「啓蒙」の精神とはかくのごときものであるとか、「啓蒙の時代」とはこういうものであったとか、いまだ誰も明確に言えないのではなかろうか。

半世紀前ならば、「啓蒙主義とは」と聞かれれば、大体は、フランスの百科全書派のことを念頭に置いて答えればそれでまずよかった。もちろんレッシングやヴィーランドなどは、ドイツでの啓蒙主義者としてその存在はよく知られていた。それゆえ、仏、独のことを考えればほぼ十分であった。もちろん、さらに広い視野を持った人もいたであろう。たとえばイタリーの法学の理論家であるベッカリアに注目した人もいたであろう。しかし、啓蒙といえば、少し前までは、やはりフランス中心としていた。だがそれは正しい見解ではないようである。啓蒙はフランスだけのものではなかった。

一昔前ぐらいから、我が国の学者も「スコットランド啓蒙」ということを言い出した。そして我が国でもその面の研究者は大分増えてきた。しかし今や啓蒙という社会現象は、地域的にももっと広げて言われるようになり、たとえば北アメリカにおける啓蒙などということも言われるようになっている。ヨーロッパでも、ドイツとかイタリーとかその他の地域の歴史でも、啓蒙という観点から考察されることも増えてきた。

啓蒙の研究対象が地域的に広がっただけではない。時間的にも広げられた。いつから啓蒙的な思想は出現したのか、その源泉はどこか。我々はそれをいわゆる近世の初頭に留めたが、さらにルネサンス、否、古代ギリシャやローマにまで押し戻すことも不可能ではない。啓蒙の源泉は無限に後退しそうであり、それも大きな問題であるが、時間枠に関しては、もっと別の問題もある。

時間的な枠を広げると、どういうことが新たな問題になるか。それはたとえば、イングランドには啓蒙期はあったのか、なかったのか、という問題である。私の記憶では、私が不勉強であったせいもあろうが、学生時代にイングランド啓蒙などという言葉は聞いたことがなかった。イングランド啓蒙は、もしそれがあったのなら一八世紀だというふうに啓蒙期を固定すると、一八世紀にはそういうものはイングランドにはなかった、と言いたくなるであろう。しかし次のように考えてみよ。つまりイングランドにおいては、既に一七世紀に、政治と宗教とに関しては、啓蒙は済んでいたから、イングランド啓蒙というものはなかったように見えるのだ、と。私は、一七、一八世紀の英国の哲学も、啓蒙思想の重要な源流であるということを示すために、ロックからヒュームまでの英国の経験論を「観念説」で結びつけておいた。ロックはある意味で啓蒙思想の先駆者であろう。このことは、しかし、ロックの思想が、スコットランド啓蒙の思想家、たとえばヒュームやアダム・スミスへ直線的に繋がっているという意味ではない。ヒュームやアダム・スミスは、ロックよりも実質的にははるかに無神論に近かった。

近世の初期、少なくとも一七世紀の後半におけるヨーロッパの先進国として英国とフランスを挙げることにはあまり反対はないであろう。当時オランダは既に盛りを過ぎていたように思われる。ところでその当時、英国は宗教と政治に関しては、より近代化の先端を行っていた。そしてニュートンやボイルの出現は、自然学においてもフランスを凌駕せんとする勢いにあった。宗教に関しては、英国には多くのプロテスタントの党派が存在し、これが教会の力をあまり強くないものとしていた。これが英国の宗教問題があまり難しいものにならなかった理由であろうか。というのも、教会側の力は分散されて、教会からの反発はフランスと比べてそれほど強くならなかったからである。加えて、一六八八年の名誉革命は、政治上の争点を沈静させていた。それゆえ、この意味では、「英国は、一八世紀に啓蒙の時代を迎えたのか」という問いは、的外れである。啓蒙は一八世紀には既に既成の事実であった。ロックは、一七世紀の後半、宗教の問題にも、政治の問題にも関わって活動していた。また彼は、無神論者ではないが、観念を支えるものとしての神には別れを告げていた。イングランドが一八世紀にいわゆる啓蒙期を持たなかったのは、それは一足早く啓蒙の動きを進めたからであり、イングランドより政治的・経済的に遅れていたスコットランドの啓蒙期は、一八世紀にその動きが目立ったのだと言えなくもない。もちろんイングランドに併合されたスコットランド人たちが、イングランドに対抗しようという意気に燃えていたという事情もあろう。

フランスにおける啓蒙が目に入りやすいのは、『百科全書』が出版されたこと、またそれを書いた多くのいわゆるフィロゾーフたちが、ディドロの努力の下、ある程度協働したことなどによるであろう。またそもそもフランス語の文体は明晰なので、彼らの主張は、賛成反対は別として、ある意味で理解されやすかったからかもしれない。言い換えればフランスでは、運動のプロパガンダがあった。フランスで起こったような現象は、他の国ではあまり類を見ない出来事であり、進展の仕方であった。

啓蒙運動は国によって、あるいは文化によって、現象形態が違うということの他に、一つの国または文化圏の中の啓蒙運動自体がまた複雑である。たとえばフランスの啓蒙運動は、合理性を大事にしたと言われるが、なるほどヴォルテールはそうかもしれないが、ルソーはむしろ感情を重んじた。フランス革命の時代（一八世紀）は、理性の時代と言われるが、それはまた同時に、感情の時代（情念の時代）でもあった。フランス革命を動かしたものは、むしろ理想に対する熱情であったのではないか。また啓蒙主義者と言われる人々の対宗教観はそれぞれ違っていたが、フランスの啓蒙主義者の中には、ドルバックらを除いて言えば、理神論者や信心深くない人は多くいたとしても、完全な無神論者はいなかったのではないか。ヴォルテールやディドロ、コンディヤックは無神論者ではない。

啓蒙のこのような多様性を見るとき、啓蒙運動を内容的にも現象的にも、明確なある歴史的な事柄として記述することは難しいと言わざるをえない。啓蒙思想についての通念ないしイメージは、啓蒙の時代というのは、当時の指導的な知識人や活動家たちが掲げた「自由」で「進歩的」な理念や見解が人類の進歩に決定的な役割を果たした時代、というものであろう。しかし啓蒙主義の中には、人類進歩のためのプログラムなどありはしなかった。そういうものを求めるのはそもそも愚かなことである。尤も、そういうものが見て取れるか否か、それがヒンドサイトとしてでも見て取れるか否か、それは歴史家が探求すべき問題ではありえよう。

(4) 啓蒙期への悪評

我々を落胆させる事実もある。つまり、啓蒙についての通念には、啓蒙思想というものを研究しようという意気込みを阻喪させる類の意見が現に多いという事実である。たとえばある歴史家は、一九世紀のヴィクトリア朝の人々の意見として次のようなことを述べている。それによると、「理性の時代」とは、抽象的な理性を過信した、浅薄で機械論的な世界観の思想家の時代である。理性だけで、人間と社会と自然のことがすべて分かり、政治、宗教の批判ができ、そしてまた、理想的な未来の基礎を用意できると信じた時代である、と。啓蒙主義の少し後に出てきたロマン派の人々は、想像力と感情を、また伝統と歴史の力や魂の神秘を信じた人たちであるが、この人たちの意見は、「この世は、啓蒙主義者たちの考えるようなものではない」のみならず、「時に愚かで、多くの人を引きつけ、そしていつも浅薄な啓蒙主義の教えは、恐ろしいほど危険な武器にもなり、そこで声高に叫ばれた人間中心主義は、フランス革命とその後における人間性そのものに対する犯罪を引き起こした」、というような調子である。ロマン派の人々は、啓蒙主義をば魂を欠いたものと見、保守主義者は、啓蒙主義をあまりにも過激と見た。ヘーゲルやそれに近い人々は、啓蒙主義の普遍主義的哲学がむき出しになった姿こそフランス革命のテロリズムであるとし、啓蒙主義を現代の全体主義的な社会制度に結びつけて、啓蒙主義を断罪する。すなわち、そうした巨大な社会工学は、人間本性を為政者の力で好きなように曲げうる粘土細工と見ている、と非難する。また、啓蒙主義的な社会工学は、個人の多様性や文化の多元性を無視したものである、とある人たちは言う。一九世紀には、「理性の時代」に共鳴する人はほとんどいなかった。しかし、二〇世紀には、今述べたような考えに対する反省が起きてきた。もちろん反対論もなお根強く残っている。

(5) 啓蒙の理解への助言——啓蒙の精神

実際のところ、啓蒙主義者たちは、理性がすべてだと信ずるような合理論者ではなかった。一八世紀の知識人たちは、体系的な精神は持っていたとしても、演繹的で体系的な哲学理論を書こうとするこだわりを捨てていた。彼らは、トマス的な体系のみならず、デカルト的な合理論的体系を書こうとする考えをも捨てていた。啓蒙主義者は、経験論を採っていたのであり、むしろニュートン的な手法により、アプリオリな理性ではなく、経験に基づく知識を求めた。確かに、「理性が眠ると、怪物が生まれるかもしれない」。しかし、経験から切り離された理性は、誤謬と不合理に行き着く、とロイ・ポーターは言う（『啓蒙主義』二〇〇四年、p. 4）。

啓蒙とは何か、と問われたなら、我々はむしろ『百科全書』に従って、「偏見と伝統と社会の権威――一言で言うと、大方の人々の精神を隷属させているすべてのものを踏み越えて、自分でものを考えてみようとする」のが啓蒙の精神であると考え、そう答えたい（同上、p. 5参照）。カントは『啓蒙とはなんぞや』において言っている。「aude sapere」と。この sapere というのは、「味わう（オクスフォードから出ている辞典 OLD によると to have a taste, to taste of, to have a taste or discernment, to know, to understand）」というような意味であるが、私はそれを「知る」というよりは「識別する」と訳したい。「あえて識別（判断）せよ」、しかし間違いは、自分で責任を取れ。これが大人の態度であり、啓蒙の精神であると、私は思う。

（6）啓蒙の時期をもたらした歴史的・社会的背景

このことをよりよく理解するためには、当時の世相を少し眺めて、啓蒙主義が生起した時代にどのようなことが問題であったかを考察するのがよいかもしれない。

啓蒙主義は合理主義と同じことではないとしても、人間が人間として自覚的に生きることは、何らかの意味で合理性を求めようとしていることではあろう。合理性についてのこの緩やかな意味では、啓蒙思想の淵源は、人間的な合理性の夜明けとともに始まったと言える。たとえばそれは、西欧に関して言えば、ギリシァの文明の中にあると言える。つまり、世界の中における人間の位置、また人間の正義や悪とは何かというようなことを人間が問い始めたときに、啓蒙主義の芽生えがあったと言って差し支えないであろう。しかし、このような問題意識は、西欧の中世期には一旦枯渇したように見える。なぜならキリスト教が、人間の魂の救済を社会の制度にのせて、つまり教会組織の制度にのせて行うようになったからである。キリスト教は、教会制度によって運営される宗教となった。教会組織という救済の制度ができたことが、真の救済を破滅させたのである。制度はしばしば人間の心を堕落させ、枯渇させる。中世のキリスト教に即して言えば、教会に金を払えば、人間は救済されるという制度ができた。つまり罪を犯した人は、たとえば免罪符を買えばよい、あるいは教会に寄付すればよい。もちろん、宗教のこういう堕落は、西欧のキリスト教だけの現象ではないのかもしれない。

生きるということに関する問題意識の枯渇、または人間の堕落の始まりを、歴史家はいつからだと見るのか知らないが、とにかくキリスト教が西欧の社会を制圧したとき以来、そうした枯渇や堕落は始まった。そうした制度は、単に人間の精神を衰弱させるだけではなく抑圧もする。なぜなら、一つの見解が権威を持つ教義として存在するとき、その見解は、そこから逸脱するような議論を抑圧するであろうからである。そういう議論は、聖なる領域を侵すものとされる。権威と教義は、それら権威と教義への反乱を押しつぶす挙に出るのが常である。

しかし、驕れるものも久しからず、である。世界史を見れば分かるように、近世の初頭において世界が、すなわち、人間の生きる世界が、地理的にも天文学的にも、目覚ましく拡大した。その結果、人々の精神も拡大し、社会が真理と見なす事柄の枠もまた拡大した。地理的に拡大したというのは、コロンブスによるアメリカ発見やマゼランをはじめとする航海者たちによって、東洋への海路が発見されたことなどを言う。天文学的にというのは、近世の初期に、世界が空間的にも無限であるという認識がブルーノやデカルトらによってもたらされたことを言う。また世界の成立は、聖書には（近世初頭からは）五千年ぐらい前というふうに書かれているが、そうではないこと、太陽や星までの距離も、それまで信じられていたのよりもずっと遠いものであることなどがだんだん分かってきたことを指している。

知識の増大により何が起きたか。キリスト教の信仰が前提している知識（特に、自然に関する知識）が否定され、キリスト教社会が認める真理の基礎と枠とが緩んできたのである。しかも、キリスト教の信仰が揺らいだのは、地理学的・天文学的知識の進歩の所為だけではなかった。知識の増大というこの変化の流れを加速させた要因は、古代ギリシァの知識のヨーロッパへの流入であった。ギリシァの知識は、もちろん中世の時代にも、アラビア経由で入って来つつあった。それらギリシァ思想についての知識が蓄積し、また増大したのである。ルネサンスはそのことがもたらした一つの結果であろう。しかもそうした知識は、ルネサンスの思想家たちを見れば分かるように、「世界の中における人間の位置、正義や悪とは何か」というようなことを論ずるものでもあった。ギリシァの思想はアリストテレスの思想だけではないのである。ギリシァの思想は、キリスト教社会にとっては、必ずしも相馴染むものばかりではなかった。原子論のことを思えば、このことは明らかであろう。

こうした世の流れは、一七世紀には急速に力を増した。そしてピーター・ゲイの言葉を借りれば、人々は「神経を回復し」、世は急速に明るくなった。こういう事実に思いをやれば、啓蒙の思想家たち、特に百科全書派の「フィロゾーフ」たちが、知識の増大と進歩とには世の中を変える力があると堅く信じ、知識の進歩と増大に望みを託したのは、当然すぎるほど当然の成り行きであった。

知識の拡大によって社会を改良しようという意味での啓蒙への動きがいつ始まったかについては、ここで簡単に論ずることはできないが、ある意味では一六五〇年以後を、そうした動きの活発化した時期と見うるであろう。それはデカルトの考えが広がったことによって、近代的自然観が成立した時期である。J・イズラエルは、一六五〇年以前と以後とでは、つまり科学革命の前と後とでは、キリスト教に対するスタンスが対照的な変化をした、と言っている（J. Israel, *Radical Enlightenment*, 2001の「緒言」、その他）。宗教改革以後一六五〇年以前頃までは、宗教についての問題は、同じキリスト教という宗教の内部での、信仰のあり方の違いが問題であったが、一六五〇年以後は、超自然的なものへの信仰が衰退し、議論は信仰の内容に関するものではなく、宗教そのものが議論の対象となった。たとえば、宗教の権威を拒否し世の憤激を買った書を著したアントニー・コーリンズは、「今や、宗教一般が問われている」と叫んでいる。世は今や、「この世（あの世ではなく――著者挿入）における生活」を政治の基礎とする時代となっていたのである（同上、p. 4より引用）。

こうした状況を背景に考えれば、啓蒙思想の狙いの全貌とまでは言えないが、そのいくつかの目標が推測できるかもしれない。啓蒙の運動は、それが一九世紀の初めに消失するまで一世紀以上もの長きに亘るものであるから、それを全体として見れば、まこと多様で、融合不可能な新しい発見や考え、また態度を含んでいる。その中にはいまだこれから発掘されるべき遺産もあれば、批判されるべきものもあろう。それゆえ、概括的なことは何も言えないのが実情であるが、次の二つのことだけは、暫定的に言えるかもしれない。

① 我々にとって真剣な議論の内在的な出発点は、個と世界、または「人」と「宇宙」というものであろう。それはつまり人間とは何であるか、そしてそれと世界との関係はどういうものであろうか、ということであろう。それは「啓蒙の時代」に「人間についての学問」という形で結実した。つまり、「人間本性」の研究である。ホッブズの『人間本性』（『レヴァイアサン』の「人間論」の原型と言われている）、ヒュームの『人間本性論』、ド・ラメトリーの『人間機械論』などのことを想起されたい。

② キリスト教的な迷信の排除が先決であった。キリスト教的世界の中では、人間（個）は、その中に埋没し、息も絶え絶えになっていた。まずはヴォルテールの言うように「迷信を粉砕」しなくてはならない。ただ、この叫びはキリスト教そのものへの不信を表すものでは必ずしもなく、むしろ人間の自律への希求を表すものではなかったであろうか。実際、啓蒙期の人々の宗教に対する構えは様々であったが、無神論者は殆どいなかったからである。ここで我々の意味していることを理解してもらうには、キリスト教について、次のことを思い出していただかねばならない。

(7) 啓蒙とキリスト教

キリスト教は、個と世界という問題に対して、神秘的で非理性的ではあるが、平明な答えを提供していた。たとえば「原罪」という考えがそうである。アダムは堕落した、と言う。またキリスト教では、女性、性は、罪の根源であり、また神々（ギリシァ的な神々）になろうという欲望などは、悪として非難されるべきものであった。そこでキリスト教の神は、その唯一の息子を、処女懐胎という形で、人間の形を持つものとして、この世に送り出した。そして神を信ずるもの、また、価値ある人間のすべての罪を減じ、祝福された永遠の命を確保することに決めた。しかし、少なくとも古来のカトリックの伝統では、人間は自力では、この目標を達成することができないことになっているのである。ただ神の代理人によって差配された職業的僧侶の団体（教会の僧侶）を通じてのみ、地獄の、あるいは煉獄の劫火の恐怖を免れることができるのである。僧侶たちは、そのためにはある儀式と教義とが必要であると主張する。そうした儀式と教義とを聖人たちや、聖なる遺物、あるいは聖母マリアで補強することはできる。こうして、人々の人生の意味は、個人の救済という方向の中で位置づけられることになる。世界や世界の中の虚栄は、価値なきものである。そして自然的世界は、神の世界創造に始まり、やがてまもなくやってくる最終審判で終わる、神の計画の一部として意味を持つのである。ヴォルテールの「迷信を粉砕せよ」という叫びの意味が分かるであろう。

(8) 啓蒙思想のもたらした成果

啓蒙の精神だけを述べても、まだ啓蒙の実体はあまりにも漠としていると思われる向きのためには、いくらか事象的に啓蒙の中心的な、あるいは基本的な一致点を、歴史家たちの意見に従っていくつか挙げておこう。ここで事象的というのは、社会的な実践活動という次元のことを意味している。それは、①アンシャン・レジームの不正義を批判し、その効率の悪さを暴くこと。②知識と教育を介して、人類を無知と誤謬、迷信、神学上のドグマ、聖職者の魔の手から解放すること。③よりよい未来を希求する新しい空気を吹き込むこと（ピーター・ゲイのいう「神経の回復」）。④経済の繁栄。⑤公平な法律。⑥穏当な政治。⑦宗教上の寛容。⑧知性の自由。⑨行政の専門化。⑩高い次元での自己認識を実現するための実践活動などである。

けれども啓蒙思想の指導者たちが最も重要と考えていたのは、政治的、社会的成功ではなかったであろう。彼らの眼目は、むしろ批判という行為によって世に訴えようということであったろう。彼らは、社会的な、また自然的な存在としての人間に呼びかけをしていたのではないか。旧来の見方を超えて、もっと新しく、もっと人間的にものごとを理解しよう、と。彼らは、結論的な答えを出すことよりも、新たな問いを発することに関心があったように思われる。

彼らは問うた。たとえば、人間の本性とは何か、人間は機械なのか、それとも本当に自由意志を持つ（持つと思っているだけでなく）存在なのか、人間は社会的であるのかどうか、人間の知識とはいかなるものか、道徳の根拠は何か、というふうに。こうした探求が、結果的にキリスト教の根底を揺るがすことになったかもしれない。少なくとも、キリスト教の人間とその義務や定めについての教えを、否定ないしは、それに近い状態に追いやったかもしれない。しかし啓蒙主義者は、それを最初から目標にしてはいなかった。ただ人間、社会、自然についての新しい理解が進むにつれて、聖書に基づく来世志向の思考枠組みが崩壊していったことは確かである。また、歴史家は指摘している。「啓蒙主義が進行するにつれて、宗教戦争、魔女狩り、異端の火あぶりが中止された。天国地獄の話も、文字通りには通用しなくなった。超自然的なものは、公の場所から姿を消した」（ロイ・ポーター『啓蒙主義』二〇〇四年、p. 105）。宗教はいまだ残っているが、学問に指令を下すことはなくなった。けれども繰り返して言えば、一八世紀の人々は、科学者も含めて概ね信心深い人たちであった。科学者でなく、科学が宗教の足場を崩していったのである。

これらのことは、啓蒙思想の存在理由を述べたことになるのかもしれない。我々はしかしながら、「啓蒙思想万歳」と言おうとしているのではない。啓蒙思想に対して、ホルクハイマーやアドルノ、あるいはバーリンが言うような批判が当たるような面もないわけではない。理性が絶対主義と手を結ぶのが、必然的な成り行きであるかどうかは問題があるかもしれないが、合理性追求という考えが、ともすれば人間を画一的に扱い、生きた人間の姿を見失いがちであることは確かである。また、科学的な真理と称するものに盲従する人が、価値の多様性をもたらすよりも、真理と虚偽、正義と不正義との間に絶対的境界線を引くことによって、自由な精神ではなく、絶対主義的精神を引き起こすということはありうるであろう。しかし、それは科学の知識が、すべて暫定的であるということを見落とした人々の初歩的誤解に基づく誤りである。科学が絶対的真理であるという考えは、科学に対する無知の表明に他ならない。しかし、合理的な精神や、科学的知識を不当に拒否するのは、正しくない。科学に基づく技術も、現在におけるその使用の仕方には、問題があるが、それは技術自体の問題ではない。

(9) 啓蒙思想のもたらした影の部分

啓蒙思想は、確かに、批判されるべき点を含んでいる。それはリサイクルされ、再生されるべき必要を抱えている。ロイ・ポーターに沿って述べれば、人口の増大や、生産分析に効力を発揮した啓蒙主義時代の社会科学は、一九世紀には、「陰鬱な科学」になり、統治者のための材料を提供するものとなった（同上、pp. 108-109）。資本主義的な生産関係を我々は採用せねばならないとか、貧困は貧困者の責任でもあるのはなぜかとか、そういうことの説明を与えるために、統治者は今や「科学」を用いる。心理学は、今や学校や職場での規律や従順さを確保するための道具となり、人間管理に用いられる。啓蒙期には、それらが示そうとしていたことは、人間とは可能性を孕んだ存在であるということであった。「人間機械」という考えは、「原罪から自由である」というヴィジョンに基づいていたはずであるが、今やそれは工場での陰鬱な現実となった。啓蒙主義は、科学の成果を社会のために利用せよという主張を通じて、かえって社会に対する加害者にしばしばなっている。

啓蒙主義は、人間を過去から解放することに貢献したが、新たな束縛の条件がまた出てくるのを防ぐところまではいかなかった。それどころか啓蒙主義は、現在の工業化された社会の直面する問題の産婆となってしまった、とロイ・ポーターは指摘する（同上、p. 109）。我々はそうした問題を解決しなくてはならない。しかも、我々がそう決心するとしても、そう決心する我々もまた、啓蒙主義的なヒューマニズム的価値観、科学の知識にかなりのところまで依存する存在である。我々はこの矛盾的境地からいかにして脱出できるか。それには今一度、啓蒙主義を洗い直すことが先決課題であろう。

2 『百科全書』に見られる啓蒙の思想

（1）『百科全書』について

『百科全書』（*Encyclopédie, ou Dictionaire raisonné des Sciences, des Arts et des Métiers*, 1751-1772）は、ディドロ（一七一三〜八四年）とダランベール（一七一七〜八三年）とが共同して編集し、彼らも自ら執筆寄稿して作成したものである。それは、啓蒙主義の核心をなし、むしろ啓蒙主義の時代自体を表現していると言えよう。少なくともそれは「理性の時代」としての啓蒙主義の時代を象徴する。知識の増進と徳の追求とは手を携えて進むべきであるという『百科全書』の主張は、プラトン以来の古典思想の一つの結実であるとも言えよう。

啓蒙主義の時代を「理性の時代」と呼んでよいかどうかは別として、『百科全書』が啓蒙運動の中で占める地位は大きい。その『百科全書』の中にダランベールが書いた「序論」と言われるものがある。この節では、それを手がかりに啓蒙の精神を考察する。啓蒙主義理解には是非必要な手続きである。

『百科全書』（Encyclopédie）という言葉は、ラブレー（一四九四〜一五五三年）によってギリシァ語の enkyulios paideia（一纏めにされた教育、あらゆる学芸を集大成にした教育）から作られたものであるが、ギリシァにはそういうものは存在していなかったと言われている。科学的態度で書かれた学問の体系的叙述という意味で、百科全書の名にふさわしい最初の事典は、英国で、一七二八年に出たチェンバースの『サイクロペディア』であるとされているが、ディドロの『百科全書』はこれに触発されて現れたものである。一七五一年第1巻が刊行された。時に、ディドロ三七歳、ダランベール三三歳。全巻完成（本文17巻、図版11巻、索引17巻、全巻35巻）には、二一年を要した。

(2)『百科全書』の「序論」とダランベール

ダランベールの書いた「序論」は、第一義的には『百科全書』の編集原理ないし方針を述べたものであるが、そこには当然、啓蒙主義の考えが据えられている。実際、ダランベールの「序論」（一七五一年）は、少なくともフランスの啓蒙主義への最良の入門書であると見なされている。入門書というよりは、もし単一の著作を以て啓蒙主義の著作と呼んでよいとすれば、まさにこの著書こそが啓蒙主義そのものである、とさえ言われている。それは啓蒙主義の希望とするところ、その主張、その仮定している事柄、そして言うならばその偏見をも見事に表現している。つまりそれは啓蒙主義のマニフェストであり、理念なのである。ダランベールの「序論」は、その出版時から、啓蒙主義の仲間のみならず、啓蒙に反対する人々からも、傑作と認められてきた。

ダランベールがこれを書いたとき、彼はまだ若年であった。当時、彼は、科学者ないし数学者としては既に有名であったが、哲学者としては無名であった。「序論」は、彼が自然科学や数学以外のことを書いて出版した最初のものである。しかし、それがこの著述を力作にしたとも言えよう。

当時、フランスの中で有能な人はパリに集まっていた。ダランベールもパリにいて、ディドロ、ルソー、コンディヤックらとパリで出会い交わっていた。これら四人はまだ皆が三〇代であり、彼らのキャリアーはまさに始まろうとしていた。ダランベールは四人のうち一番若かったが一番有名であった。それはもちろん彼の自然学的、数学的な天賦の才のゆえである。彼は子供のときから天才ぶりを発揮した。若い頃の彼は、数理物理学に打ち込んでおり、『動力学論』（一七四三年）は、ニュートン力学の道標として、今日でも知られている。他にも数学、天文学、力学について書いている。彼が、哲学のようなことをやり出したのは、おそらくディドロの影響によるものであろう。彼はディドロとは他の二人とよりも親密であった。

ダランベールの出生は、あまり芳しくない。彼は私生児だったからである。騎士デトーシュとマダム・ド・タンサンの間にできた私生児である。後者は、魅力的だが悪名高い、貴族の女性である。修道院から還俗したらしい。有力な聖職者カーディナル・デュボアの妾として財産を持っていた。そして当時の流行に従ってサロンを開いていたが、そこにはフランスの有名な哲学者や著述家が集まったと言われている。ちなみに言えば、彼女にとってダランベールだけが邪魔な子供であったのではないらしい。ともかくダランベールは生まれて間もなく教会の階段で発見された。そして貧しい看護婦ルソー夫人によって養育された。彼はこの夫人を母として扱い、彼が有名になった後まで、ともに暮らしていた。彼の実父は、彼の居場所を見つけ出して、彼が学校へ行くのに足りる金を与えたようである。

ディドロは優れた知性を持っていただけでなく、会話の才があり、華麗で目覚ましく、心情を吐露するタイプであり、感情豊かで、無限にエネルギーがあり、人を驚きと独創的な考えの洪水で圧倒することができた。ラングルの刃物屋の息子であるが、パリに出てきて学生になった。生計を立てるのに、自分の才覚で、筆耕をしたり、翻訳をしたり、著述をしたりした。彼は、最初から百科全書的であったようである。驚くほど多様な主題に立ち向かっていた。小説、演劇、哲学、科学理論、心理学、音楽、演劇批評、社会批判、そして論争。

ディドロが最初の頃作った本には、ポルノ的なものもあったらしい。それは出版を重ねているそうである。しかし彼は、同時に、哲学者としての経歴も始めている。そして当時のフランスではいささか近寄るのは危険な主題についても、書いているようである。事実、一七四九年、彼は投獄され、友人と出版社を嘆かせた。その頃はまさに『百科全書』の主編集者として多くの仕事を遂行せねばならないときであり、彼が自由であることが切に望まれていたときでもあった。

なお、コンディヤックについてはここでは触れないが、後に言語起源論で紹介することになろう。

「序論」は、『百科全書』の第1巻と一緒に出た。ダランベールが協力を始めたとき、彼は自分の課題は、『百科全書』の数学に関する部分の編集に関わることだと考えていた。彼は、書評のようなものを除いて、これまで科学的な著作以外に何かを出版したことはなかった。なぜディドロでなく、ダランベールが「序論」を書いたのかと誰しも疑問に思うであろう。しかしそのことに関して直接証拠になるようなものは何もないらしい。ダランベールが一七五一年の一月にこれを書いていたということは、ディドロのベルティエ神父への手紙によって分かっている。しかしそれを書く際のダランベールは、この『百科全書』という既に長い間準備されている大プロジェクトの「序論」を、ディドロが投獄されたからといって、自分がそれを書くことなど思ってもいなかった。ともあれダランベールは「序論」を書いた。そしてそれは成功であった。

「序論」において述べられている方法について注意を惹いておこう。

そもそも『百科全書』は、一七世紀以後の知識についての新しい「大全」に対する要望に応えたものである。それはルネサンス以来の約百年間における新しい発見を、神学的な原理ではなく自然的な原理に基づいて総合することを目指していた。ディドロとダランベールとは、彼らの仕事によって知識の真の全体的把握の基礎を置いたと主張しているが、そう言えるためには、そのことを達成しうる方法をも述べねばならないであろう。彼らは、そういう方法によってこれまでに確立された、あるいは妥当性が確認された事実や原理を、一つに纏めることに貢献しようと望んでいた。ここにいう方法とは、既に前章で述べた「解析（分析）」のことである。ダランベールの考えでは、その方法の精神は、最近の自然科学に勝利の凱歌をあげさせた精神と同じものなのである。彼は、あらゆる学問の分野を、相互に支え合う一つの全体とする手段が、その方法の掌中にあると考えた。

実際、「序論」は、『百科全書』を構築するための諸原理を確立することを試みるだけではなく、「方法序説」と呼んでもよいものを含んでいる。彼の「方法序説」は、彼の確信するところでは、人類がやがて徐々に自らの運命を形成し方向づけていく力を人間に与えるものであった。その過程の中で彼は、新しい「理性の道」を確立するために、これまでの経過の歴史を見直し、避けるべき落とし穴と過ちとを警告した。彼の議論の中から、我々は、歴史に関するある特定の哲学や、啓蒙思想に特徴的な諸仮定を取り出すことができる。

(3)「序論」に見られる思想的先輩への関係

我々の哲学を進歩させた人としてダランベールが挙げるのは、ベーコン、デカルト、ニュートン、ロックである。もちろんこの他にも、ガリレオ、ハーヴェイ、ホイヘンス、パスカル、マールブランシュ、ボイル、ヴェサリウス、シデナム、ブールハフェ、ライプニッツ、ド・モウペルチュイ、ビュッフォン、コンディヤックなどが挙げられているが、主要な思想として彼がより詳しく論じているのは、最初の四人である。ここには経験論と合理論というある意味では相容れない考えの系統が両立しているが、それを統一的に扱うための絆として我々は既に「観念説」に従い、その観点から近世の哲学を述べておいた。

ダランベールと先行者たちの関わりはどのようなものか。

デカルト

ダランベールの「序論」をひもとけばすぐ気がつくことは、その中で用いようとされている方法が、デカルトの合理的精神をロックやニュートンの経験論に適合させることによって成り立つものだということである。それはデカルト式に言えば絶対的原理または真理と、経験のもたらす「堅固な事実」とを結びつけようとするものである。しかしダランベールは、理性の与える絶対的なアプリオリな真理というものを認めないので、デカルトにおける絶対的真理に当たるものは我々の言葉で言えば「仮説」ということになる。ダランベールは、先輩の言うことを鵜呑みにしたわけではない。

彼の見るところ、デカルトは哲学の基礎を与えた。しかもその基礎は、権威によるものではなく、体系的なあるいは方法的な懐疑と人間の推論によってえられたものである。デカルトは、言うなれば知的ヒーローである。しかしダランベールは、デカルトの心身の区別には同意できない。心が科学的探求を受け付けないとする点を是認できない。心を科学的な探求の対象から外すことは、デカルトが超自然的なものを認めていることを示す、と言う。それゆえ当然「内在観念」の説は拒否されることになる。

ロック

ダランベールをはじめとするフィロゾーフたちは、経験による確認や分析を免れるものを認めない。心と物質とを分けるということは、彼らにおいては、「心についての実験的自然学」という形でしか認められない。分析的な感覚論的心理学を提供したのは、ロックの議論であった。ロックの議論は、「知性にあるものは、もと感覚にあった」とするもの（感覚への還元論）ではないが、少なくとも「外的な事柄に関して知性の中にあるものは、もと感覚の中にあった」ということは認めるかもしれない。そしてロックのフランスにおける継承者は、コンディヤックであった（我々は後で、知性論および言語論に関して、ロックとコンディヤックとの繋がりに触れるであろう）。この人もデカルトの精神をロックやニュートンの考えと統合した人とも言える。ダランベールはコンディヤックの考えを「序論」の中に取り込んだ。そしてデカルトの「明晰判明な観念」に代えるに「明晰判明な感覚」を以てした。

デカルトの「明晰判明」な観念は、すべての確実な知識と真理との基礎であった。それゆえ、もしフィロゾーフの言うように、「明晰判明な観念」が「明晰判明な感覚」から得られるのであるなら、感覚の分析からいかなる学問の法則も得られることになるであろう。もしこのことが認められるのなら、デカルトの場合に観念から学問の体系が作られるとされていたように、それと同様フィロゾーフたちは、堅固な事実と証拠から確実な統合的な知識が建設できる、と言えるかもしれない。実際、これは二〇世紀に初期のラッセルや現象論者たちが試みたことであった。しかしデカルトなら、このような主張は観念および感覚という言葉の無理解を示すのみであると言うであろう。感覚は明瞭であるとは言えても、判明ではありえないと彼は言うはずである。加えて、二〇世紀の現象論者たちは、現象の背後の実在を消去しようという、哲学者でない人にはたぶん不必要とも思われるであろうこだわりを持った。

ニュートン

一八世紀は、デカルトの哲学がニュートンの新しい哲学ないし自然学（物理学）によって駆逐されていった時代であるとよく言われるのであるが、実際の事態はそれほど簡単ではない。まず第一に、ニュートンの立場が単純ではない。ダランベールは、『百科全書』に寄稿した別の項目（「ニュートン主義またはニュートン哲学」）の中で、ニュートンの立場を三つほどに分けている。①粒子論者、②実験論者（『光学』における方法論）、③理論的な機械論的力学における（『自然哲学の数学的原理』における）ニュートンなどである。いずれがニュートンの本音であるか。さらにはケインズがいわゆる「ニュートン文書」を読んで描いたニュートンの一面もある（これはもちろん二〇世紀の初めまで秘匿されていた事実であるが）。

我々は、ニュートンとデカルトの自然学上の繋がりについては、自然観の変遷を論ずる機会があればより詳しく述べたいが、思想の歴史上の偉人を評価する場合、次のような発言に含まれる意味をよく味わうべきであろう。たとえばヴォルテールは言う。デカルトの哲学はどの点から見てもニュートンのそれと同列には論じられない。前者のものは試作の域を超えず、後者のものは正に傑作である、と（『哲学書簡』、書簡十四末尾）。しかしそう言った後、「けれども我々を真理の軌道に乗せたものは、おそらくその後この道の終点まで到達したものに匹敵するであろう」と付加している。ダランベールも「序論」において、「あらゆる分野において、第一歩はいかに骨の折れるものであろうか。第一歩を踏み出す功績は、大きな功績を成し遂げる功績を免除する」と、デカルトを弁明している（『百科全書』「序論」岩波文庫、p. 105）。さらに、二〇世紀の歴史家ヴァルタニアン（Vartanian）は、一八世紀を概観して、デカルト主義は敗退していったが、敗退しながらなお勝利していった、とその状況を叙述している。

ベーコン

これと対照的に違うのが、ベーコンの場合である。『百科全書』へのベーコンの影響は、しばしば過大に評価されすぎてきた嫌いがあると言われる。というのは、ダランベールが公言しているほどの影響が、思想の具体的内容に関しては見て取りにくいという意味である。たとえば、ダランベールはベーコンの帰納法を強い意味では取りえない。それは、それが数学的物理学とは折り合わないでむしろ排除してしまうからである。もちろん、経験の重視や、知的功利主義（知は力なり）、学者間の相互協力、スコラ的目的論の排除に関して、ダランベールは、ベーコンを同じ精神の先輩として敬意を表している。またベーコンの学問分類や知識の系統樹などは、ダランベールによる分類の範とされている。しかし、「序論」に表された考えが、直接にベーコンから来ているかどうか明確ではない。むしろ「序論」の多くの考えがデカルトから来ている感じがする。

たとえばダランベールは、現象の統一性と単純なものへの還元ということを主張する。しかし、そうした還元が可能だということは、経験によって論証できる主張ではないであろう。この主張は、「序論」のみならず『百科全書』の全体に亘って見られる主張ないし前提であるが、それは一七世紀の合理論の伝統を継承していることを示すものであろう。もちろん、この主張と、啓蒙思想のもう一つの中心思想である「経験的」ということとが繋がらねばならない。しかし、そのことを可能にすると彼が考えたものこそ、「解析（分析）」という方法であったろう。これはデカルトに由来する。

「序論」の方法的原則

「序論」の議論の多くが、様々な学問の原理や法則の単純性という前提に基づいて打ち立てられている。それは数学者ダランベールが自ら科学の中で求めた単純性と同じものであり、それをフィロゾーフとしてのダランベールは、知識の全体に亘る前提として用いている。「知られるものは、単純なものに還元される」と彼は言う。この分析の方法は、すべての知識の分野において適用される。

もう一方の、統一性の考えはどうか。この考えは、もう少し詳しく言うと、各学問に単純な法則があるだけでなく、それら法則すべてを結びつける統一性が存在するという考えである。それは、デカルトにおける学問の普遍性と通ずる考えである。学問の統一という合理論的な要請は、この時代の心を支配していた、とカッシーラーは言う（『啓蒙主義の哲学』邦訳 pp. 26–27、英訳 p. 22）。そして学問の結合というこの考えを、一八世紀において、ダランベール以上によく表現した者はいない（同上、邦訳 p. 56、英訳 p. 46）、と。つまり、ここでダランベールは、数学者から哲学者になった、というわけである。「宇宙は、それをある一つの観点から思い浮かべる仕方を知っている人にとっては、いわば、ただ一つの事実であり、偉大な真理であるに過ぎないものであろう」（『百科全書』「序論」岩波文庫、p. 45）。『百科全書』はこのことを達成するための努力の一歩なのである。

このような考えと密接に結びついているのは、実り豊かではあるが、畢竟、論証はできない考え、「すべてのものは自然の中で、存在の連続的な鎖で繋がっている」という考え、および「ある一つの事実の理解は、その事実が宇宙における存在の連鎖において他に対して持つ関係の理解に基づく」という考えである。この考えは、ラヴジョイがその成立を一八世紀に遡って追跡した考えであるが、『百科全書』の至るところに出てくる（たとえばディドロやモウペルチュイの書いた項目など）。そしてそれが古典的な表現を得たのは、「序論」においてであった（他にも「宇宙論」、「哲学原論」など）、とシュワッブ（R. N. Schwab）は指摘している（英訳への「緒言」p. xxxv）。

存在の連鎖を発見し、同時にそれを人類にとって有用なものにすることはフィロゾーフたちの知識の目標となったが、これは彼らが「体系の精神（esprit de systéme）」の誘惑に陥ったということではない。彼らは、現象の背後に、統一性、単純性、連続性を想定した。そしてまた、彼らは「体系的精神（esprit systématique）」を決して軽視しなかったが、体系の為に体系を愛する「体系の精神」はこれと厳格に区別されていた。そういう意味では、ダランベールは、コンディヤックの考えを取り込んで、デカルトやライプニッツの形而上学を攻撃した。アプリオリな、あるいは自明な原理に基づく形而上学は経験と突き合わせることができない。それゆえ、それは誤りと知的専制主義に陥る、と。ダランベールは、合理論と経験論の統合した例としてニュートンを持ち出す。しかし既に述べたように、ニュートンの本当の姿はどういうものか、判明ではない。

（4）『百科全書』の内容

さて、我々は『百科全書』の思想を理解するために、「序論」の内容を概括しておくのがよいと考える。「序論」は、四部からなる。

① 『百科全書』の基礎を形成する観念の系譜と由来と、様々な学問と技術の発生を吟味する。ダランベールはこれを心ないし精神の哲学的歴史と呼ぶ。
次いで、
② ルネサンス以来の知的発展の歴史。
③ ディドロの「趣意書」（一七五〇年一〇月）の書き直し。
④ 『百科全書』への寄稿者のリスト。

さて、ダランベールの述べているところによると、『百科全書』の目的は大きくいえば二つである。一つは、百科全書として、人間の持っている知識の順序と連関とをできる限り明示することである。もう一つは、学問、技術、工芸の合理的事典として、各学問および各技術――自由技術であれ、機械技術であれ――について、それの土台たる一般諸原理およびそれぞれの本体と実質をなす最も本質的な項目を含んでいるようにするということである。これは、『百科全書』の目指すところは知識の体系的把握である、という宣言である。つまり、ばらばらの細切れの知識の単なる集積ではなく、互いに関連を持つ統一的把握を目指すということである。

学問と技術

ここにおいて学問と技術とは相互に助け合うものとして理解されている。それゆえ、それら、つまり学問と技術とを、結合する鎖があるはずである。その鎖を明らかにせねばならない。諸学問を統一するという困難な仕事のための第一歩は、それら諸知識の系譜と家系、それら知識を誕生させた諸原因と、それらを相互に区別させる諸特性とを吟味し、起源と生成とを明らかにすることにある、と彼は考える。

そもそも知識はいかにして獲得されるか。彼は、知識を直接的知識と反省的知識とに分ける。直接的知識とは、我々が意志の作用を何ら加えずに無媒介に（受動的に）受け取る知識である。反省的知識とは、精神が直接的知識に働きかける――つまりそれらを結びつけ、また、組み合わせる――ことによって獲得する知識である。

これはポール・ロワイヤルの考えと通ずるものであり、また多分ロックから来た考えであることは明らかである（ちなみに言えば、コンディヤックもまたこの考えをロックから受け継いでいる）。つまり一方でダランベールは経験論に立ち、その点ではデカルトを斥ける（しかし発想や論述の仕方はデカルト的なところが多い）。我々の言い方では、ダランベールは知識の対象を「観念」としているのであるが、「観念」の意味がデカルトとロックでは変わってしまっているのである。そしてダランベールは、この点でロックに従った。尤もその経験論はナイーヴなものであり、ロックにおけるような感覚的知識についての吟味はなく、懐疑論は出てこない。バークリは積極的な意味では顧慮されない。その理由はダランベール自身述べているように、彼（ダランベール）の立場は、古代的な考えをそのまま復活させ、古代の素朴実在論に帰るものであることにあろう。逆に言えば、この時点では、彼には近世哲学における認識論の意義の理解はない（後の『哲学の原理』では、コンディヤックの『感覚論』に教えられて実在論の扱いは進歩する）。彼は感覚の存在は確実であるという。しかし、たとえそうであるとしても、感覚が与える知識は確実であるかどうかは問題であろう。彼は、感覚の与える事実・知識と、仮説に基づく演繹とを比較して、事実の方を優先すると言うのみである。これが彼の言うベーコン主義であろうか。

ともあれダランベールは、その知識論に基づいて知識の種類を述べる。そのための方針は、そうした知識が我々にとって問題となると見られる理由を述べるということにある。つまり、ある知識が我々といかに関わりを持つに至ったのか、その流れが彼の言う「精神の進歩の歴史的記述」をなすのである（しかし、この記述は、知識の「百科全書的順序（体系）」とは別物である）。

さて直接的知識は、感覚によって受け取る知識、すなわち感覚に還元される。感覚が教える第一のもので、しかもそれ自身が私たちの感覚から区別されないものは、何か。それは、「私の存在」である。それゆえ我々の持つ第一の反省的諸観念は、「私自身」に関わるものであることになろう。感覚に我々が負う第二の知識は、外的諸物体の存在である。諸物体が感覚の原因であると彼は言い、神を諸物体の存在の原因とするような機会原因論を斥ける。すべての物体（英語でもフランス語でも、物体と身体とは同じ言葉である）のうち、私たちを最も強く刺激するのは、私たちの身体である。私たちの身体は、数知れぬ必要に支配され、外部の作用に強度に敏感である。その最も強い感受性は苦痛にある。喜びは、苦痛ほど我々を動かさない。それゆえ我々にとっての善とは、苦痛の除去である。身体を苦痛や破滅から守る必要が、外的諸物体の何が有益で、何が有害かを吟味させるのである。

言語の成立

外的な存在の中には、他人の存在が含まれる。それは我々に全くよく似た存在である。このことから我々は、それら他人も、我々と同様な経験を持ち、必要を感ずるのだ、と考えるに至る。そして我々は、これらの存在者（つまり他人）と協力することに利益を見出す。その際、観念の相互伝達が、この協力の支柱であり、それは必然的に記号の発明を求める。このことが社会形成の起源であり、社会形成とともにまた言語が生じなければならなかったのである。

かくて言語が成立することになる。なぜなら他人との交渉には言語が有用であるからである。自己の他に他人がいれば、当然その関係が問題となる。他人との交渉は、我々に新たな観念を作り出させる。そしてそれは、我々の社会の絆を次第に緊密にさせ、社会を我々にその限りにおいて有用なものとするであろう。

道徳の成立

しかし社会では人はすべて利己的であるなら、いわば「万人の万人に対する戦い」が生ずることになろう。それゆえ、自己の得た権力を不当に行使し、他人ないし弱者を圧迫することが起こる。人々は、その圧迫が暴力的であればあるほど、その圧迫に耐えられなくなる。彼らは、自分たちをそうした圧迫に曝し服従させる権利を持つものはいないはずだと、感知するであろう。そこから「不正」という概念、したがって「道徳的善悪」という概念が生じたのである。万人の心のうちに鳴り響くこの自然の声が、最も未開な人においてもこの概念を理解させる。そこから、かの「自然法」も生まれた。悪徳のもたらす災いが、それら悪徳に対立する美徳の反省的知識を我々のうちに生み出すのである。美徳は貴重な知識だが、もし我々が完全に和合し平等であったなら、おそらく我々は持たなかった知識である。

今述べたダランベールの道徳成立の議論は、いくつか問題があると思われるが、ここでは深く論究できない。彼の道徳論の立場は、現代なら心情的な感じに基づく自然主義（道徳感情論）と言われるようなものかもしれない（「総括的コメント」本書一一九頁）。しかしまた彼は、道徳的正不正そのものはともかく、その観念は社会と相関的に生ずる（規約的）と考えている。つまりこの点では、彼は社会の一員として以外の人間の持つ道徳性の観念の起源を考えることを拒んでいる。ロビンソン・クルーソーには、フライデーが現れるまでは道徳は無用だった、ということになろう。道徳判断についての上記二つの立場は、必ずしもなめらかに折れ合うものではない。ダランベールの道徳論についてさらに論ずるには、彼が後に書いた『哲学の原理』（*Elements de philosophie*）などを考慮すべきだが、ここではそれはできない。ただ、後のために、問題を一つだけ提起しておこう。

ダランベールの個人としての人間や道徳や政治の扱いは、彼の理論的哲学の方法と融和できるであろうか。というのも、たとえば「平等の権利」についての主張は、経験で論証できるという種類のものではないであろうからである。彼によれば、人間の行為の正や不正を判定する感じ、つまり良心は、自然法と我々の持つ善悪の観念とから出てくる一帰結である。そして良心は、心情の明証と名づけてもよいものとされる。なぜならそれは、理論的真理に結びつく精神の明証とは全く異なるけれども、同じく支配力を持って我々を服従させるからである。後（本書一一八頁）で述べるように彼は、知識を明証、確実性、蓋然性、感情と趣味に分けるが、良心は、観念の関係の直観としての明証でも、確実性（観念の推論による結合）でも、蓋然性（偶然を含んだ知識）でもない。それゆえ、もし人間の心が良心を持つと言うなら、それはいわば理論理性と独立な働きを認めることになる。

なお道徳の問題を社会政治的な次元に移すという発想に従って進んだのは、啓蒙家の一人エルヴェシウスである。『百科全書』への最終的な抑圧の一部は、『百科全書』の立場とエルヴェシウスの立場との連想から生じたと言われている。そして彼の思想は、英国のベンサムに繋がる。ただし百科全書派の道徳論は一枚板ではない。少なくともジョクールやダランベールの立場とディドロの立場は異なっており、後者の立場に見られる功利の観念は、エルヴェシウスのそれとは異なっている。

話を「序論」に戻そう。行為の道徳性という観念をこうして後天的に持つに至った我々は、行動する原理——同じことだが、意志しまた思考する実体について吟味することになる。しかし物体のうちに観察される諸属性は、意志し思考する能力とは何ら関係を持たない。ここから出てくる帰結は、自我と呼ばれるこの存在は、異なる二つの原理（意志と思考）から形成されているが、この二つの原理は緊密に結合されているので、一方の能動と他方の受動の間には、我々が止めることも変更することもできないような、そして両者を相互従属関係に保つところの一つの対応が存在している、ということである。この二つの原理の本性と不完全さとについての反省が、「全能の知性」の観照にまで至ることは、我々の内的な感情に訴えれば分かる。彼は言う。だから、道徳的な知的観念や、魂の霊性、神の存在などというような我々に最も緊急で不可欠な諸真理は、感覚を誘因とする第一の反省観念の結果であると言える、と。ついでながら、この発言は、彼が無神論者ではないことを示している。

しかし、我々の自我はそうした高貴な部分だけからなっているのではない。上記の真理が我々の自我の最も高貴な部分にとってはいかに大切なものであっても、この高貴な部分が結びつけられている身体は、絶えず我々を身体に連れ戻す。身体は常に増大する必要事を持たずにはいない。身体を維持するためには、その被る諸悪の予防、また治療をしなくてはならない。ここから生存に最も不可欠なすべての技術、たとえば農業、医学が生まれざるをえなかった。これらは我々の原初的な知識であるが、同時にまた他のすべての知識、つまりその性質上、原初的知識からひどくかけ離れているように見える諸知識さえもの源泉であった。

知識の進歩——実用的知識を超えて

原始人たちは、彼らの個人的な努力、また団結による努力で互いに助け合い、おそらくかなり短い時間で、諸物体を利用しうる用途の一部を発見した。彼らは、もちろん実用的な知識を渇望していたので、差し当たりすべての有閑的な思弁を斥け、自然が彼らに提供する様々な存在を大急ぎで次々考察し、最も目立ち最も摑みやすい諸性質によって、それらのものをいわば質料的に、外面的に組み合わせた。この第一の組み合わせに第二の組み合わせが暫く続いたが、この第二の組み合わせもまだ実際的必要（実用性）に関わるものであり、どちらかといえばあまり目立たないいくつかの属性のさらに深い研究や、また諸物体の変形と分解、およびそれらから引き出した用途によるものであった。

しかし我々は、やがて「必要性から生まれたものではない知識」へ向かうようになる。我々の住む宇宙は広大無辺である。原始人やその子孫たちが、彼ら自身の保持というこれほど切実な目標に刺激されて、どんな道を進んだとしても限りがある。彼らは宇宙を観察し尽くすことはできない。このとき彼らは、一つの抜け道を見出した、とダランベールは言う。我々の精神は瞑想癖を持つ。そして、それは何らかの成果を摑み取ることを渇望する。そうした精神にとって抜け道は、純粋な好奇心から企てた、限界を知らない発見、すなわち諸物体の諸属性の限りなき発見のうちになければならなかった。自分にとって楽しい知識を非常に多く持てば、一つも有用な知識を持たなくても慰められるのなら、たとえ自然が我々の必要とするもののいくつかを拒むとしても、「自然研究」は、少なくとも我々の楽しみを気前よく満たしてくれる。かくして、必要に基づく探求から分かれて、知的満足による探求の次元が成立した。我々が単に楽しみだけの知識を数多く持っているのは、我々にとって最も必要であるような知識を獲得するには我々は力が足らないということでもある。

しかしそういう知識に向かうもう一つの別の動機がある。ある知識の追求が元は有用性のためではなかったとしても、その知識が有用であることが分かれば、その知識の獲得を続ける口実にはなるであろう。もともとは実際的利益を夢にも想定していなかったある種の知識のうちに、時には実際的利益を見出したことがあるというだけのことから、純粋な好奇心から出たすべての知識もいつかは有用になるかもしれないと見なす権利を我々は主張するに至ったのである。端的に言えば、科学は有用性から生じたものではない。

一般的に「自然学」または「自然研究」と呼ばれ、非常に多くの様々な部分を含むあの広大な学問の起源とその進歩との原因は、以上のようなことだ、とダランベールは言う。この学問を誕生させた農業と医学とは、かつては自然学の本質的な部分であったにせよ、今日ではもはやその一部をなすに過ぎない。

自然についての研究から、諸々の学が成立していく。「幾何学」「算数」「代数」「力学」「天文学」などなどである。ここで彼は、ある意味では今や平凡であるが、啓蒙期の科学者の方法論を考察する上では重要なことを言っている。すなわち、「物体は非常に多くの属性を持つが、その多くは一つの物体の中で互いに固く結ばれているので、各属性をより深く研究するには、それらを分離して考察せねばならない」と。たとえば幾何学は、物体を見るのに、それを不可透入性を持ち一定の延長と形を持つものと見ることから、直ちに成立する。力学は、物体を運動、静止するもの、運動を伝達するものとして見ることから成立する、と。これはダランベールの考えでは、物理数学的科学知識とは、ある意味で実在的性質に関わるが抽象的なものであり、またそれは事実に適用できるが、しかし知識自体は、ある抽象的な論理空間を形成しているものだ、と見ていたことを示すものではなかろうか。

「それ（物理数学的な諸学）は、数学的計算の経験への適用であり、時としてたった一つの観察から、確実性において幾何学的真理にごく間近まで迫る諸帰結を演繹する」と彼は言う。このことが可能なのは、その観察されている事柄が、それに数学的計算が適用されうる構造を持つからであろう。より現代的な用語でいえば、観察されている事柄が、適用される数学理論のモデルに収まるものであるということが、観察されている事柄の分析の結果言えるからであろう。つまり数学的理論は、それが適用できる事柄に限り適用できるのである。ピサの斜塔から落とした鉄の塊が何秒で地面に落ちるか、という問題に答えるには、ニュートン力学で十分であり、量子力学は使わない。つまり数学的理論の適用可能性は、対象となる事柄の「分析」の帰結として取り出されるのである。換言すれば、科学的認識には、認識者の主観の操作（抽象とモデルの利用）が介入するということである。彼は、数学的存在（？）は、物理的実在とは別のものであり、物理的実在に対応していない可能性を認める。逆の言い方をすれば、数学的理論は、経験の制御に従わないならば濫用にもなりうるということになる。事実と相反するなら、その理論は実在についての理論としては反証されたということになる。しかし、それはその理論が論理的に成立しないということではない。ダランベールは、科学的知識の理論体系への依存について、選択性と相対性とを認めたのである。

これはポパーの「反証可能性」の議論に通ずる考え方でありうる。ポパーにおいては、科学理論は、反証可能である限りにおいて科学的であり、反証の試練に小細工をしないでも耐えている限りにおいて科学理論と見なされる。反証可能性という概念は、ポパーが最初考えたほどには使いやすい概念ではないことは今では分かっているが、理念的にはまだ生きているであろう。

私は、カントの数学観や自然科学観を論じたとき、科学的知識の性質については、ダランベールやポパーの考えているこのような理解を、我々は取るべきではないかと考えていた。我々は絶対的に正しい科学理論というようなものを、現に持っていると認めることはできない。ダランベールは、カッシーラーが言っているように、数学を想像力と論理の自由な産物とした。数学はもはや、感性の形式の直観ではない。しかし、我々の経験は、何らかの数学的な構造に従って処理されうるであろう。なお、数学的諸学のこの性質は、できるだけ多くの事実を蒐集し、最も自然な順序に配列し、いくつかの基本的な事実に還元するという形で研究を進める「一般実験物理学」の方法とは別物ではあるが、矛盾するものではない。

ダランベールはさらに諸学の成立を説明する。我々は自らの持つ観念を広げることが利益を持つと考え、さらに進んで、知識を獲得する仕方、および自分の持つ思想を相互に伝達しあう仕方そのものを簡単な技術に整理すれば有用であると考え、「論理学」を、またその一部として、単語の用法を簡単な掟として立てる「文法」の成立を説明する、と彼は言う。ついで、観念のみならず、情念を伝達する技術として「雄弁」を説明する。その他、「歴史」「年代学」「地理学」「政治学」などの説明も与えられる。

以上で成立の状況が説明された諸学はもちろん反省的知識だが、これとは違う種類の反省的知識として、「自然の模倣」という形で、ダランベールは「彫刻」「詩」「音楽」などについてもその成立の説明を行っている。

総括的なコメント

以上で、我々の現有する重要な知識（学問と知識）の枚挙は終わったとして、それら知識を一纏めに見渡して、それぞれを区別する観点を言えば、次のようなことになろう。すなわち、①ある知識は全く実際的なもので、何らかの実行を目標とし、②ある知識は、単に思弁的でその対象の吟味と諸対象の諸属性の考察のみに甘んずる。③またある知識は、その対象の思弁的研究から、その対象を用いて実際になされうる用途を引き出す、ということに。ここで学問と技術との区別が問題になりうる。思弁か実際的かということが、「学問」と「技術」（芸術）の区別の要である。しかし、この点についての議論はまだ十分確立されていない、とダランベールは言う。その議論が確立されていないことを示す例は「論理学」であり、これは技術であるか学問であるか、まだ論争中である、と。

また、我々の「学問」のうちのあるものは、技術であると言ってもよい、と彼は言う。しかし、技術の中にも区別（自由な技術と機械的な技術）が存し、それに優位性に関し差違が与えられている。なぜそのような差別が生じたかということの彼の説明はおそらく妥当であり面白い説明であるが、ここでは省略する。

以上は、学問についてのきわめてプラグマティカルな見解であるが、同時に彼は、認識論的な学問の分類をも行っている。彼は言う。我々の知識が我々に受け入れられる仕方、我々の心がそういう観念について下す判定には以上に述べたのとは別のはっきりした特性がある、と（「序論」『百科全書』岩波文庫、訳 p. 63）。

その判定は、明証、確実性、蓋然性、感情と趣味という言葉で記される。明証は、精神がその繋がりを一挙に知覚する諸観念に属し、確実性は、その繋がりがいくつかの媒介観念の助けを借りて、いわば回り道をして発見される命題に属する。別の観点から言えば、前者は外界の感覚を含まず、もっぱら精神の作業のみによる結果であり、形而上学や数学に関係するものである。後者（確実性）は、我々の感官の恒常不変な関係の成果であるところの物理的対象によりふさわしい。蓋然性は、偶然性を含む事柄、特に歴史に当てはまる。感情は、二種あって、一つは既に述べたように、（「道徳の成立」本書一一三頁）道徳的真理のためのものであり、良心と呼ばれる。もう一つの感情は、美学的なものである。

（5）知識の系統樹

我々は『百科全書』が果たすべき目標の一つとしていたこと、すなわち「知識の成立の歴史的記述」の概略を紹介した。しかし『百科全書』は果たさなくてはならないもう一つの目標を持っている。それは、諸知識を一つの観点に纏め、一本の系統樹すなわち、百科全書の樹の形で示すことである。それをどのように行いうるか、説明せねばならない。

彼は言う。この系統樹の作成は易しいものではない。これまでに述べてきた我々の諸観念の起源についての哲学的歴史は、系統樹を作るという仕事にとってきわめて有用であるとしても、『百科全書』の樹がこの歴史的記述に全く従うものと――否、従うことができるとさえ――考えてはいけない。学問と技術の全体的な体系は、曲がりくねった道をなしており、それは迷路である、と。

『百科全書』の中では、百科全書的順序においては最上位を占めるはずの学問の大部分が、観念の生成史的順序においては、同じ地位を占めえない（たとえば論理学）。なぜならそういう学問は、時間的に最初に作られたものではないからである。我々の最初の原初的な研究は、個々の事物の研究であらざるをえなかった。我々は個から一般へ進んだ。それら個物の個別的で、把握しやすい諸属性を考察した後に我々は、我々の精神の抽象作用によって、それらの一般的で共通な諸性質に目を注いで記号を作り、「形而上学」と「数学」とを形成できたのである。原始的な記号（合図）の長い使用の後に初めて我々は、それらの記号使用の技術を、それについての一つの学問が作れるほどに完成することができたのであり、我々の観念の対象についての一連の長い精神的作業の後に初めて、我々は反省作用によってこれらの作業自体に規則を与えることができたのである。

それでは『百科全書』の系統樹は、いかなる構成を持つべきであろうか。ダランベールに聞いてみよう。でき上がった系統樹は、様々な部門からなるであろう。そうした部門は、それを統合する結合点を持っていなければならない。しかし、その結合点から出発するとしても、そこから出ていく道は色々あるであろう。そこでは選択が必要である。もちろん、その選択は個々の人の資質によって異なろうが、自然研究においては、人々は協力する必要がある。それゆえ、人々は生存に最も切実な必要を満たすことに専心したであろう。しかし絶対的な必要性を持つものがより少なくなるにつれ、人々はそれぞれより勝手な方向に進むようになった。生成史的順序という観点から言えば、いくつかの学問は、同時代的に成立したかもしれない。

しかし百科全書的順序はこれとは全く異なる事情にある。この方は、我々の知識をできるだけ小さい場所に寄せ集めて、いわば哲学者をこの広大な迷路の上で、主要な学問と技術とを一度に見渡せるような非常に高い視点に位置させることによって成立する。それは一種の世界地図である。しかし、そこにある国と国との間の道は、しばしば障害物によって遮断されている。そうした障害物は、それぞれの国において、ただその住民と旅行者にしか知られていない。これら個別的な地図が、この『百科全書』の個々の項目に当たる。そして「系統樹」あるいは「体系」が、個別的な地図を纏める世界全図となる。

もちろん地図は、地図を描くときの視点によって異なるものとなる。そして知識には様々の分類が可能である。いずれにしても系統樹は、諸学問の繋がりと関係とを最も数多く提示するものであるべきであり、また、百科全書的順序と、生成史的順序とをできるだけ満足させると思われる分類を取るべきである。しかし、そういう系統樹の作成には自由裁量が必然的に残るであろう、とダランベールは言う。彼による系統樹ないしは世界地図は、ベーコンの先蹤に従うものであるが、彼はそれに彼なりの考えに基づく改訂を加えた。しかし、自分の体系が唯一無二とか、最良のものとかと考えるわけではないと述べている。

系統樹を作成するダランベールの議論は、我々の心を占める対象は精神的か物質的かのいずれかであり、これらの対象が我々の心を占めるのは直接的観念か反省的観念かによってである、というところから始まる。直接的観念は、受動的で無意識的な観念という意味で、同質な知識としてのみ体系を作りうる。これが記憶と呼ばれるものである。反省的観念には二種ある。反省は、①直接的観念の対象について推理するか、②模倣するかである。ここから彼が引き出す結論は、(i)記憶、(ii)厳密な意味での理性、(iii)想像というのが、我々の心がその思考対象に働きかける三つの異なった仕方だ、ということである。ここでは、想像というのは、対象を表象する能力のことではなく、より高貴で正確な意味に取られており、模倣しつつ創造する才能とされている。対象を表象するという意味の想像は、感覚的対象の記憶そのものに他ならない。

ダランベールの視点では、記憶、理性、想像というこれら三つの能力が、三つの一般的分類と人間知識の三つの一般的対象を形作る。すなわち、記憶に結びつく「歴史」、理性の成果である「哲学」、想像が生み出す「芸術」である。ダランベールは理性を想像よりも前に置く。この順序の方が道理によくかない、精神の働きの自然な進歩に一致している、というのである。ベーコンの順序は、記憶、想像、理性であった。

何ゆえダランベールは、理性を想像よりも先に置くのか。その方が、精神の働きの自然的進歩に一致しているからである。想像は一つの創造的能力であり、精神は、創造ということを夢みる前に、自分の見るものと知るものとについて推理することからまず始めるのだ、と。しかし理性を想像の前に置くのは、それだけの理由ではない。もう一つの理由は、想像というこの心の働きの能力の中には、他の二つの能力がある程度それと統一されて存在しているからだ、と彼は言う。つまり精神が対象を創作したり想像したりするのは、その対象が、精神が直接的観念や感覚によって既に知っている対象に似ている限りにおいてであり、また、そこで理性は記憶と結びついているから、というのが彼の答えである。また彼は言う。理性の働きの進歩を時間的生成の順序を追って吟味してみても、やはり我々の能力の順序において理性が想像に先立つべきことが納得されよう、と。なぜなら理性は、それが対象についてなす最高の（時間的に最も遅い）働きによって、想像の働きに通じている能力だからである。つまり理性の今我々が考えている働きは、一般的な存在——これは抽象作用によってその原《もと》のもの（主体）から切り離されており、もはや我々の感覚が直接及ぶ領分にはない——をいわば創造することによって成り立つものだからだ、と。「形而上学」と「数学」とは、理性に属するすべての学問の中で、想像が最も多く関与する学問だ、と彼は言う。一般的対象を創造する理性の能力は、想像の対象創造と通ずるという意味であろうか。ともあれダランベールが数学を想像力に結びつけたことはきわめて注目すべきことである。「独創的数学者においては、創造する詩人と同じく想像力が活躍する。ただ前者は対象を裸にして分解し、後者は対象を合成して衣装を着せる」。数学的知識は想像と論理の産物であるとするのはむしろ現代数学者の考えであろうが（たとえばP・マッディのような）、カントの考えとは一致しない。

系統樹の議論を終えるには、上述の三部門の下位分野を明示すべきであろう。下位部門への区分は、存在一般を精神的存在と物質的存在に分かつのが最初の区分である。歴史と哲学とは、等しくこの二種の存在のいずれをも取り扱い、想像は全く物質的存在に基づいてしか働かない。そしてこのことは、想像を理性の後に置くためのもう一つの理由を与えると、ダランベールは言う。精神的存在は、神、天使（被造の精神）、人間（二つの原理、精神と物質によって、心と身体によって合成されている）の順にある。まず精神的存在の首位は、神である。神の下にくるのは天使であり、その次は心と身体とからなる人間がくる。人間はその身体によって物質界に属する。そして最後に、「自然」とか物体的世界とか我々が呼ぶこの広大な宇宙が最後にくる。このゆえに、理性は想像に先立ち、哲学（存在論）は数学に先立つということであろうか。

次に、これら存在を我々の知的能力に応じて区分することにより、諸学の分類ができる。まず記憶に関するものから言えば、神と結びつく限りの「歴史」は、啓示または伝承を含むので、この二つの観点から、予言の歴史（神の歴史）と教会の歴史に分類される。人間の歴史は、人間の行動あるいは知識を対象とする。したがって、人間の

付表　啓蒙主義者リスト

イングランド	ジョン・ロック，トーマス・ホッブズ，ニュートン，サムエル・ジョンソン
スコットランド	ジェームズ・ボズェル，アダム・ファーガソン，デーヴィッド・ヒューム，アダム・スミス，トーマス・リード
フランス	モンテスキュー，ケネー，ヴォルテール，ビュッフォン，ジャン・ジャック・ルソー，ディドロ，エルヴェシウス，ダランベール，ドルバック，コンドルセ，コンディヤック，マルキ・デ・サド
ドイツ	カント，レッシング，ヘルダー，ゲーテ，シラー，モーゼス・メンデルスゾーン
イタリア	ベッカリア
アメリカ（英国の植民地）	フランクリン，ジェッファソン，ジェイムズ・マディソン，トーマス・ペイン

歴史は、政治史か学芸の歴史（文化史）である。

次に反省し推理する能力から見ると、この能力が働きかける精神的存在および物質的存在は、いずれもいくつかの一般的属性、たとえば存在・可能性・持続を持っているので、第一にこれらの属性を吟味することが哲学の一部門を形作る。それは「存在論」もしくは「一般形而上学」と呼ばれ、他の部門はすべてここから、自分の諸原理の一部を借りる。

神についての学は「神学」と呼ばれ、それは二つの分野、「自然神学」と「啓示神学」とに分けられる。人間の学の第一部は心の学である。心の理論的知識は、一部分は「自然神学」から、一部は「啓示神学」から由来し、「精神論」もしくは「特殊形而上学」と名づけられる。心の働きの学はさらに二つの部分に細分される。すなわち、「論理学」と「倫理学」である。真理の発見は、「論理学」の目標であるが、それはまた真理を他人に伝える技術を生み出す。論理学を用いるのは、我々自身のためであり、同時に同胞の利益のためである。

「自然」の学は、物体の学に他ならないが、物体は不可透入性・可動性・延長性のような、物体間に共通な一般的属性を持つので、「自然」の学もやはりそうした属性の研究から始めねばならない。これら一般的属性は、いわば純粋な知的側面と物質的感性的側面（感覚の対象となりうる性質）とを持つ。一般的属性は、前者によって精神の理論的研究に無限な分野を開き、後者によって測定可能なものとなる。知的な理論的研究がなされるのが、「一般自然学」であり、これは厳密には、物体の形而上学に他ならない。測定は数学の領分であり、数学というものの分類は殆ど数に限りがない。この二つに並んで「特殊自然学」がある。これは物体そのものを研究し、もっぱら個々の事物のみを対象とする。我々に重要な物体の中で首位を占めているものは当然、我々の身体である。そこから生まれるのが、「解剖学」「農業」「医学」およびこれらの様々な下位部門である。

記憶による歴史と、理性による「哲学」に次いで、想像から生まれる第三の一般的領域を構成する分科が、「絵画」「彫刻」「建築」「詩」「音楽」およびこれらの様々な分科である。

以上が『百科全書』の系統の樹の主要な諸部分をなす。それはもちろん百科全書派全体の思想を覆うものではない。寄稿者の考えは、それぞれ違っている。しかし、そうした事柄に立ち入るのは、別の作業を要するであろう。なお、『百科全書』の系統樹（図）そのものについては、たとえば岩波文庫『百科全書』三六四〜三七四頁などを見ていただきたい。

我々は以上の考察に基づき、カントの形而上学や諸科学についての理解と、ダランベールのそれとを比較してみるべきかもしれない。書かれたのは少しダランベールの「序論」の方が早い時期であるが、ダランベールの方がカントよりも諸科学のあり方についてより現実的な理解をしているように思われるのであるが、読者の意見はどうであろうか。

付録として、啓蒙主義の人々の一つのリストを挙げておく。しかし、網羅的なものではない。

第3章　言語の問題

1　近世、特に「啓蒙期」における言語哲学の伝統

(1) 言語哲学と哲学

現代哲学において言語哲学の占める地位は高く、その及ぶところは広い。言語哲学を学ばぬものは現代の哲学を学ばない人である、と思う人がいても不思議ではないぐらいであり、実際また、言語的な研究方法を受け付けない哲学の分野は存在しない、とも言えそうである。しかし言語に対する興味は、現代だけのものではない。古代でも、中世でも、また近世においても、哲学者は（哲学者だけではないが）、言語に関心を持ち続けてきた。ただ、それは二〇世紀になって大きく開花し、また実りをもたらした。同時に、人々の言語に対する哲学的関心のあり方も変化した。つまり、それは言語以外の事柄の解明のためにのみ引き起こされるものではなくなった。端的に言えば、現代の哲学者の言語への関心は、まさに言語そのものにも向けられている。今や一般的動向は、むしろ言語の機能や構造の理解から出発して、言語に関係のある事柄を明らかにしようとすることに向かっている。

現代における言語哲学の諸活動について、最近では多くの入門的な本も書かれており、それに屋上屋を架す必要はない。我々がここで問題にしたいのは、近世初頭から今日までの間に哲学はどういう形で言語に関心を抱き、どういう議論を展開したかということである。そういう意味での哲学と言語との関係を知ることは、近世哲学の発展を理解するのに役立つはずである。たとえば、近世における言語哲学の流れを見ると、少し乱暴なことを承知で言

えば、二〇世紀初頭の論理的原子論は、観念説と即応した言語理解が咲かせた最後の花であったのかもしれないというような意見が念頭に浮かんでくる。

言語の発明は、人間の進歩における明確な一歩であった。言語によって我々は自分を理解し、自分の務めを理解し、他者に対して応答し、責任を持つようになったのである。そしてさらに、自然的世界についての知識を深め、自分を知り、社会を知り、社会を改良しうるようにさえなった。そういう道具としての言語の構造を我々はどのように理解してきたか。その理解の歴史（言語の哲学的考察史）を辿ることは、哲学のみならずまた言語そのものの理解への一助となるであろう。

哲学における言語への関心の推移を知るのは、言語の理解とは別の意味でも有益である。なぜなら、言語の哲学的理解が変わるということは、哲学のあり方がある意味で変わったということでもある。それゆえ、言語の理解がどのように変遷したかを知ることは、哲学のあり方がどのように変遷したかを知ることでもあるはずだからである。そうした変遷の因果関係は、哲学の在り方が変わったことが原因で、言語への関心の持ち方が変わったのか、それともその逆であるのか、一様ではないかもしれない。しかし、いずれにせよ両者は相応じて変わったように思われる。そういう思いの下に、以下では、主として近世の初頭、一七、一八世紀における言語哲学の状況に目を向けようとしている。

（2）現代の言語哲学の夜明け

現代の哲学者の言語への関心は、しばしば言語の厳密な、また体系的な考究に向かうが、そうした傾向を生み出したのにはもちろんそれだけの理由があった。そうした理由の一つは、一九世紀において言語へのそういう関心が生じてきた原因の一つが、数学の基礎論というきわめて厳格な言語を必要とする分野での問題を解決することを目標として言語考察がなされたことにあるであろう。そうした数学基礎論において貢献した人の代表は、フレーゲやラッセルである。しかし、そうした研究は哲学にも移された。それはたとえばラッセル、初期のウイットゲンシュタインの研究を嚆矢とする動向である。

さらに厳密な言語への関心が高まったもう一つの原因は、論理実証主義の成立にあろう。一九世紀の終わり頃から、ある種の哲学者は、曖昧で空疎な形而上学に愛想を尽かし、哲学をもっと確実で、正確な知識の体系にしたいと考え始めた。哲学は、むしろ科学の知識のように、堅固で正確な主張をすべきであると考えた人々が、数は少なかったかもしれないが、活発な活動を展開した。それは、主としていわゆる論理実証主義者または論理的経験論者と呼ばれる人々のことである。彼らは形而上学を、根拠のない、あるいは意味のない主張をするものとして、排除しようとした。「形而上学なしの哲学」が彼らの標語であった。彼らは当然、経験論を標榜する。しかしまた彼らは、古典的経験論は十分な論理学を持たなかったと考えた。それゆえ彼らは、論理的経験論ないし論理的実証主義を目指した。これらの人々は、いわば曖昧さや誤解の原因を含まない完全言語（理想的な言語）を構成しようと考えた。

これらの言語研究は、思想表現の媒体としての言語に向けられ、知識とその表現ということを問題にしている。実在を知ることを除いて哲学の存在意義はないかもしれないが、哲学は実在そのものの知識のみを追求しているのではない。哲学は、科学とは違い、知識そのものを追究するだけでなく、知識についての反省的、批判的な究明でもある。

言語そのものへの関心は、今述べたのとは別な、言語への関心をも生み出した。それは、日常言語派と呼ばれる立場の人々の活動によるものである。ムア、オースティン、ライル、後期のウイットゲンシュタインらは、言語への関心に新たな方向を与えた。彼らは、言葉の日々の用法の吟味を通じて哲学の問題を解決ないし解消しようと試みた。

二〇世紀も半ば頃になると、言語に強い関心を示した現代の哲学者の多くは、チョムスキーのように構文論の問題に向かうよりも、意味論に向かった。そして、そのうちのあるものは、語用論（pragmatics）に向かった。哲学者たちが概ね意味論に向かったのは、ある意味では当然のことであると言えるかもしれない。というのも、そうした意味論は、近世の初頭以来、否、少なくとも中世以来の哲学の言語についての関心が含んでいる基本的な問題と根幹を同じくする事柄であろうからである。中世でも「名辞」の論理学と言われるものが存在していることは言うを俟たない。

（3）哲学における言語論の位置

さて話を元に戻そう。言語は哲学において、どのような位置を占めているであろうか。哲学は古来、実在とは何かという問題に関わってきた。この問題は、我々がいかなる世界の中にあり、それをいかように見ているかという問いを、その少なくとも一部として含んでいる。換言すれば、世界における我々の位置、そしてまた、我々は世界をどのように認識し、どのようにそれを表現するかという言語的な問題がそこに含まれている。

かつてデカルトが近世哲学を出発させたとき、基本的な存在は、神、世界、人間であった。しかし近世、特に現代では、神は、次第に我々人間の存在にとって正面に現れずに背景に退き潜む形のものとなった。基本的存在は、神、人間、世界の三角形ではなく、人間-心、世界、そして言語の三角形が、我々の存在理解の中心的構造のモデルとなったように思われる。神が、人間を互いに結びつけなくなった代わりに、言語が人間を互いに繋ぐ手段となった。我々が世界を認識し、記述し、説明するためには、これら三つのものを結ぶ関係が基本的な基礎となる。もちろんこの二つの三角形（現代風の三角形は、厳密には三角形ではないかもしれないが）には、はっきりとした違いがある。神、人間、世界の三角形の中の神は、不変で、永遠な存在（という建前のもの）である。それはまた全知全能であり完全者である。しかし、人間、世界、言語の新三角形（三角形というのは正しくないであろうが）の中には、そういう完全者は含まれていない。殊に言語は変遷する。

既に見たように、デカルトの哲学では心身関係という問題が基本的な一つの難問として残された。心身関係は心と世界との関係であるが、それはまた心と言語との関係でもある。前者（心身関係）は、たとえば、心と体（脳）の関係や、知覚や行為の問題などを含む。その顕著な例は、たとえば、ライルの論理的行動主義やファイグルの心身同一性の議論であった。後者の問題、つまり心と言語に関する問題は、たとえば言語の所有や使用に関する問題を含むであろう。あるいは、言語とは心のいかなる働きによるものかという問題や、言葉の持つ意味はどのようにして定まるか、あるいは定めるべきか、というような問題をも含むであろう。このことはさらに、人間の意志疎通、つまりコミュニケーション成立に関する問題へと発展することになる。尤もデカルトにおいて心身問題は、まだもっぱら心と世界（身体ないし物体）との関係に留まっていた。彼は、言語を所有するか否かを、人間と動物とを分ける基準と見たが、言語自体について深く論じたわけではない。デカルト的な合理論の立場に立って、言語や論理を論じたのは、ポール‐ロワイヤルの人たちであった。

人間‐心、世界、言語の三角形が、いかなる哲学的問題を抱え、あるいは扱っているか。以上述べたことはその全貌の素描ではないが、現代における言語哲学の重要性はある程度示しえているのではないかと思う。我々は、近世初頭の言語哲学について、それがいかなるものであり、またそれが現代の言語哲学とどういう関わりにあり、どういう点で言語哲学の持つ意義が変わったのかを考察する糸口を探してみたい。それは現代哲学の現況の理解に、何らかの助けになり、示唆を与えてくれるかもしれない。

（4）近世初頭の言語哲学

現代は、言語哲学が哲学の主流とも言うべき地位を占めるに至った時代であると述べたが、一七、一八世紀における言語哲学への関心も決して弱いものではなかった。ただ、そうした関心は、その背後に大きな哲学的問題を持っているのが常であり、現代の言語哲学のように言語そのものへの関心というよりも、別の重要な関心事から派生してきた問題に関わっていた。そしてまた、当時の議論立ては、現代人の目から見れば粗雑な生物学的理論や、不適切な文法に基づいたものであったり、旅行者の持ち帰った「実見談」によったりする類のことが多く、科学的実証的というよりは思弁的であった点は否めない。

その時代の言語哲学上の重要な問題は、①意味（言葉が表示しているのは何か）の問題、②人間の言語はどのようにして成立したか、つまり言語の起源はどのようなことであったか、または、これの裏返しのような問題であるが、③動物は言語を持ちうるか、というようなことであった。ここで表示（signification）の問題というのは、言語的な記号と観念との関係というふうにふつう理解されている。しかし、この表示という概念は、中世、特に中世後期以来の伝統がある専門用語であり、まだ近世初期においては、現代のように指示対象というようなことと端的に同義ではない。それは、言葉が何かを指示するということだけでなく、知的能力について、それが何か表現する（意味する）というようなこと一般を意味するようである。つまり、指示の機能だけでなく、表現するとか、気づかせるとかという機能をも意味するようである。

当時、多くの人々は、言語は人間の心の最上の鏡であり、言葉の表示の正確な分析は、人間知性の働きを知る上での最上の窓口であるという（ライプニッツに帰されている）見解を共有していたようである。これは表示の問題と大きな関わりを持つ見解であり、当時における表示の問題の意義を示唆するものであろう。そして、これは、表示の問題に関わる見地から当時における言語哲学の様子を見ていくという、我々の方針を妥当とする事実である。それゆえ我々は、表示に関する議論を中心に、当時の考えを見ていくことにしたい。逆に言えば、こうした表示の見地からの分析、特に観念という概念を分析の基軸に据える手法が有効な手法としての地位を失うにつれ、観念説はその力を失ったとも言える。ラッセルの論理的原子論が行き詰まったのが、その象徴的な哲学的事件であった。原子的な観念ないし命題というものがありうるか。もしそういうものがありえないのなら、観念説は袋小路に行き着くのではないか。

哲学は今や新しい発想を求めているように見えた。一般的に言っても、人間の心の機能を直接分析することは難しい。言語表現についての分析の方が、議論を的確なものにしうる、または客観的理解ができるような形で議論しうる、と人々は考える。ついでながらこのことは、既にロックが指摘していることである。彼は真理を二つに分けた。一つは思考における真理（truth of thought）であり、もう一つは言葉における真理（truth of words）である。この両者を分離することも難しいが、複合観念を含む命題は、観念による仕方では取り扱いがより難しく、言葉を用いるのがふつうである、と（『人間知性論』E, IV, 5, §3, §4）。

さて近世初頭、言語について何がしか纏まったことを述べた最初の哲学者はホッブズであろうか。以下、まずホッブズの議論を考察することから始めたい。

(5) ホッブズ

ホッブズにおけるベーコン主義

ホッブズは、言語哲学を自分の主要なる関心事としたわけではないが、彼はある意味できわめて経験論的な言語哲学を提出し、後世に影響を与えた。ここで「きわめて経験論的」とわざわざ言うのには理由がある。というのも、人あるいは彼を経験論者と見なさないかもしれないからである。彼の議論は演繹的な形をその特色とするからである。けれども念のために言えば、『リヴァイアサン』の巻頭において、彼は、自己の経験論的立場を明らかにしている。

そこでの彼の考察は、我々のもろもろの考え（thoughts）の考察から始まるのであるが、彼は、それら（考え）をまず単独で、次いで系列をなすものとして考察すると言う。「考え」が、一つずつ単独である場合、それらは一つ一つ、我々の外部にある物体の、ある性質ないし偶有的性質の表象または現れであり、この物体はふつう、対象と呼ばれる。この対象が、目や耳やその他の人体の諸部分に作用し、そして作用の多様性は現象の多様性を生む。そうした現象の多様性の根源を、彼は、感覚（sense）と呼ぶ。人間が心の中に把握（conception）するものは、どんなものでも、はじめは感覚の諸器官に、全体としてあるいは一部ずつ、生じたのである、と彼は言う。これは紛れもなく経験論の主張である。なお補足すれば、彼が把握というものは、いわゆる概念であるよりも、より心像（image）に近いように思われる（本章第2節などを参照せよ）。

彼がF・ベーコンの影響を受けたことは確かである。伝記作者オーブリーによると、ベーコンが政界を退いて以後、ホッブズは彼をしばしば訪問したようであり（一六二一～二六年）、またホッブズはベーコンと同じように、「知は力なり」と書いてもいる（De Corpore, I. 1. 6. p. 27）。しかしホッブズは、いわゆる経験と観察によって事実を集めるというアプローチの実践にはあまり関心を示さず、それよりも彼が大陸でガリレオに受けた影響に従い、むしろ合理論者のように演繹的な手法を自らの学問上の方法とした。彼は幾何学者のように体系を紡ぎ出す。彼は言う。「我々は天界や地球の大きさや運動を計算するとき、天界を部分に分けたり、それらの運動を計測したりするために、我々は天界に上りはしないで、私室におり、あるいはひそかに坐したままである」（*De Corpore,* II. 7. 1. p. 93-94, R. S. Peters の指摘による）、と。これは彼の哲学の本性と方法を示している。観察と経験の収集に淫することは、時間の無駄であり、賢者のすることではないと彼は考えたのであろう。

一七世紀の当時、殊に英国では、ベーコンの主張が一世を風靡していた。それは観察と帰納的方法の重要性を強調する。ホッブズは観察を無用視したわけではないが、しかし、帰納法を軽蔑した。彼の考えでは、自分の近くにあるすべての現象について最も称賛すべきことは、現象そのものである。という意味は、すなわち、ある自然の物体は自らのうちに、殆どあらゆるものごとの範型を含んでいるが、ある物体は何もそういうものを持っていないという現象である、と彼は考える（*De Corpore,* II. 25. 1. p. 146）。そして彼は、実際、そういういわば一般的な範型を感覚によって取り出して、それによってすべての現象を演繹的に説明するという手法を推し進めた。現象の持つ一般性が科学の対象である（しかし自分の取り出したものが一般性を持つといかにして彼は主張しうるのか？）。

彼は散文で書いた自伝の中で言っている。「自分は、自然の中にどんな事物が含まれているかとか、また、様々な運動を知っていたので、感覚、知性、心象、およびその他の動物の持つ諸性質をもたらすのは、いかなる種類の運動であるかを、まず問うた」（Hobbes〔1994〕, p. lxiv）、と。これは抽象化によって一般的概念ないし理論を作るという唯名論（名目論）的な科学論の萌芽であろう。ホッブズは、現象の持つ一般性が科学の対象である、と考えたのである。より具体的に言えば、彼は、物体の運動によって感覚その他の心的現象を説明し、また人間の本性は利己心であることに基づいて、人工国家の構想を展開した。

言語論

ホッブズの時代にどんなことが言語に関して問題となっていたであろうか。ホッブズの議論の知的背景には、古代からのルクレティウス（『ものの本性について』）の説と、ルネサンス時代にヤコブ・ベーメのような人が聖書に則って唱えた、いわば言語神授説とがあった。前者は、言語を人間共同体の作り上げた一つの社会的制度であると考える。後者は、我々の言語を神の導きによりアダムが動物や鳥に与えたいろいろな名に始まるものと見て、言語は神という唯一の存在者が創った普遍言語であったと、主張する。そして、その言語では、名（言語）と被造物（動物や鳥）との関係は自然的であり、名はそれら事物の本質を捉えていた、とされる。しかし、このいわば普遍言語は、バベルの塔の一件以来、各地方に拡散し、相互に理解しあえないいくつもの言語となった。

さて、経験論者としてのホッブズは、どのようにこの状況を処理するか。

彼の言語論は、二カ所で述べられている。一つは、『リヴァイアサン』（一六五一年）の第4章であり、もう一つは『物体論』（*De Corpore*, 1655）の第1部である。これらは、経験と観察ということが知的な人々の間で持て囃され流行していた時代に書かれている。たとえば一六六二年には、ロイヤル・ソサエティが設立されたことを想起して欲しい。ホッブズは、こうした時代の潮流に無暗に押し流されることなく、理論的考察という道を貫いた。

彼は唯名論的な言語観を提唱する。経験論者が唯名論を唱えるのは別に変わったことではない。というのも、合理論者でも言語に関しては、規約論的な立場を取ることはできるかもしれないが、経験論者は、言語をも含めて、すべてのものは人間が経験に基づいて構成してきたものとして説明できなくてはならないであろうからである。つまり経験論者なら、言語を神が我々に付与したものだと言って済ますことはできない。それゆえ、この立場では、言語も人間が作り上げてきたものであるという説明を提出しなくてはならない。これは概ね、言語を人間の規約で成立したという形で説明することになる。しかし彼は上述のように、一面で、合理論者のような論議建てを採る思想家である。それゆえ、我々は、彼が唯名論（名目論）の立場に立つことをまず注意しておく。その上で我々は、彼は言語についてどういう分析を進め、どのように議論を展開したのかを見よう。彼の言語哲学の目標は、主として次の二つのことにある。①語句とそれが表示するものとの関係の説明、②名辞相互の関係ないし結合、もっと言えば命題についての考察である。以下では、主として①について、概ね『リヴァイアサン』での議論に沿って考察する。

『リヴァイアサン』第4章は、その冒頭で印刷の効用を述べることから始まる。世に一種の文化革命を引き起こしたグーテンベルグによる印刷技術の発明は、この著書よりも一世紀ばかり昔のことであった。しかしホッブズは言う。印刷の発明は巧妙なものであるが、それは文字の発明に比べると大したことではない、と。文字は過去のことの記憶の保持、地上の様々に離れ離れのところに散在している人類を総合するのに有益な発明である。中でも有益な発明がある。何よりも最も高貴で有益な発明は、ことば（speech）の発明である、と彼は評定する。人間はことばを発明（人工）することによって、推論ができるようになった、と彼は考える。彼によれば、ことばを構成するのは、名辞（names）または名称（appellations）である。これらが結合して、ことばができる。それによって人々は自分の考えを記録し、またそれらを想起し、さらには人々相互の利益と交際のために、それを公表することができる。

名辞的なものが、言語の基本とされていることに留意して欲しい。名辞は我々の思考内容（表象）を表示する。つまり、ことばは、思考内容を語句に移すものである。思考内容は、直ちにデカルトの観念と同じものではないが、ある意味で、ホッブズの経験論において、それに対応するものである。

ことばないし言語は、記憶と意志疎通という役割を果たす。ことばの一般的な使用目的は、我々の心的な語りを音声の系列に移し、思考の系列を語（words）の系列に移すことである。それによって我々は、思考の連鎖を記憶し、また我々の思考が記憶から滑り落ちて我々に新たな苦労をかけさせることのないようにし、我々の思考を想起させるのである。これは、ことばの効用を、一つは「記憶の保持」とする考えであるが、上に述べたように彼はことばの効用を、もう一つ、「人々の意志疎通」に置いている。このことを裏書きするものとしては、すぐこの後に我々が見る、ことばの四つの特殊な用途についての彼の発言がある。そして、そうした考えの背景に、ホッブズの言語規約説が窺える。

名辞

用途　名辞の最初の用途は、それゆえ、名辞を想起の符号（markes）あるいは記号（notes）として役立たせることにある。もう一つの用途は、多くの人々が同じ語を使用し、語の結合や順序などをも利用して、いかなることを考えているか、何を欲し何を恐れいかなる情念を持っているかなどを、相互に言い表すことである。我々の思念を指す、こういう用法に関しては、ことばは、「しるし」（signes）、または記号と呼ばれる。

ことばの特殊的な用法は、四つ挙げられている。(i)我々が思考によって、現在または過去の何ごとかの原因として、または現在または過去のものごとが生み出したり、結果として出したりしうるもの（結果）として見出したものごとを、記録することである。これは技術の獲得に繋がることとされている。(ii)獲得した知識を他の人に示すことである。これは、相互に助言し教えることとである。(iii)他の人々に自分の意志と目的を知らせて、我々が互いに相互援助を受けられるようにすること。(iv)楽しみや装飾のために言葉を無邪気に操って、我々自身や他の人を喜ばせ、楽しませることである。もちろんことばを悪用することもできる。それはこれら四つの用法を破ることである。

種類　さて彼は、名辞を二つに分ける。固有名辞と共通名辞である。後者は一つの名辞であるものが、様々な個物の名辞でもあるような名辞のことである。そしてそういう様々な個物全体に関係して言うとき、共通名辞は普遍名辞と呼ばれる。そして世界の中に、普遍的なものは名辞しかない、とホッブズは言う。これはまさに唯名論の主張である。

言語規約説　ホッブズの言語規約説を示す議論を、我々が今取り上げている章からいくつか述べておこう。まず名辞の外延的理解の話が出てくる。物体（body）という名辞は、人間（man）という名辞よりも外延が大きい（彼の言い方では、表示が大きい）。人間と理性的とでは、外延は同じ、と彼は言う。しかし一つの名辞によって、いつも一つの語（word）が理解されるわけではない。一つの名辞、たとえば「正しい」（just）は、多くの語を一つにしたもの（たとえば「彼の諸行為において、彼の国の諸法を遵守する人」）として理解されうる。

名辞に基づく計算としての推論：このように、ある、いくつかの名辞——そのあるものは、より広い表示（外延）のものであり、あるものはより厳密な表示のものである——を付与することによって、我々は心の中で思い浮かべられることどもの成り行き（consequences）の計算を、諸名辞の成り行きの計算に転化すること（すなわち推論）ができる、と彼は考える。もしこう考えてよいのなら、三角形について、その定義を知れば、いかなる三角形についても普遍的に言える事柄を引き出すことができるはずである。「辺が直線で角が三つ」という三角形の定義から、「三角形の内角の和は2直角」という命題は、いかなる三角形についても普遍的に言えることとして引き出せる。つまり、理論上は、幾何学にとって三角形という図形は必要がないということになる。ことばによって計算できることの利点は、計数の場合に最も明白である。

言明の真偽と外延的意味理解：語を思考の記録に用いることによってのみ、我々は現在我々の持つ計算能力を獲得しえたのである。彼はさらに、語の外延関係で言明の真偽が定められることを指摘する。「人間は生き物である」とか、「もし彼が人間であるなら、彼は生き物である」とかいう場合、もし後の名辞「生き物」が、先の名辞「人間」が表示するすべてのものを表示するならば、この肯定文（前者）とか、条件文（後者）は真であると言える。すなわち、「真偽は言葉の属性であって、物事の属性ではない。そして、ことばがないところには真偽はない」、と言えることになる。ことばを、道具として使える規約、と見るホッブズの考えはここに明白である。ことばは、彼にとって、まさに賢者の勘定札、算木である（愚者にとっては銭である、と彼は言う）。

定義　さて、今述べた三角形の話は、ホッブズにおける定義の重要性を示唆しているであろう。実際彼は、幾何学、つまり神が人間に与えた唯一の科学であると彼の見る幾何学における、定義の重要性を指摘するのである。「幾何学において人々は、彼らの語の意味を決定することから始める」、と。名辞に正しい定義を与えることに、ことばの最初の使用目的があり、そうした定義を持つことこそが、科学を獲得することである。間違った定義や、定義の欠如は、ことばの乱用の始まりであり、そこから虚偽の、また無意味な教説のすべてが出てくるのである。

名辞が扱うものは、計算の対象となるもの、あるいは計算において考慮されるもののすべてである。計算されるものとは、加減乗除の対象となるもののすべてである。彼の分類では、それは次の四つに分かれている。(i)あるものは、物質または物体について、生きている、感覚ある、理性的な、あつい、冷たい、動かされた、静かな、という仕方で計算勘定の対象になりうる。というのは、これらはすべて、物質の名辞であり、これらすべての名辞によって、物質または物体という語が理解されるのだからである。(ii)あるものは、我々がそのものの中にあるものとして思い浮かべる、ある偶有性ないし性質について、それ（偶有性ないし性質）を勘定項目とするものとして、考察されてよい。たとえば、動かされていること、生きていること、とても長いこと、熱くなっていること、などという勘定項目として考察されてよい。さらに我々は、その、ものごと自体の名辞にちょっとした変更を加え、つまり少しひねって、それを用いて、我々の考察している偶有性に対する名辞を作ってもよい。生きているに対しては「生命」、動かされたに対しては「運動」、熱いに対しては「熱」、長いに対しては「長さ」、などというふうに。こうした名辞はすべて偶有性ないし性質の名辞であり、これらによって一つの物質と物体は、他の物質と物体から区別されるのである。これらの名辞は、抽象名辞と呼ばれる。というのは、それらは（物質からではないが）物質についての勘定項目からは切り離されているからである。(iii)我々の身体自身の諸性質を、我々は勘定項目に入れる。それらの諸性質は何かが我々によって見て取られた場合、我々はそのもの（その何か）自体を基に勘定するのではなく、その見え、色、想像上の心像を基に勘定する。そして我々が何かを聞いた時は、それそのもの（その何か）を勘定に入れるのではなくて、聞こえていること、つまり音のみで勘定する。これらが我々がそれについて把握することであり、想像することである。想像上のものについての名辞はそういうものである。(iv)我々は、名辞そのもの、またことばに名辞を与え、それらを勘定書に入れ、考察する。というのも、普遍、特殊、多義的などは、名辞の名辞であるからである。また、肯定、否定、命令、物語、シュロギズム、説教、演説などは、ことばの名辞であるからである。他に大事な名辞は、否定である。その他のものは大したものはない、と彼は言ってのける。

理解　彼の言語論は、理解とはいかなることかとか、命題論といった他の事柄にも及ぶ。理解（understanding）とは、次のようなことであるとされる。すなわち、話を聞いた人が、その言葉ないし言葉の連結が表示するように定められ構成された考えを持つならば、彼はそれを理解したと言われるのである。理解とは、話によって引き起こされた把握（conception）に他ならない。言語なしには理解はない。

しかし、我々はこの辺で彼の言語論の話を止める。彼の言語観がどのようなものであるかは、もはやおおよそ推定できるであろうと思われるからである。少なくとも彼の言語論の半分、つまり語と、語が肩代わりしているもの（つまり語の指示対象）との関係については、我々は以上においておよそのことを述べた。すなわち彼によれば、名辞は便宜的な仕方で「もの」を表示している。つまり名辞が表示しているのは、我々の「考え」である。「名辞は、事物のしるしではなく、我々の考えのしるしである。しかし、言葉の中にしかるべく並べられている名辞が、我々の思い浮かべることのしるしであるのを見れば、それら名辞が事物自体のしるしではないことが明白である」(*De Corpore*, I. 2. 5. p. 34)。なぜなら、「石」という語は様々な石の、ある一つの「しるし」であるという主張は、その語を聞いた人は、その語を発した人が、何らかの石を考えていると受け止めるということであるとしか理解できないからである、と。彼は、観念説を採っていないので、こういう言い方になる。とはいえ、ホッブズはしばしば名辞が心を介さずに事物を指しているように語る、という指摘がなされている。

以上を纏めて言えば、彼の意味論は全く経験論的である。というのは、彼は、人間のすべての思考は、想像に基づいており、想像は弱まりつつある感覚に他ならないと考えるのだからである(私の観点からは、この想像という概念は、観念と読み直してもよい)。我々が有意味と言いうるものは、かつて持った感覚的心象の組み合わせとして語りうるものだけである。それゆえホッブズにとって実無限は、想定外のものとなる。

また彼の言語論は、規約論的である。彼が言語を便宜的なものと見ているということは、言語の起源に関する次の主張にも表れている。彼は、たとえ動物の名は最初に神からアダムに与えられたとしても、神はそうした名辞をやはり恣意的に選んだのだ、と言う。名辞が表示するのは、思念であり、物自体ではない(だから物自体の性質に直接関わらなくてよい)と主張する。彼の意味論が唯名論的であることは、普遍概念の意味を個物の集まりと考えていることに明白である。

彼の議論に関してなお残る問題は、名辞と名辞との結合の説明、つまり命題論である。その中でも特に、『物体論』(*De Corpore*)第3章に述べられている、繋辞についての議論は、ユニークである。しかし、ここではそれを割愛しよう。彼は、命題ないし言明は、二つの名辞を繋いだものであると考える。つまり、それは、後者の名が、前者の名と同じと言明することであり、あるいは前者が後者によって理解されると言明することである。繋辞は、前者と後者とを繋ぐ繋ぎ方（言葉の位置関係）で賄うことができるとも彼は述べている。それは、繋辞は不可欠ではないという主張である。なお、「真」というのは、命題にのみ帰属させられるのであるが、それは命題において、述語が、主語を名辞とするすべてのものの名辞である、ということに他ならない。

彼は、命題論から推論に進む。推論は、名辞における計算（加減）のようなものとして説明される。これで彼の言語論は、形としては一応終結するのであるが、扱われずに残っている問題がいくつかある。その一つは、小辞というか共範疇語というか、そうしたものの起源についての説明がないということである。ついでに言えば、動詞の説明もないが、それは、彼の考えている「名辞」の一つのあり方として理解できなくもない。しかし、彼の考えの枠の中で、小辞はどのように成立を説明すればよいであろうか。ここで小辞というのは、and, but, for, therefore, if ... then, hence、などという言葉である。

上で既に述べたように、ホッブズの考えでは、名辞は我々の思考内容（表象）を表示する。つまり、ことばは思考内容を語句に移すものである、と彼は考えている。しかし、彼の考えでは、我々のもろもろの思考内容は、外的物体の性質の表象または現れとしての感覚であり、その現れは心像として現れるということになっている。この考えに則るとき、彼は、動詞はともかく、ここに挙げた小辞の成立を説明できるであろうか。彼はまた、『物体論』第1部でシュロギズムについて論じている。そのとき彼は、every, whatever などという言葉を用いているのであるが、彼はこれらのことばの成立を説明する必要を感じなかったのであろうか。彼の念頭を占めていた主要な言葉の種類は、名辞ないし名称であったように思われる。

これについて思い出すことがある。一九七六年、私はある国際学会（カナダのロンドン）に出席した。そのとき、数学基礎論の大家である、ある先輩とご一緒したのであるが、どうもこの方は英語を話すのがお好きでないような印象を受けていた。しかし、先生は、ハーヴァード大学でも招聘されて講義をなさった方である。あるとき私はお尋ねしてみた。「先生は、講義のときはどのようになさっていたのですか。講義は英語を使わずにはできなかったでしょう」、と。するとその先輩は、答えられた。「ああ講義はいいんです。数学の講義は、数式を黒板に書けばよいので、時々、but とか、therefore とか、hence とか、because とか、言えばよいのですから。」

この話は、こういう小辞は、数学のような計算という形の推論を行う場面では、あまり必要ないということを意味するのか、それとも、そういう場面でもやはり必要であるということを意味するのであろうか。ホッブズの言語は、一種の計算を目的とするのであるから、小辞は不必要に近いものであったのか、それとも計算の記述にすら小辞はやはり必要であるということを意味するのであろうか（もちろん小辞を用いた方が心理的には説明が分かりやすいのは明らかである）。それとも小辞は、心理的効用に尽きない言語的意義があるのであろうか。つまり、小辞は本質的な存在理由を持つものだと言うべきなのであろうか。御一考いただきたい。先輩は、帰国に際し私とは便が違ったので、私が空港行きのタクシーを電話で予約して差し上げたら、たいそう感謝して下さった。

2　ポール・ロワイヤルの言語論

（1）ポール・ロワイヤルとその立場

経験論に立つホッブズの議論と鋭く対立するのは、デカルトに従って合理論に立つポール・ロワイヤルの主張である。その主張は、次の二つの著作に述べられている。『ポール・ロワイヤル文法』（*Grammaire generale et Raisonnée*, 1660）（以下『文法』）、および『論理学すなわち思考の技術』（*La logique ou l'art de penser*, 1662）（以下『論理学』）である。前者は、A・アルノーがクロード・ランスローと共同して、後者は同じくアルノーがピエール・ニコールと共同して著した。以下では、上記の著書に見られる主張を、ポール・ロワイヤルの主張というふうに呼ぶことにする。なお、これら両著に関わっているA・アルノー（一六一二～九四年）は、ジャンセニストの神学者であり哲学者である。彼は、デカルトの『省察』に対して、メルセンヌに依頼されて批判ないし反論（第四論駁：その内容はきわめて優れている）を書いた七人のうちの一人であるが、マールブランシュとも論争し、後にまたライプニッツとも哲学上の意見を戦わす（観念などについての論争）機会を持った、優れた学者である。

ジャンセニストには、素晴らしい知性の人々が多かった。たとえばパスカルやラシーヌもこの派に属する。しかし政争にかけては、ジャンセニストはジェスイットの敵ではなく、アルノー自身、枢機卿リシュリューに阻まれて、一六四三年（リシュリューの死後）までソルボンヌに入れなかったばかりでなく、最後はブラッセルに追放され、そこで没した。

（2）言語論の立場

アルノーたちの言語論についてまず大雑把に言えば、その主張は、経験論を斥けたに留まらず、言語における規約（便宜）主義や唯名論を斥けるものである。尤も、これは言語が思考内容の規約的な記号であることを否定したということではない（『論理学』第1部第4章末尾）。言語が必要であること、そして言語はある意味で規約的な要素を含むものであることは認めた。当然、記号（言語）は、自然的なものと規約的な（社会の制度としての）言語に分けられることになる。自然的な記号とは、たとえば鏡に映る顔は、顔が映っている人の「自然的記号」であるというふうに説明されている。文字は、言語の規約的な（社会の制度としての）記号ということになる。そして規約的な、つまり社会で成立している記号については、『論理学』第2部第14章で論じられている。しかし、文字は何の記号なのか、または何を表示するのであろうか。それを以下で述べる。

規約主義の立場から言えば、語と事物との結びつきは恣意的である。しかしデカルト的立場から言えば、語は観念を表示する。真なる観念は、実在する事物を表わす考えの形相であるゆえ、観念は実在と別のものではない。それゆえ、観念間の結びつきも、観念と事物との結びつきも、実在的でなければならない。語（文字）は観念の記号として観念を表示するのであるが、観念はこの際、事物の形相であるから、語は実在の事物を表す。

ポール・ロワイヤルの立場は、デカルトの立場と同一ではないとしても、観念については同じ理解をしている。すなわちポール・ロワイヤルも、「観念」を定義して、我々が事物を表現する際の「形相」としている。この理解に従えば、観念の次元では、我々の推論は言葉に関わるのではなく、事物そのものに関わるものである。したがって、もし合理論者の考えに従って観念の起源を理解するなら、観念の経験論的理解、換言すれば観念は事物の抽象的表象であるとする立場はありえない。観念についての名目論ないし唯名論（ノミナリズム）は斥けられねばならない。文字は記号であり、語は文字通り名に過ぎぬとしても、文字によって指示された観念は実在を表すことになる。

合理論的な実念論（真なる観念の表すところのものが実在すると考える立場、昔はこれを実在論といった）は、ある種の利点を持つとも考えられよう。つまり、その方が、問題の種はより少ないとも考えられる。というのは、経験論の言語観である唯名論は、たとえば「存在」という観念を持ちえないのではないかという問題を持つからである。経験論的な唯名論は、我々がいかにして「存在」という観念を持つに至ったかを、簡明には説明できない。それゆえ唯名論はむしろ、「存在」という観念は存在しないと言うかもしれない。我々が眼前に一つの机を見るとき、それは「一つの机の存在」を見ているのではない。「一つの机がある（存在する）」というのは、「この机」というのと同じことである。我々は「存在」というものを知覚するのではない、と経験論は答えるであろう。

しかし他方、ポール・ロワイヤルも観念だけでことを済ますことはできない。彼らも言語を必要とする。つまり、自分一人が思考するのでなく、思考内容、つまり観念を、人に伝えるためには言語が必要であるということを、彼らもその論理学において認めるのである。意志疎通のためには、思考内容を外的な記号によって表現する必要がある。そして彼らはさらに認める。思想内容を言葉で表現するというこの習慣がきわめて強力なので、我々は一人考えるときですら、我々の思考内容を他人に伝えるため表現するとき用いるのと同じ言葉を用いるようになっている、と（「序文」の後の「まえがき」）。すると言語（観念でなく）は規約的なものであるから、観念から見た言葉、言葉から見た観念という両方の関係をも論じなくてはならないことになる。それを論ずるためには、言葉（記号）の分析が必要となり、それは『論理学』第1部第4章「事物の観念と記号の観念」でいくらか論じられている。それはおよそ次のようなことである。

まず記号とは何か。次のような説明がある。ある対象をそれ自体、または、それ自体の存在という見地から考察するなら、その対象は単にある事物と考えられているだけであるが、その対象を、ある別のものを表しているものと見なす場合には、その対象は記号と見なされる、と。地図や絵はふつう記号と見なされる。そうすると、我々がある対象を記号と見なすなら、我々は二つのものを考えることになる。一つは、（あるものとしての）記号であり、もう一つは、その記号によって表示されているもの（表示の対象）である。ある記号の観念が、その記号によって表示されている事物の観念を引き起こすというのが、記号の本性である。そうすると記号は三つに分ければ十分である（PRL, I, 4, p. 80）。

① ある記号が存在すれば、その記号の表示するものが存在するような記号。息は動物が生きている確かな記号（しるし）である。尤も、ある記号（しるし）の存在は、それによって表示される事物の存在の蓋然性を与えるだけという「しるし」もある。「顔色の悪いのは、病気のしるし」、というような場合がそうである。顔色が悪くても病気とは限らない。

② 記号は、それが表示するものが、同時存在しているか、否かによって区分できる。顔の表情が心的状態のしるしであるのは、同時存在的であり、写真に残る楽しい顔は、かつての幸福と必ずしも同時的存在ではない。このことから、我々は、しるしとしるしが表示するものとの関係について、いくつかのことを引き出しうる。(i)あるしるしがあるからといって、我々はそれが表示するものの存在を常に推論することはできない。また、表示されたものの非存在をも常には推論できない。(ii)どの記号もそれぞれそれが表示するものとは別のもので

なくてはならないが、あるものXの一状態は、それXが表示する同じもののある別の状態の記号（しるし）と見てよい。たとえばある人が彼の部屋にいるということは彼が読書をしているしるしと見なされうる。(iii)ある一つのものが、別のある一つのものを、同時に、隠すものであり、また見出させるものであるということは十分起こりうることである。それゆえ「何ものも、それを隠すものを通じては立ち現れることはできない」というのは根拠がない。同じものが同時に、記号であり事物であるということは可能なのであるから、そうしたものは、事物としては、それが記号としては表すものを、隠しうるのである。たとえば灰は、ものとしては火を隠すが、記号（しるし）としては火を表す。天使の纏う羽衣は、事物としては天使を隠すが、記号としては天使を表す。何らかの事物と考えられてもよい記号は、それによって表示されるものとはきわめて異なっているかもしれないが、表示されるものの記号（しるし）でありうる。(iv)しるしというものは本性上、その記号の観念が、それによって表示されるものの観念を引き起こす。しるし（記号）の観念がそうである限り、その記号がものとしては存在していなくても、その記号は存続する。ノアの見た虹は、神が人間を決して二度と、洪水で破滅させないというしるしと受け取られている。この場合、その虹が本当に実在したにせよしなかったにせよ、それは今もなお神の約束のしるしとされている、などなど。

③　記号（しるし）は、自然的な記号と規約的な記号とに分けられる。自然的記号は人間の気まぐれに依存するものではない。規約的な記号は、約束事で作られた記号であるから、それが表示するものと関係を持つかもしれないが持たないでもよい。言葉は、思考内容の規約的な記号である。そして文字は、言葉の規約的な記号である。尤も規約的な記号についても、その記号（しるし）が文中にあるときは、言葉としてではなく表示されている事物と見られてよい場合もある（PRL, II, 14, p. 205）。たとえば、シーザーの肖像を見てこれはシーザーだ、という場合のように、また、「『人間』は二文字である」における「人間」についてのように。

『論理学』には、他に肯定、否定、命題、単純命題や複合命題、抽象名詞、定義、また換質、換位などの説明もある（第2部第3章以下）。これらはある観点からは重要な個所であるが（『文法』邦訳に付されている「編者の序」、参照）、ここでは言及できない。我々がここでポール・ロワイヤルの考えに触れるのは、それが、ホッブズからロックへの中継点として、ロックに大きな影響を及ぼしていることを指摘するためである。特にポール・ロワイヤルの立場では、「反省」という働きが活用されているが、これは観念説とともにロックに引き継がれているというのが本章での議論のために私の指摘しておきたいことである。

ところでこの『論理学』と『文法』とは、いかなる著述であろうか。記号ないし言語に関することを先走っていくらか述べてしまったが、両著の全体的内容の大体を少し紹介しておくべきであろう。

(3)『論理学』の目指すところ

その冒頭「第一話」には、「新しい論理学の目標」という副題が付いているが、それは次のように始まっている。「真なるものを偽なるものから識別する精神の正しさと良識より以上に価値のあるものはない」、と。この文は、デカルトの『方法序説』を読んだことのある人には、その書き出しのところをすぐ連想させるであろう。それはポール・ロワイヤルの立場とデカルトの立場との親近性を示唆するものである（両者の立場は完全に同じだとは言えない。しかし、そのことはここでの問題ではない）。

「序文」は言う。真偽を識別するという精神のこの資質に比するなら、他の資質の用途はもっと限られている。思考の正確さは、人生のあらゆる部分で、またあらゆる場面で、広きに亘って有益である。真と偽とを区別することは、学問の上で難しいだけではなく、人間が問題にし、また処置しなくてはならないすべての事柄においても難しい。よく選択するものは、すなわち正しき精神を持つものである。悪しき見解を持つものは、欠陥のある精神を持つものである。この違いこそが、人間の精神の資質の中で、精神の最も重要な違いをなすものである。こう主張して『論理学』は、その課題を、判断力を陶冶し、判断をできる限り正確なものにすることに置く。ふつう論理学は、推論についての議論を中心とし、判断についての考察はそのために必要な予備的な考察とするのであるが、『論理学』は、判断論を予備的な準備とはせず、正しき判断こそが思考の目標だとしている。

本書第1章第4節で、私はカントが知性を二分して、悟性と理性とに分けたことに触れておいた。彼の到達した結論は、認識能力としての知性が持つのは、現象界に論理的存在論的形式を与える機能だけであり、現象界を超えて神や世界を認識するのではないということであった。そして、認識能力としての知性を悟性と呼んだ。しかし他方、知性は、超越的な存在である神や世界全体を認識はできないが少なくとも考えうる、絶対無条件的な機能をも持つ、と彼は考えた。そしてそれを理性と呼んだ。彼はその際、両者の論理的機能の違いを、前者は判断を行い、後者は推論を行うことにあるとした。もちろん前者のみが認識を構成する知性である。ここポール・ロワイヤルの議論に見るごとく、合理論の伝統では、知性の主要な論理的機能は推論ではなく判断であり、カントの言葉で言えば悟性の機能である。理性という機能の地位をカント以上に高めたカント以後の観念論の議論がどういう根拠と意味を持つか、読者は一考してみて欲しい。

次節でロックについて論ずるが、彼の理性評価はもっと謙虚である。彼も英語の reason には様々な意味表示があることを認める。理性は、あるときは、真であり明晰な原理、あるときは、そうした原理からの明晰で公明（fair）な演繹、またあるときは、原因（根拠）、特に究局因（目的因）とされるが、自分の見解はこれらすべてと違う、と彼は言う。理性という機能は、人間が獣と違い、また獣をはるかに凌ぐ点である（E. IV. 17. §1）。それは人間にとって大いに必要なものである（同上、§2）。けれども、「理性は……、それにも拘らず、物体的な存在についてさえ、実在の範囲にはるかに及ばない。理性が我々の役に立たない多くの事例がある」、と（同上、§9以下）。

『論理学』では、その第1部に入る前に、まず「論理学」というものが説明されている。それによると、論理学とは、自己の教化のためのみならず他人の教化のために、事物の認識に向けて理性をよく導く技術である。この技術は、人間の精神の主要な四つの働きについて行う反省（reflexion）に他ならない。その四つの働きとは、把握する・理解する（concevoir）、判断する（juger）、推論する（raisonner）、秩序を立てる（ordonner）である。これらの四つの働きを我々の精神が持つということは、自然が我々に理性を与えたということと同義である。しかしまた上記の反省こそは、理性の統整的能力の働きではないのか。してみると、自然が我々に理性を与えたことによって、我々はそうした働きをよく遂行しうるのだ、ということになる。かくして『論理学』では、精神のこの四つの自然本性的な働きに則して理性が理性を反省する。

反省の目標は我々の精神を正しき判断へ導くことであり、三つのことを達成する。①我々は理性を正しく用いていることを確信しうる。②精神における過ちや欠陥は、ずっとたやすく見出され、説明されうる。③精神の自然本性的な働きについて反省することによって、精神の本性にずっとよく気づくようになる。精神（精神的実体）についての知識は、物体的な事物についての知識よりもはるか無限に価値のある純粋な観想である。

それでは『論理学』における、精神のこの四つの自然本性的な働きに則しての理性の反省はどのようなものか。『論理学』の第1部の表題は、「観念というもの、あるいは精神の把握と言われる最初のはたらきについての反省」とある。ここに、ロックやヒュームの企てと重なる考えが誕生したと言える。経験論のいう観念と合理論のいう観念とには違いはあるが、観念または知覚が推論の基礎単位となるという考え（観念説の一面）が、ここ『論理学』において成立した。たとえば、C・W・ヘンデルは、J・M・ケインズの言を引いて言う。『論理学』の著者たちは、蓋然性の論理を近代的な手法で論じた最初の人たちである。蓋然性の根拠は、ある「経験」的条件の中に求められねばならず、ロックはポール・ロワイヤルの論理学者たちにきわめて綿密に従った、と。そしてヒュームもまた、同じ影響下にあったことは、彼の「摘要」を見れば窺い知れる。しかしポール・ロワイヤルのロックやヒュームへの影響は、これに留まるものではない。

まずロックについて言えば、ポール・ロワイヤルとの一致点は、両者ともシュロギズムに反対するが、推論は直観に類するものでなく、観念を中継ぎする（媒介）観念の発見を必要とするという主張をする点にも見られる（E, IV, 17, §4：ポール・ロワイヤルについては、PRL, III, 1）。ロックは言う。我々の観念が欠けているところでは、理性は全く我々の役に立たない。理性は観念の及ぶ以上には及ばないし、及ぶことができないのである、と（同上、§9）。ヒュームについて言えば、これは、「論理学の唯一の目的は、我々の推論能力の諸原理と働き、および観念の本性を説明することである」という主張として表れている（T. xix, Niddireh の改訂版なら T. xv。）。

さて、『論理学』は、その基本概念である観念についての反省へと進む。まず、concevoir である。この言葉を現代語でどう訳すべきか少し決めかねる。それは、心像を持つこと（想像）とは区別されている。しかし、それは心像を含んでいてもよいようである。中世の用語としてはもっと他の訳もありうるであろう。ともあれ、ここでは把握する・理解するというように訳しておく。それは、緩やかな意味では、対象を把握する思考の働き全てを意味しうるが、概念を形成する働き、または概念によって把握する働きを意味することもある。『論理学』巻頭の説明では、ある事物を concevoir するというのは、「その事物を我々の精神に現前するものとしてのみ見ること」ということになっていて、いわば「思い浮かべる」というようなことに近い。たとえばそこで挙げられているのは、我々が太陽、大地、樹木、丸いもの、四角なもの、思考、存在などを、それらについてはっきりとした判断をせずに表象するような場合のようなものだ、というようなことである。しかしさらに、「我々がそうした事物を自らに表象する形相は観念と言われる」、ともある。形相は、「思い浮かべる」というようなものではなかろう。デカルト的観点からは、観念は知性的なものであり、それこそがむしろ概念的なものであろう。しかも、この説明の後、『論理学』第1章は、我々は千角形を「思い浮かべうる concevoir」が、想像することはできない、と言っているから、この場合は、それは概念化するということに近いのかもしれないが、決めかねる。概念的把握ということに踏み切れないのは、それは concevoir を最初から高度に知的なものとしすぎるように思えるからである。しかし概念という語も幅広い意味を持つ。

では判断ということはどういうことか。それは、様々な観念を結びつける我々の精神の働きのことである。すなわち、ある観念に、それと別の観念を、これでもあるとして肯定し、または別のものであるとして否定することによって、結びつける我々の精神の働きのことである。たとえば地球の観念と、丸いという観念とがあるとき、地球について、それは丸いということを肯定したり、またはそれを否定したりする。この主張は、おそらくこの考えを引き継いだロックでは、次のこととなる。判断とは、立証や論理的な証拠を知覚することではなく、観念の一致不一致に帰着する、と（E. IV. 14. §3）。両者において判断は、観念の比較に基づいてなされている。

次に、推論とは、いくつかの判断から、一つの判断を形成する精神の働きのことである。たとえば、「真の徳は、神に帰すはずである」、また、「異教徒の徳は神に帰すものではない」などと判断し、そこから異教徒の徳は真の徳でないと結論するようなことであるとされている。これに対し、推論についてのロックの考えは（E. IV. 17）、このことを、より理論的に述べているものと言える。すなわち、理性の働きは推理の媒介観念を見出し、媒介観念を秩序づけて、探究する真理を見て取れるようにすることにある、と。ロックの場合、理性は、知識の範囲の拡大のためにも、また我々の同意の規制のためにも必要なものである。というのも、理性は真なる知識を得る場合だけでなく、臆見（蓋然性）の場合も信用性の程度を見るために働かねばならないからである。

精神の働きが秩序づけといわれるのは、精神が、ある一つの主体、たとえば人間の身体について、様々な観念、様々な判断、様々な推論を持っているとき、それらをこの主体（つまりここでは人間の身体）を認識させるのに最も適切な仕方で配置するような仕方での働きのことである。

精神はこれらの働きを、論理を知らなくてもなしうる。それゆえ論理学は、これらの四つの働きをいかにして行うかを教えるものではない。それらは自然が我々に教えてくれている。我々は生まれつきそういうことができる。論理学は、むしろ、こうした精神の働きに対する反省である。そういう反省をすることによって、我々が受ける利益は三つである。①我々は、理性をよく用いていることに確信を持てる、②間違いや欠陥をより容易に見出すことができる、③心の自然本性的な働きを知ることによって、我々は、精神の本性をよりよくすることができる。

我々が、我々の外にあるものについて何らかの認識を持つことは、我々の内なる観念を介在させることによる以外には可能でない。それゆえ『論理学』が最も重要なこととしているのは、我々の観念についての反省だということになる。それは、一切の基礎であるからである（この主張は既に述べたようにロックやヒュームに、またコンディヤックでも出てくる）。

さて、そうした反省を『論理学』は、五つの点に関して行う。①観念の本性と起源。②観念が表現する対象の持つ主要な違い。③観念の単純性と複合性。ここで精神の行う抽象などが論じられる。④観念の広がり（外延）と制限、すなわち、観念の普遍性、特殊性、単一性など。⑤観念の明晰性と漠然性、判明性と混雑性などという面からの考察である。

我々は主として①②に関してごく簡単に考察するに留めたい。経験論的言語論との対比には、それでほぼ十分である。①は、ポール・ロワイヤルの言語意味論と経験論の意味論（観念ということの理解）の違いを明確にするであろう。②は、ポール・ロワイヤルの立場と唯名論の立場との違いを明らかにするであろう。

（4）『論理学』に見られる言語意味論

観　念

我々は『論理学』がいかなることを目指している著作であるかを説明することに少し暇を取りすぎたかもしれないが、そうした作業の意図は、ここでの中心概念はホッブズの場合のように言葉ではなく、観念であることを示すにあった。それでは『論理学』では、言語ないし「ことば」というものは、どのように受け止められているのであろうか。議論の例を見てみよう（PRL, I）。

まず「観念」という語であるが、これはきわめて明晰なので、他の語では説明できない語であるとされる。それ以上に明晰で単純な語は存在しない、と。それゆえ、そういう語を用いる際に間違いが起こらないようにするには、その語が間違った理解に陥らないようにすることしかない。つまり、誤りが起こらないようにするという消極的な方法しかない。それはたとえば、「把握する」ということと「想像する」ということを同一視しないようにという注意である。「ある観念を把握する」ということは、もっぱら「ある観念を想像する」ことではない、つまり我々の脳の中に描かれた心像に我々の精神を向けることではない。アダムの堕落以来、人間は大概、物質的な事物のみを考えるようになってしまったので、把握しうるものは想像できるものだけ、つまり物質的な心像によって彼らが表象しうるものだけ、と信ずるようになってしまっている。しかし、我々が精神の中に起こることを反省すればすぐ気づくのは、我々が心像なしに多くのことを把握しうること、また想像と純粋な知性との間には違いがあることである。たとえば、我々は千角形を想像しえないが、把握することはできる。

想像することと把握することとの違いは、想像されえないが把握されうる多くのものがあることによって明らかである。たとえば「思考」がそうである。また、「肯定」も「否定」もそうである。そういうものを我々は想像しえないが理解する。それゆえ、心像だけが我々の言う「観念」ではない。我々は精神の中にあるものについて、我々がそれを思い浮かべていると真に言いうる場合には、その考え方のあり方はいかなるものであるにせよ（想像できないものであっても）、それは観念であると言いうるのである。

想像と把握とのこの区別によって、二つの危険な考えが斥けられる。一つは、「我々は神の観念を持たない」という意見である。もう一つは、あるイギリス人（ホッブズのこと）の意見である。後者の意見は言う。「推論は、ある（est, is）という語で一つに結びつけられている名辞の結合、系列に他ならない。ここから帰結するのは、我々が推論によって結論することは、事物の本性に関することでは全くなくて、名辞に関することである、ということである。我々が見て取るのは、ただ、事物の名辞が、そうした名辞の意味表示に関して我々が恣意的に作った規約に従って、正しくまたは間違って結びつけられているかどうかということだけである」。ちなみにこれはホッブズがデカルトの『省察』への反論の中で書いていることである。ホッブズはさらに続けている。「もしこのことが真であるなら、そうして多分真であろうが、推論は語に依存し、語は想像に依存し、そして想像は、多分、生物の身体のある部分での運動に依存しているであろう」、と。

これに対する『論理学』の答えは、我々人間が言葉を理解できるのは、名辞やそれを表す音声の相補物として観念を持っていることによる、というものである。もし我々が名辞を持つだけで観念を持たないなら、盲目の人が、たとえば「赤」という語の意味を理解しうるのはなぜかということを説明することはできない、と。また、推論というものが、(is) という語（繋辞）で名辞が繋がれたものに過ぎないなら、国語の違う国民同士は、たとえそれらの国語が幾何学の場合のように明晰で簡明な語を事物に与えているとしても、互いに理解しあうことができないであろう、と。つまり、推論が全く言葉に依存しているのなら、フランス人による推論は、アラブ人による推論と違うものになり、これら両国の国民は、違った言語を話し、音声に違った意味を表示させているのであるから、同じ真理に対して同じ推論を持ちえないであろう、ということになる（PRL. I. L. p. 68）。

反論はさらに続く。ホッブズのいう「恣意的」という語は、大いに曖昧である、と。なるほど、ある観念があの音声ではなく、この音声に結びつけられたというのは、恣意的である。しかし観念自体は、あるいは少なくとも明晰判明な観念は、恣意的ではない。我々が確実な予測をする場合、その予測の成功が、言葉の操作に基づいているというのは馬鹿げていよう。推論は、恣意的な約束で結びつけられた語の集まりからなるものではない。推論は、事物の観念の考察に基づいた、事物の本性についての堅固で効果的な判断である、と。言葉は、単なる規約ではない。

観念の本性が、以上に述べたようなものであるとすれば、そういう観念の起源はいかなるところにあるか。これが次の問題である。観念のすべてが経験から得られたものではない（つまり、ある観念は、経験によらないでも得られる）ということが言えれば、経験論の言語論は不十分な言語論であることになる。あるいはそれは偽であると言ってもよい。なぜなら、経験論は、「我々の知性にあるものは、すべてまず感覚にかつてあったものである」と主張するのだからである（私はこの定式化は粗雑すぎると思うが）。これは、すべての観念は、感覚に起源を持つということである。あるいは少なくとも感覚的要素に加工を加えたものであるということになる。

この経験論的主張に対する『論理学』の反論は、おそらくガッサンディを念頭になされているのであろう。反論は言う。「我々の思考より判明に把握されるものは何一つない」。また、「我思う故に、我あり」以上に明晰な命題はない。この命題を確実であるとし確信するには、「存在（être）」と「考える（penser）」とが意味することを判明に思い浮かべさえすればよい、と。『論理学』は、反論してさらに言う。もしこれら「存在」「思考」という観念を我々が所有することを否定できないとするなら、これらの観念がどういう感覚からやってきたのかと問いたい、と。こうした反論に答え得ない限り、経験論の言語論は不備であるということになろう、と（PRL. I, 1, pp. 70-71）。

数学の概念や命題、また普遍概念や抽象概念などの理解にとっては、合理論の方が簡明な答えをすぐ提供できることはある意味で当然である。なぜなら、そもそも合理論の観念説がプラトンのイデアに由来するのであれば、それは数学の概念や命題、普遍の理解のためにあると言ってもよいであろうからである。しかし、もしこうしたものの理解を人間の知性の範囲で行おうとすれば、経験論の立場に立ってオッカムの剃刀を使いつつ前進するより他ないかもしれない。

表　示

以上、『論理学』の、経験論的言語論に対する批判の概略を述べたが、見ての通り、ここには言葉の表示ということに関する内容的議論はあまりない。むしろ、『論理学』の議論は、そういうことはあまり問題にならない理論構造なのだと言えるであろう。というのも、『論理学』の立場からは、「観念」でないものを観念と思い込まないようにしさえすればよいのであろうからである。事物や事柄の観念はすなわち、そうした対象の形相であるから、言葉がものを表示しているのか、観念を表示しているのかと問うことは意味がない。つまり正しい観念なら正しく対象を指しているのであるから、言葉が正しく使われ、正しい観念を表示していれば、それは事物（対象）を表示していることに他ならないであろう。言葉がものを正しく表示しているということは、それが正しく観念を表示しているということに他ならない。それゆえ、「観念」でないものを観念と思い込まないようにするということの、その主要な内容は、次のようなこととなる。すなわち、①観念、すなわち精神の最初の働き（把握と呼ばれる）であるものについての反省、②判断についての反省（ここで命題と言葉の関係、命題とは何か、命題の構造、複合命題と単純命題についての議論などが述べられている――これらのことの理解には、心の働きについての反省が不可欠であろう）、③推論について、④学問の方法論などとなっている。

けれども経験論、唯名論、規約主義を斥けるポール・ロワイヤルの考えでも、名目的定義と実在的定義という区別は行われる（PRL, I, 12, p. 120）。純粋な形では、前者は言葉と観念との関係であり、したがって恣意的であり、それゆえそれは合理論的な批判に服するものではない。しかし後者（実在的定義）は、観念間の関係である――したがってそれは、我々には依存せず、事物の真なる観念に含まれているものに依存する。しかし、これらの二つの定義の中間として、純粋でない場合（我々が辞書で見るような定義）というものもある（PRL, I, 14, p. 129）。これはふつう、言葉の意味を把握しようとするものであり、その記述するところは、観念の外延を特定化するに足るだけの、偶有的な性質をいくつか数え上げるものであるが、その外延に含まれるものの共通性質ではなくてもよいようである（PRL, II, 16, p. 216）。たとえば、いろいろな草や果物、動物などを、その形状や、大きさや、色、またはその他の偶然的な性質で記述するような場合がそれである。

さて、それでは次に、先に（一五一頁で）述べた第二の問題②（観念が表現する対象の持つ主要な違い）について少し考えてみよう。しかし、これについては『文法』（第2版）を見るのがよい。

(5)『文　法』

言語論の歴史を辿る上で我々がポール・ロワイヤルに触れたのは、後で我々が取り上げるロックやコンディヤックの議論は、こうした議論を踏まえた上でのものだからである。したがって彼らの議論は、経験論的言語哲学といっても、単純にホッブズの議論のようなものではないはずである。

ポール・ロワイヤルの議論のうちで、ロックやコンディヤックにより関わりのあるのは、『ポール・ロワイヤル文法』（『文法』）の方かもしれない。というのも、そこで扱われているいわば普遍文法は、言語の構造を分析するものであり、その議論を言語の成立の時間的系列に置いて考察すれば、「言語起源」の議論ということになるからである。『文法』はチョムスキーの言う普遍文法の先駆的議論をしているとも言えよう。というのも、『文法』はその巻頭に、「すべての言語に共通な事柄、あるいはいくつかの言語にのみ固有である種々の事柄の根拠を探究する」のがこの言語の文法の仕事だ、と述べているからである。なお、ここで「文法」というのは、「話す技法」であるとされており、そして「話す」とは、人間が自分の考えを表すために発明した記号によって、それを表明することである、と定義されている。

これら記号のうち最も便利なのは、声と音である。しかし音声は消え去るので、これを持続させ、視覚化するために別の記号が作り出された。これが表記のための文字である。それをギリシァ人たちは「グランマタ」と呼んだので、我々はグラマー（グラメール）(grammaire) という。『文法』の考察対象は、第一は、これら記号の、音と文字であり、第二は、記号が表す意味である。つまり表示の問題である。『文法』の論ずるのは、大きく言って二部に分けられ、第1部は、第一の問題、文字と表記のための記号を論じ、音としての文字、母音、子音、音節、音声としての文字、表記の記号としての文字などについて考察している。そして、第2部は、表示の問題を論じている。第1部の論述の紹介は行わないが、第2部について少し述べねばならない。

第2部は、語の意義の種々の形態の原理ないし根拠を考察しているが、その議論が最初に主張するのは、我々の精神の働き・思考の働きの認識が、文法（言語）の基礎の理解には必要であるということである。

第2部は次のように始まる。第1部においては、「ことば（parole）の質料面、つまり、ことばにおいて、少なくとも音としては人間にもオウムにも共通する面のみを考察した」。次いでは「ことばの精神面、人間が他の動物に優る最大の利点の一つであり、人間が理性を有することの最大の証拠の一つであるこの面を検討する」、と。そして『文法』は言う。「語（mot）は我々の思考を表すために作り出されたのであり」、我々の認識の解明と言語の理解には密接な関係がある。また、「我々の心の中に生起することを他の人に伝えるのは、言葉（語）によるのである。語は、我々の思考の中で生起することを表明するための記号であるから、我々の思考の中で生起することを我々は前もってよく理解しておかねばならない」、と。

我々の精神の働き、我々の思考の中で生起することは、いかなる内容のものであろうか。既に見たようにポール・ロワイヤルの考えによれば、我々の精神の働きは、把握する（concevoir）、判断する（juger）、推論する（raisonner）の三つに分析されている。ところで、このうち第三のものは、第二のものの延長と見なされる。それゆえ、考察すべきは、第一のものと第二のものということになる。しかし我々は把握した事柄を単に表明するために言語を使うということはめったにないので、結局、第一の機能の働きの内容についても、そのうち第二の働きに含まれるものを考察すればよいことになる。なぜなら、我々が口を利くのは、把握した事柄について下す判断を表明するときだからである。

判断は命題という形を取る。むしろ判断の生むものが命題である。命題はしかし、たとえば「地球は丸い」という場合のように、必然的に二つの語句を含む。一方は、主語と呼ばれ、人が判断を述べる対象である（「地球」）。他方は、述語と呼ばれ、判断の言明の内容である（「丸い」）。そして命題は、これら二つを結ぶ繋辞を含む（「……である」）。これは繋辞というものがいかなる契機によって成立したかを示す分析である。

さて、『文法』は言う。この二つの語句（主語と述語）は、精神の第一の働きに属することが容易に理解される。

というのも、これは我々が認識した事柄であり、我々の思考の対象だからである。また、それらの語句の繋辞は、精神の第二の働きに属することも容易に理解される。それは我々の精神に固有の働きであり、我々の思考の仕方である、と（PRG, II, 2, p. 35）。ポール・ロワイヤルの議論では、ここで繋辞の成立起源が示されていると言えよう。ホッブズの議論では、繋辞は、むしろ軽視されていた。

ところでここで今私が述べていることは、些細なことであり、重要ではないように思われるかもしれないが、そうではない。実はポール・ロワイヤルのこの主張は、この後、ロックやコンディヤックの議論を考察する際に重要な役割を果たすものであり、言語論上もきわめて注目に値するものである。実際、『文法』ではすぐ続いて、この主張が強調されている。すなわち、「このようにして、我々の精神の中に生起することの最大の特徴は、そこで我々の思考の対象を考察できることである。つまり、それは我々の思考の形態と様式であり、その主要なものは、判断である。しかし、そこにはさらに、結合と分離（conjunction と disjunction）、これに類する我々の精神の諸作用（働き）、はたまた欲望、命令、疑問などの我々の魂の他のすべての動きを挙げて付け加えねばならない」（同上、p. 36）、と。

このことから出てくる結論は、「人間は自らの精神内で生起することを表すために記号を必要としているが、また他方、語は、一般に次のごとく区別される必要があるということである」。「その区別とは、一方は思考の対象を表し、他方は我々の思考の形式と様態とを表すということである。尤も、語は、思考の形態と様式とを単独に表すことなく、その対象とともに表すことがしばしばである」（同上）。これは後者が、接続詞のようなもの（それだけではないが）を指していることを示している。『文法』では、前者（思考の外的な対象を表す語）は、名詞、固有名詞、冠詞、代名詞、分詞、前置詞、副詞と呼ばれるものであり、その最も重要なものは、名辞である（同上）。後者（我々の思考の形式と様態とを表す語）は、動詞、接続詞、そして間投詞であり、その最も重要なものは動詞である、とされている。こうして、第2部第2章以下は、命題の分析という形で、これらの品詞が論じられている。ポール・ロワイヤルの分析は、ホッブズのそれよりもはるかに言語の構造の深みに入ったものであることは明らかであるが、中でもここで述べた接続詞の説明の必要の認識は、注目すべき成果である。この後、経験論者が言語の分析をする場合、いかなる分析をするにせよ、こうした問題を直視しなくてはならない。

それでは、一般に経験論者と見られているロックは、この点についていかなる議論をしているであろうか。この問題を念頭に、我々は次にロックの言語論に移ろう。

3　ロック

(1) ロックの言語論

ロックは経験論に立っている、とふつう考えられている。しかし、既に第1章で述べたように、彼はデカルトないしデカルト派の考えの影響を受けている。少なくとも彼はデカルトを読み、観念説を採った。もちろん彼の観念説は、デカルトないしデカルト派の観念理解とは異なった要素を含んでおり、彼の主著『人間知性論』は、生得的な概念（観念）を否定する議論から出発している。けれども彼は、観念説を採ったということにより、合理論的な思考をも受け継いでいたのではないか。こう主張する根拠はかなりある。

彼は、人間は理性を持つゆえに動物を超える存在である、と言っている（E, IV, 17, §1）。また実際、彼が生得観念を論ずる場合、目標としていることは、生得的知識と言われているものが、文字通り生得という仕方でなくても我々の獲得しうるものだということを示すことである。つまりロックは、人間が知識の獲得に関してどのように進んだかを明らかにしようとしているのであるが、それは彼が、人間が少なくとも知性ないし理性を持つ存在であるということの否定をしたことを意味しない。むしろ理性を認めないなら、彼の議論は不都合を起こすであろう。特に道徳や宗教についての議論においてはそうではなかろうか。

たとえば、もし彼が単に感覚的知識しか求めないなら、どうして神の存在を信ずることができたのか（E, IV, 10, §11）。彼はある種の道徳的（精神的）真理や形而上学的真理（存在論的真理）［心が名を付けておいた観念を事物と結びつける暗黙の命題］を認めているのではないか（E, IV, 5, §11）。また彼は、「神は、人間を理性的な被造物としている」とし、「神が理性に命令する」とも言っている（Locke, vol. 7, *The reasonableness of Christianity*, p. 7）。もちろんこのことは、彼が言語神授説を唱えているという意味ではない。彼は言語神授説を取り入れてことを済ましている、と我々は言おうとしているのではない。彼は、我々の言語が生来与えられている能力に基づき、いかように形成されたかを、実際に経験に則して説明することを、自らの仕事であると考えていた。

彼は生得観念の存在は否定したが、生得的な知的能力（たとえば知性）が人間にあることを否定してはいない、というのが私の主張である。彼の哲学を単純に感覚的経験論であるとすることは正しくない。

ロックがデカルトを読んで哲学に目を向け直したことはよく知られているが、既に述べたように、彼はアルノーやマールブランシュの議論をよく知っているし、ポール・ロワイヤルの論理をもよく研究したようである。このことは、ロックが観念説を採り入れたのは、デカルトを読んでのことにせよ、またはポール・ロワイヤルの説に共鳴したからにせよ、彼がこれら両者と思想的な繋がりを持つことを端的に示す。実際、判断や理性についての彼の考えは、両者と著しい共通性を持つ。そしてまた後で示すように、精神の「反省」という働きは、彼においてもポール・ロワイヤルの説と同じく、殆ど理性というに近いものである。反省は、感覚が作業材料を与えるやすぐ発動し、精神は自らの働きの観念を獲得する。このことは従来あまり取り上げられてこなかったが、それは彼の言語論が我が国の哲学者の間ではあまり取り上げてこられなかったことと関連があるのかもしれない。

ロックが、ジャンセニストとその哲学に大いに共鳴するところがあったことはよく知られている。実際ロックは、フランス滞在中にピエール・ニコールの『道徳論集』を英訳している。これはロックの政治思想に大きな影響を与えたと言われている著作である。またロックは、ポール・ロワイヤル『論理学』や『文法』を蔵書の中に持っていたのみならず、既に述べたごとく、しばしばそれらに肯定的に言及している（Aarsleff〔1982〕, p. 4, p. 11, p. 45）。それゆえ、彼が斥けたのはまさに文字通り生得観念であって、デカルトの言う内在観念ではなかったかもしれない（デカルトとて文字通りの生得観念を認めたわけではない。胎児や幼児が明晰判明な観念を持つとは彼も言わないであろう。実際この点は、アルノーがデカルトを批判した論点である。ロックもまた同じ批判をしている）。そして彼の標的は、デカルトではなくアダム言語説のようなものであったかもしれない。ここでアダム言語説というのは、旧約聖書の創世記に源を発する説のことであるが、神がアダムに与えたとされている言語がすべての言語の根幹であり、我々はそういう言語を神によって与えられているとする言語起源説のことである。こういう考えを人々がどれほどまじめに信じていたのか、それは我々異邦人の理解を超えるが、西欧近世の頃もこの考えは西欧にあったようである。ホッブズやデカルトですら、それを信じていたわけではなかろうが、言及したり、あるいはこの説の名を挙げたりしている。

(2) 生得原理

人間が「生得原理」を持つという説を取り上げて論ずる場合、そういう説の中で生得原理とされているものの例としてロックが挙げているのは、「原生思念」、「共通思念」、「いわば人間の心に捺印された文字（characters）」などである（E. I. 2. §1）。この最後のものは、言語への関心を覗かせる。そしてさらに彼は言う。もし、我々がその自然本性的な能力だけで、生得的な印銘（impressions）の助けを借りずに、我々の持ちうるすべての知識に至りうるかを示すことができることを示せれば、こうした「生得原理」の説が偽であることが納得できるであろう。そもそも、こうした「生得原理」の存在を証明するためによく用いられる普遍的賛同は、そういう原理の証明にならない。なぜなら、普遍的合意を得るような原理は存在しないばかりか、仮に存在するとしても、そういう主張にとって具合の悪いことに、そういう普遍的同意に到達する他の道がありうることが示されたなら、彼らのそうした主張は成り立たないであろうからである、と（同上、§3. §4）。ロックはこう考えて、「生得的」という考えによらずに知識の成立を分析し説明することを自らの目標とした。

ロックの哲学は、合理論的要素と経験論的要素との両方を含む。そうなら当然、彼の言語観も、合理論的要素と経験論的要素との両方を含むものとなりえよう。そして、まさにそうであるがゆえに、彼の言語論は、近世の言語論を考察する際の出発点となりえたのであろう。事実、彼の言語論は、一八世紀のすべての言語哲学の議論の本質的な枠組みとなった。彼の言語論は、フランスの啓蒙時代の思想家たとえばコンディヤックやデスチュット・デ・トラシーなどに深い影響を与えている。殊にコンディヤックは、ロックの熱心な賛同者であり、また批判者であった。もちろん一八世紀には、ロック流の名目論的な言語論に対立するようなロマンティシズムに立つ言語論も現れてくる。しかし、言語論とロマンティシズムとの結びつきを可能にする要素は、既にロックにもあったのではないか（たとえば生活様式と言語とは連動するという意見）。ここではそれについては立ち入らない。

(3)『人間知性論』と言語論

ロックの言語論は、『人間知性論』（全四巻）の第3巻に述べられている。彼は第1巻で、「生得的思念（innate notions）」を否定する議論を展開した後、第2巻で、観念についての長い詳細な議論を行っている。この巻は『人間知性論』の中で一番長い巻である。そして、ここで展開された議論によって、彼は近代の知識論の基本的構造を設定した。というのも、それまでの知識論は概ね独立的な問題としてではなく、いわば従属的に、つまり、ことのついでに論じられたという類のものであったからである。第4巻は、知識と意見（思いなしや蓋然的な知識）、つまり知識一般についての吟味（知識概念の拡張）、また判断や理性についての分析を行っている。なお第3巻は最後に書かれたらしい。しかし言語についての彼の意見は、第2巻にも第4巻にも見られる。

第2巻での彼は、反省（思考の能力、理性）が我々の言語能力を成長させ、その支配能力の範囲を拡大させる仕方について、一般的な説明を与えてくれているわけではない。それはむしろカントの『純粋理性批判』における仕事であった。しかし第2巻でも既に、反省の能力が成長し、個人としての、また人類としての精神の能力が成長するさまを、言語における例によって示している。精神は反省により、自らの働きの観念を獲得する。たとえば彼は、言葉は我々の思考を、人々の観念の起源（ひいては言葉の起源）へ向かわす（E, II, 15, §4）、と指摘し、我々はなぜ、無限な空間的延長よりも、無限な持続（duration）の観念をより容易に容認するかを、硬さ（ラテン語では、durus）への類想によって説明する。また、「人類は、自分たちの思念や言葉を、日常生活の使用に適させていて、事物の真理や範囲に適させてこなかった」と論じて、人間でも他の動物でも、生むものと生まれるものとの関係（自然関係）は同一であるのに、牛や鳩については、この牛や鳩には、これらの子牛の祖父だとかこれら二羽の鳩はいとこだとかは言わない、と指摘する。人間には人間同士の関係を細かく規定する必要が法的にも社会的にもあるが、獣にはそれはないからである。こうしたことが諸言語の相違を生みうる。言語は、思想伝達の便を果たせばよいのであって、事物の連関に釣り合っている必要はないのである。学問的な考えを持たない人には、それを表現する名辞は必要ではない（E, II, 28, §2）。あるいは子供は、同じ感覚を繰り返し持って観念が記憶に固定されると、次第に記号の使用を習い始める。そして彼らは発声器官に分節音を作らせる技能を得てしまうと、他の人に自分の観念を表示するため、言葉を使い始める（E, II, 11, §8）。

これらの観察によって、ロックは思考において、言葉がしばしば反省つまり知性の能力の成長において能動的な働きをすることを示している。言葉は、我々の多様な経験の縮約である。こうした縮約機能があるゆえに、我々は経験や知識を思考の上で使うことが可能なのである。縮約機能という概念は、普遍文法でもコンディヤックでも見られる（Aarsleff〔1982〕, p. 107：orig. *Language*, 46, 1970, p. 576）。

第3巻の第1章「ことば、ないし言語一般について」の冒頭の文は、次のようになっている。「神は人間を社会的なものとして作る意図を持っていたので、神は人間に同類の人間たちと仲間になる傾向を与えたのみならず、どうしても仲間にならなければならない必要があるようにした。しかし、それだけでなく、人間に、社会の大事な道具であり、共通の絆であるべきものとして言語を与えた」、と。したがってロックは、言語の第一の目的を意志疎通にあるとしていることになる。尤もロックはこう言った後すぐ、名辞（したがって言語）には二つの用途がある、と言っている。すなわち、名辞という符号の用途は、「人間が自分自身の記憶の援助に自分自身の考えを記録するか、あるいはいわば自分自身の観念を取り出して、それを他人の目の前に置くためかのいずれかである」、と（第2章）。言語の用途としてこれら二つのことを挙げるという点では、ロックはホッブズに従っていると言ってよい。けれどもライプニッツが鋭く指摘しているように、ロックとホッブズとの間には重要な違いがある。すなわちホッブズでは語の私的な使用が基本的であったが、ロックでは他人へ示すしるし（記号）としての使用（社会的な使用）が基本的である。言語におけるしるし（記号）の重要性は、すぐコンディヤックの取り上げるところとなる。加えて言うなら、ロックの「歴史記述的な、平明な方法」もまた、コンディヤックの継承した方法であった。この方法が妥当であるという考えは、単に共時的なものを通時的にしたというだけでなく、人間の理解には「時間」あるいは「歴史」が内在的・本質的であるということを意味するのかもしれない。

しかし本題に戻ろう。ロックの場合、言葉は何のしるしなのであろうか。言葉は、事物のしるしであろうか。それとも他の何かであろうか。

（4）言葉はなにのしるしか

言語についての彼の議論は、まず人間が分節できる音声を持つことから始まる。しかし、分節できる音声はオウムでも持っている。オウムと人間の違いはどこにあるか。それは、人間はオウムと違い、そうした分節音を内的な想念（我々が心に思い浮かべるもの—— conception）のしるしとして使うことができ、それを自分の心の中の観念のかた（形）に使うことができたということにある（なお、以下で「形」という言葉を用いるが、これは昔、質屋でお金を借りるのに、「質の形に時計を置いてきた」、というような使い方をした言葉である。英語では stand for, ラテン語では supponere pro, significare などという表現が表している［動詞の主語としている］ものに当たる）。時計が借金に、stand for しているのである。なおこれらの用語は人によって様々な用法があるので、ここで私の言っていることは大体の目安でしかない。

言語によって人々は、自分自身の心中の観念を他人に知らしめうるものとし、人々の心の中の考えは人から人へと伝えられるようになった。言葉のこの理解は、合理論的要素（客観的観念）と経験論的要素（規約的なしるし）との両方を含む考えだと言えよう。

しかし、音声を観念の「しるし」としうるというだけでは、まだ完全な言語ができ上がるところまでいかない。観念のしるしになった音が、いくつかの個体を包括するように使われうるようにならなければ十分とは言えない。なぜなら、個々の個体がそれぞれ名を持つのでは、それを記憶するには大変な労力を必要とするゆえ不便であり、使用に耐える言語にはならないからである。それゆえ、一般名辞の使用が可能にならねばならない。また、これら（観念の形《かた》となる）名辞の他に、人間の用いる別の語がある。それは、何らかの観念を陽表的または明示的（positive）に表示するのではなく、ある観念（単純観念であれ、複合観念であれ）の欠如ないし不在を表示するものである。日本語なら「無い」というような（否定的な negative）語である。ロックは英語での例として、ignorance とか、bareness という語を挙げている（E, III, 1, §4：E, II, 8, §5）。

そうした否定的な語に対しては、それらは本来なら観念に属さないとか、観念を表示するとかとはいえない語であると言いたくなるかもしれないが、ロックの見解では、それらの語は何らかの観念に（消極的に）関係しており、その観念の不在を表示するのである。このような欠如や不在を意味する否定的な語句に対するロックの説明は、経験論の立場にとって認めうるものかどうか問題かもしれないが、とにかく彼は否定辞を導入している。他にも経験論の立場からは問題になりそうな語としては、共範疇語、たとえば「である」「しかし」「もし……なら、……」などがあるが、ロックはそうした共範疇的な語（彼の言葉では、particles）を、事物の観念の形《かた》としてではなく、心が観念ないし命題の相互の結びつきを表示するに用いるもの（形）として理解している。つまり、心は、その思考内容を他人に伝達する際、心にある観念の記号だけでなく、他の記号をも必要とするのであり、必要とされるその記号は、そのときそうした観念に関係する心自体のある特殊な働きを明示または暗示する記号である。それは現前にある事物とは別のものの記号である。つまり共範疇語は、何らかの観念をどういうふうに他人に示すかという「心の働き」に対する形《かた》として理解されている（E. III. 7. §1）。共範疇的な語を、ある「心の働き」に対する形《かた》としてロックが理解していることを裏書きする個所としては、「関係」についての議論も参考になろう（E. II. 25、特に§9. §11）。そしておそらくこの議論は、ポール・ロワイヤルの見解に従ったものである（『論理学』第1部の「まえがき」、PRL. p. 60. に、自然が我々に与えた心の働きについての反省の第3項目は、「我々の精神が行う働きについて我々が行う反省によって、精神の本性についてよりよく知ることを目指す」とある。また第1部第3章のアリストテレスの範疇論批判を参照せよ）。

これらの議論は、ロックの言語論が観念説を逸脱するものではないことをも示す。彼の影響を強く受けた思想家であるコンディヤックは、後に彼を批判して、観念説において言語が演ずる役割をロックは低く評価していると言っているが（『序論』『起源論』訳〔上〕p. 21、また、I. 4. 1. §9を参照）、ともかくここでロックは、観念の起源は、外感によって感覚される事物か、「心の働き」かのいずれかにしかないという主張（E. II. 1. §5）を、言語論でも一貫して主張している。心の働きが与える観念とは、心が心自体の働きを反省によって捉え、知性（understanding）に与える観念という意味である。このような意味でロックは、すべての観念の源泉を感覚と反省とに求めた。これを経験論、つまり観念は外感または内感から得られるとする経験論と、手放しで呼んでよいであろうか。次のことに注意を引いておきたい。

彼は「理性について」（E. IV. 17. §2）で言っている。「一般性を持った知識が観念の一致不一致の知覚ということであり、我々の外の事物の存在の知識が我々の感覚のみによって知られるとすれば、外的感覚と内的知覚（inward perception）との他に、何か他の機能の働くどんな余地があるか。理性を必要とするか」、と。そして理性の必要を強調している。注意を引きたいのは、ここで彼は内的知覚と言い、内的感覚とは言っていない、ということである。しかもここでいう知覚は、判断や理性に関わることである。内的知覚や反省を、内的感覚と読み替えるのは果たして妥当であろうかというのが私の疑問である。

話をロックの観念説に戻そう。彼は言う（E, IV, 17, §2）。我々は観念の起源を（歴史記述的な、平明な方法に従い）尋ねることによって、すべての思念や知識の起源へ少し進むことができると考えてよいことになろう、と。ロックのこのコメントの意味は次のことである。

我々はもちろん、直接感覚的な経験をしないもの（対象）を指す言葉を持っている。つまり、ふつうの感覚的な観念から隔たった行動や思念を表す言葉を持っている。そうした言葉のうちのどれほどが、元はふつうの感覚的観念から生じたものであったのが、その後、より捉えにくい意味表示のものへと移って、我々の感覚では認知されえない観念の形《かた》となり、それ（観念）を表示するものとなったのか。こうした観点から観念を見直せば、我々は、すべての思念や知識の起源に、少しは近づけるようになるかもしれない。ロックはこのように述べて、その例として、想像する・認知する・了解する・固執する・思い浮かべる……などを挙げ、これらは、みな感覚的な事物の作用から取られて、思考のある様相に当てはめられた語である、と言う。精神（spirit）は、その最初の表示は息（breath）であったし、天使は最初、使者であった。語をその元のところまで辿るなら、すべての言語において、我々の感覚には入らない事物を表す名辞も、最初は感覚的事物から生じてきたということを見るであろう、と。言葉の意味は、必要上拡張されてきたのであり、拡張以前の、つまり発生期の表示を知れば、言葉の意味は、感覚的観念から得られたものであることを示しえよう、と言うのである。もちろん、これは経験論的言語観の表明であるとも言える（E, III, 1, §5）。

(5) 名辞

さて彼は、言語の効用を明らかにするために、次の二つを目標に置く。①言語を使う際、名辞が直接に振り向けられているものは何か(名辞は何の形か)。②固有名辞を除いて、名辞は一般的であり、個別的ではない(あれとかこれとかという個別者を表示しない)。それゆえ、種とか類とかというもの(一般名辞)は、いかなるものであるかを考察することが必要である。

①、②は、いずれも名辞の表示の問題である。①は、名辞が直接に表示するのは、観念か事物かという問題である。もちろん既に述べたことから、読者の推測は当然、ロックの意見は名辞が直接に表示するのは観念だとする、というものであろうが、それなら、名辞と事物の関係はどうなるのかという問題が残るはずである。②は、一般名辞の表示機能に関する問題である。

アースレフ(H. Aarsleff)が、『ロックからソシュールへ』という著作の中で採用した鍵概念に、「アダム主義」と「二重の合致」というのがある。彼はロックとライプニッツの意見を取り上げ論評する際に、両者の基本的差異を、「アダム主義」と「二重の合致」という考えに対する態度に見た。ロックはこの両者を斥けた。この観点に沿ってロックの議論を考察しておこう。

「二重の合致」というのは、人が心の中に持つ(抽象)観念は、それが指示言及する心の外の事物と一致し、同時に、人々が観念に与える名前がその言語の適切な使用によって指す本来のもの(真なる観念)とも同じであるという想定のことである(E. II. 32. §8)。これは、言葉の「表示」機能はいかようなものかという問題に、つまり上記①に主として関わる。ロックの主張は、語は話し手の観念の形であり、また、その観念は事物の全本性を表現しているなる観念とは限らない、ということにある(「二重の合致」の否定)。なおアダム主義というのは、人間の言語の起源に関する一つの考えであり、ここではまだ直接の問題ではない。

（6）表示ということ

ロックの基本的な説によれば、語の最初のまたは直接な表示は、当然、そうした語を用いる人の心の中の観念に他ならない（E. III. 2. §2）。語を使用する目標は、聞き手の心に、話し手が心の中に持つ観念と同一な観念を引き起こすことである。それゆえ、語は話し手の観念と密接に関連を持たざるをえない。しかし音声が内的な想念のしるしとして使われ、話し手の心の中にある観念の符号として使われるとしても、そうした音声が、すべての人にとって同じもののしるしであるとは必ずしも言えない。私の用いる音声が、たとえ貴方の用いる音声と同じであるにしても、我々の用いる音声が、それぞれ表現しているもの、つまり我々それぞれの心が感受しているものが、すべて同じだとは必ずしも言えない。同じだと言うためには、それらの音声が同じものを意味しているということが成立するさまを示さなくてはならない。

この点についてロックは次のように論ずる。人の考えはすべて人間の胸のうちにあるので、目に見えず、他人から隠されている。それゆえ人間は自分の持つ観念を自分の記憶に留めるだけではなく他人に知らせるためには、ある外的な、感覚的に解るしるしを見出さねばならなかった。そこに、言葉としての音声の存在理由がある（書き言葉についても同じことが言えよう）。しかし音声と観念との間には自然的な結合はない。語としての音声と観念との間には便宜的な規約しかない。語というものが自然的には意味を持たず、意味は我々話し手がそれに与えるものであるのなら、それは話し手である我々の知らないもののうちにあることはできないのであり、我々の知っていることから取り出されねばならない。観念はそういうものであろう。観念は話し手が心の中に持つ想念である。それゆえ話し手はそれを知っている（しかし、その観念が事物の全本性を把握している真なる観念であるという保証はない。また、聞き手はどんな観念を持つか。それが話し手の持っている観念と同じだという保証はない）。

ロックはさらに言う。名辞は二つのこと、すなわち記憶保持と、観念を他人に分かるようにすることとのために使われる。このことから次のことが帰結する。すなわち、語の一次的ないし直接の表示は、それを用いる人の心の中の観念である。つまり、語の基本的機能は観念の表示にある。しかし、ここで注意しなくてはならない。ロックが表示という場合、それは（ものを）「指示する」（指示対象を示している）という意味ではないのである。もし、語の表示とは語が指示対象とするものを意味し、その指示対象が観念であるなら、「ある人がパンを食べている」という命題は、ある人であるところの観念が、パンという観念を食べているということになろう。

これと同じ議論は、二〇世紀の初頭、感覚所与という概念が流行した当時にも行われた。「ある人がパンを食べている」という経験とは、ある感覚所与が、別の感覚所与を「食べている」ということであるのはおかしいではないか、という議論である。ある種の論者にとっては、感覚所与はそれを超えるもの（外的な物理的対象）を持たないであろうから、そういう議論も成り立ちうる。しかしロックは、そういう批判を受けるようなことはしていない。それでは彼の考えは、いかなるものであろうか。

彼は、語が指示言及するのは外的事物でなく観念のみだとは言っていない。我々の用いる語が、観念を表示する（観念の形《かた》になる）と言う際、彼が意味しているのは、それらの語が観念を指示対象としているとか、「観念にほぼ近いもの」であるとかということではなく、我々が事物に指示言及するのは、その事物の観念による、ということである。

すでに引用した個所（E. III. 2. §2）に続いて、彼は次のように言っている。「我々が他の人間に話しかけるときは、理解されたいがためであり、話の目的は、話の音声が符号として、話す人の観念を聞く人に知らせることができるということである。してみると、これらの符号としての音声は、話し手の観念を聞き手に分からせるということであろう。というのは、語が符号となっているのは、話し手の観念に対してだからである。また、誰しも自分自身の観念以外にはどんなものにも、語を符号として当てはめることはできないのである」（語は話し手の観念の形）。これと同様な主張は第3巻10章にも見られる。

しかし、もしロックが信じているのは、言語とものとの結びつきは間接的で二次的であるということだとすると、そこから出てくる帰結は懐疑論的なものではなかろうか。もちろんロックにおいて、語は観念のみを指示言及しているのではなく、対象をも（観念を通して）指示言及しているのであり、また、語の基本的な用途の一つは、そうした対象を表示することではなく、それら対象についての情報を伝えることであろう。しかし、そうだとしても、ロックの考えに立てば、他人が自分と同じことを意味しているという確信が得られないとか、また対象について同じことを言っていると確信できないという、懐疑論的な帰結（意志疎通に関する懐疑論）が生ずる。

このことについての最近の解釈では、この帰結は、ロック批判を呼び起こすものではなく、まさにロックが我々に忠告しようとしていたことであるとしている（Paul Guyer, "Locke's Philosophy of Language", 1994, in *Cambridge Companion to Locke*）。こうした解釈の根拠は、最近の歴史研究の成果として、ロックの表示（signification）という用語は、現代の指示（reference）とは同義でないということが明らかになったということにある。つまりロックは、我々の用いる語が我々自身の観念を指示している、と論証しようとしているのではない。「表示」は中世後期からの専門用語であって、それはもっと広い一般的な意味を持っており、あるものをある仕方で認識能力に表象させるということをも意味するのであり、表現するとか、分からせるとかの機能をも持っている。私も学生時代、先生からそういうことの講義を受けている。中世から近世にかけての時代、言葉の「表示」とは、現代での「指示」のように、何かに関わっているとか、聞き手の注意をあるものに引くという意図を意味するだけではなく、もっと複雑な機能のことを意味していたようである。つまり中世における「表示の問題」では、語ないし語が知らせてくれるいろいろな表示があり、たとえば語それ自体、話し手、話し手のもつ観念、話し手の言及している事物などという、いろいろなものを含みうるとされていた。もちろん論者によって、何に重点を置くかは異なっていた。しかし、一七世紀頃の多くの論者は、話し手が物事を分からせるのは、まず自らの観念を分からせることによるのだという考えを採っていたようである。けれども、そういう意見を支持するための特別な議論が成立していたわけでもないようである。この場合、観念が基本的な表示の対象であり、事物は二次的な表示対象であることになる（Ashworth,

JHI. 1981)。それゆえロックは、まさに我々が言語によって誤解することがあることを忠告しているのである（ここの議論についてポール・ロワイヤル『論理学』第1部第4章を参照せよ。議論にいくらかの類似点がある）。

もちろん当時の論者は、それぞれいずれを重要視するかに関しては意見を異にした。ある者は、話し手は自分の観念を他人に知らせるのに、まず事物を知らせることによるのだと論じ、また別の者は、話し手は、自分の観念を知らせることによって事物を分からせるのだ、と主張した。後者の場合、最初に表示されるものは観念だということになる。一七世紀には、この後者を好むものが多数派になった。デカルトの観念説もこの流れに沿っているものと言えよう。ロックもこの伝統をある意味で受け継いだと見てよい。しかし彼は、言葉の表示する観念が、真なる観念であるという保証はないと我々に告げる。これに対し、いわゆる合理論の立場では、まことの観念は、真なる観念である。それゆえ、言葉が観念を表示するなら、それは実在を表す真理でなくてはならない。両観念説の間にはずれがある。かくて、たとえばライプニッツがロックの意見を理解しえないということが起こる。

我々が事物についての知識を獲得する際に、事物そのものでなく、その（事物の）観念から事物の把握へ向かうという方策は、デカルトの哲学のように「考え」という意識の次元から発進しなくてはならない哲学なら採らねばならない方策であるかもしれないが、そうでないなら、事柄をより紛糾させるだけではないかと思われるかもしれない。しかし、ロックにとってこの方策は、我々が自らの語に連合させる観念が、他人の持つ観念や事物自体の性質を必然的に表現しえるものではないのはなぜか、ということを説明する根拠を与えるものである。つまり、意志伝達の失敗が起こりうることを説明する根拠となるのである。これは、デカルトの観念説とロックのそれとが根底的に違うものであることを示す一つの帰結である。デカルトなら、真なる観念に関しては、意志の伝達の失敗は起こりえないと言うであろう。このゆえに、デカルトは合理論者と呼ばれ、ロックは経験論者と呼ばれるには意味がある。

このことに関して次のことを強調しておこう。観念が事物を表象するという本性を持つということは、ロックの場合、二つのことを含意すると解釈者は言う。(i)事物が我々に現前するのは、決して直接にではなく、いつも観念を介してのみであるということ。しかし、(ii)観念は自らの次元を超えたものである事物を、本性的に、また明らかに、表現するけれども、その表現は必ずしもそれら事物の本性の全体ではないし、最も重要な側面というものでもない。ロック以後、観念はそのようなものであるとは定義されていない。観念（ことに複合観念）は、ものごとの真相を把握しているとは限らない。

ロックが観念に与えた定義は、心が自らのうちに知覚するもの、または知覚、思考、判断の直接の対象となるものなら何でも観念である、という。それゆえ心は、事物を直接知るのではなく、心がそれら事物について持つ観念の介在によってのみ、それら事物を知るのである。したがって事物の表象はいつも高々間接的であり、我々は事物を間接的にしか知りえない。それゆえ、そうした事物を想起するには、しるしを使い間接的に指示言及するより他ない。しかし同時に、観念、少なくとも単純観念は、観念そのものとは別個なものである事物を表現するという本性を持っている。その場合、観念は事物の自然的なしるしであり、語は観念の便宜的規約によるしるしであるので、それ（語）は、事物の自然的しるしを表す便宜的規約によるしるしであることになる。

観念が事物を表現するのは、間接的（語を介して）であり、しかも事物が我々に現象する限りにおいてのみ、その事物は表現される。これら制約は、我々の観念はその対象についてのすべてを顕示するのではないということを含意する。それは一つには、もっと優れた別の観察者にはその対象の一次性質を顕示するかもしれない、ということであり、また一つには、観念は表象作用を持つということが意味するのは次のこと、すなわち観念のしるしである語は、対象のしるしであるにしても、対象について我々が知りたいと思っているすべてを顕示するものでは必ずしもないということである。これは我々の意志疎通における誤りの可能性を開示する。過ちを正すには、経験の次元に戻るより他ない。

ロックはこのことに関して次のように言う。すなわち話し手の用いる語が、本来は直接には話し手の心の中の観念を表示するのであるが、心は思考の中で他の二つのものへ「ひそかな関連づけ」をする、と。その一つは、聞き手の心にもある観念であり、人々は、自分の用いる語が、聞き手の観念の符号でもあると想定する。第二は、人々は、自分たちが単に自分たちの想像するものについて語っているのだなどとは思われたくなく、実在するものについてそれの実相を語っていると思われたいであろうから、彼らは自分の語が、実在のものの形《かた》であると想定する。第一の関連づけの引き起こす誤りは、他人も自分と同じ観念を持っていると根拠なしに思い込むことによる誤りである。第二のことは、自分の観念が実在との間にずれを持つことに気がつかなくなることによる過ちを引き起こすのである。これらはもちろん、意志疎通における齟齬をきたす。

以上で上記①の問題（本書一六八頁）を一応論じ終えたことにしよう。次は②の問題である。それはロックが、「表示」について論じた章の次章「一般名辞」で論じていることである。

(7) 一般名辞

彼はその章の冒頭で言う。存在するものは、すべて個物である。それゆえ、ものに合致すべきである語についても、その語が表示するもの（表示の対象である事物）についても、そうであると言うべきであろうと思われるかもしれない、と。しかし、この個物主義は、我々の言語が固有名よりは一般名辞を主体としている、という事実に反する。しかも我々の言語には一般名辞が多いというのは、偶然ではなく理由があり、また必要なことであった。その理由の一つは、既に述べたように、一つ一つに固有名を与えているような言語は使用に堪えないということである。しかし、それは記憶力の乱費というだけのことではない。意志疎通における問題をも含む。なぜなら、固有名のみの言語を用いるなら、聞き手と話し手とは、知識が同じでなければならず、また同じものには同じ名が与えられていなければならないからである。さらにまた、このことは他人から学ぶということをほとんど不可能にする。それゆえ、言語は固有名以外に一般名辞を含まねばならない。

しかし、語は直接には観念を表示するのだから、語が一般名辞として個物を表示しうるものであるためには、そういう一般性を媒介するものがなくてはならない。それはいかにして可能になるであろうか。それを見るため我々は、ロックが、一般名辞はどのようにして作られると言っているかを考察しよう（E. III. 3. §6）。

語が一般性を持つようになるのは、一般観念のしるしとなることによってである、とロックは言う。そして観念が一般性を持つには、時間や場所や、その他その観念をあれやこれやの個別性に限定しうるような他の諸観念を、その観念から分離することによってである、と。こうした抽象作用で観念は一般性を獲得するというわけである。各々の個物は自らの中にこの抽象観念と一致するところを持つ限りにおいて、その種のものであるということになる。もちろん、この考えはやがてバークリの批判するところとなり、ヒュームもまた同じく批判する。しかしバークリやヒュームは、その際、観念は心像であると想定して論じていた。つまり彼らは、たとえば「犬」という一般観念を作ってみよ、と言うのである。ブルドッグにも、秋田犬にも、狆《ちん》にも、ヨークシャテリアにも共通な性質を表す心像とはいかなるものか、と。しかしロックは、観念をそのようなもの（心像）と見ているのであろうか。あるいは彼の観念は、むしろ概念に近いものであろうか。これはライプニッツのロック論のところで取り上げねばならない問題である。ここではその問題は差し置いて、まず一般観念を形成する仕方についてのロックの説明を、彼の述べる具体的な例に即して考察しよう。ロックは、たとえば子供がいかに観念を拡張するかを取り上げる。彼の説明を聞こう。

子供が、触れ合う人々について持つ観念は、それら触れ合う人々を実例として持つものであるが、最初は特定人物について持つ観念と同様、個別的観念でしかない。乳母や母親の観念は、子供たちの心の中にそれぞれしかるべく形成されている。そしてそうした観念は、心の中で乳母や母親の写像のように、そうした人々だけを表象する。子供たちがこの観念に最初与えた（ママというような）名は、こういう個人に限定される。しかしやがて時がたち、人を知ることが多くなり、世の中には姿その他いろいろ性質に共通なある一致があって、父母やその他よく出会う人物と類似する、そういうものが他にもたくさん存在することを観察させられてしまう。そうすると子どもたちは、それら多くの個別で特殊なものがすべて預かっていると見なす一つの観念を形成し、これに、他の人々とともに、たとえば人間という名を与える。こうして子どもたちは一般名辞と一般観念とを持つようになる。

この際、ロックが一般観念を心理的な心像のようなものと考えているのか、それとも概念的な知的なものと考えているのか、既に先ほど述べたように、決定できないが、今はその点に関わらないでおく。

人間という一般観念を得た子供たちは、さらに進んでより抽象的な一般観念や一般名辞、たとえば動物というような観念または名辞に進みうる。子供たちはいっそう包括的な、つまり外延の大きな観念ないし名辞に進みうる。その際、新しい観念（今の場合、動物）は、何か新しく付け足して作られるのではなく、人間という名辞の表示するある性質を取り去る（内包を減らす）ことによって作り出される。もちろんさらに「生物」というような抽象観念へも進みうる。否、さらには抽象観念としての「存在者」へと進めるかもしれない。

一般名辞や一般観念の形成についてのこれらの説明を認めるならば、そこからどういう帰結が出てくるであろうか。まず出てくることは、事物の一般本性と言われているものは、抽象概念に過ぎないということである。換言すれば、一般とか普遍とかというものは、実在する事物に属するのではなく、知性が自ら使用するために考案し造り出したものであるということである。一般性は観念や言葉にさえ属さない。言葉は、一般観念のしるしに使われるときに一般的となり、多くの個物へ適用される。観念は多くの特殊なものの代表とされるときに、一般的である。しかし、それは観念や言葉自体が一般的なのではなく、それら自体としては特殊・個別である。ロックはもちろん言う。抽象観念は知性の作ったものであるが、その根底には事物における類似（similitude）がある、と。しかし事物について我々がいかなる観念を持つか、それは最初から定まっているわけではない。「実体についての抽象観念は、ものそれ自体から取られると思うかもしれないが、その抽象観念はいつも常に同じではない」ことを彼は認めている。

一般語が持つ表示とはいかなる類のものであろうか。一般語は、単なる一つの事物を表示しない。もし一事物を表すならそれは一般語ではなく、固有名であろう。またそれは、複数のものを表示するのでもないとロックは言う。なぜならもしそうなら、「人間（man）」というのと、「人々（men）」は同じものを表示することとなるからである。そして、文法でいう「数」は無意味となろう。それゆえ、一般語が表示するのは、ものの種類（事物の種《しゅ》species）である。一般語の各々は心の中の抽象観念のしるしであることによって、そのように種《しゅ》を表示するのである。存在するものは、この観念に合致すると見られるままに、その名の下に類別されるのである。したがって種の本質は、こうした抽象観念でしかない。その種に属するものは、その種の本質を持つというからそうなのであり、その種の名を結びつけられている観念とものとの合致は、ものがその名を持つ権利を与えるのだからである。人間であること、言い換えれば人間という種であること（種に属すること）と、人間という名への権利を持つこととは同じことであり、人間であること、換言すれば人間という同じ種であることと、人間という本質を持つことは同じことである。名の表す抽象観念と種の本質とは一つであり、同じである。逆に言えば、名の表す抽象観念と種の本質とは一つであり、同じであるということであるから、異なった抽象観念は、それぞれ別個な本質である（E, III, 3, §14)。

かくして以上の議論によって次のことが示された。すなわち、種の本質は抽象観念であり、抽象観念は知性によって作られたものであることが。それゆえ、種の本質は、またしたがってものの本質は、知性、すなわち抽象してそうした一般観念を作る知性の業によって作られたものに他ならないということが示された。一般名辞は、抽象により取り分けられた性質の束の結び目である、というふうに言ってもよいであろう。

ロックはこの後、実在的本質と名目的本質とのずれの問題に進む。というのもロックの経験論に立てば、ものの実在的本質を知ることは探求の理念であるかもしれないが、そこに至りうるという保証はないからである。

さてここで余裕があれば、ライプニッツの議論を述べたいのであるが、残念ながらそれは割愛せざるをえない。

それはロックの意見を批判したとも、あるいは、すれ違ってしまったとも言える議論である。両者は哲学の目標を異にしていたため、言語についての彼らの議論も並行のまま終わってしまったのである。両者は互いに相手を理解しないままに終わった。ともあれ我々の議論は、ロックを継承したコンディヤックに向かう。

ここで注意を引きたかったことは、ロックの言語論は、生得的な観念を否定したという意味で経験論に立つものであるが、しかし、彼は経験論の主張を展開し、その帰結の含みをきわめて的確に分析したのみならず、合理論の主張をも取り込んで、いわば総合的な理解を提出しているものであるということである。その抽象観念や名目論的定義の分析は、近代の科学的知識の構造をきわめて正確に捉えているものと言えよう。そしてこの考えは、コンディヤックの議論によってさらに発展することになる。

ここでしかしながら、少し性急な注意をしておきたい。私は、ロックの議論が、コンディヤックを経て現代に直結していると言おうとしているのではない。言葉が観念を表示するとか、観念を通して事物を指示する（指示対象とする）とかという考えは、もちろん現代の言語論では乗り越えられた立場である。現代は、荒っぽく言えば、言葉の意味を、言葉の使用にある、というふうに考える。これは現代の意味論が、近世初頭の言語論の扱わなかった言語ないしその機能の領域にまで進んだということであり、同時にまた、観念説がそのままの姿では十分な機能をもはや持ちえないということでもある。

4　コンディヤック

（1）なぜコンディヤックか

伝記的な紹介

フランスの啓蒙期の主要な思想家であるコンディヤック（Condillac, Etienne Bonnet de, 1715～80）はグルノーブルで生まれた。父親ガブリエル・ボネは法律家として成功した人であり、家は豊かであった。コンディヤックというのは、父親が買った所領とか荘園とかとでもいうべきものの名前である。彼は視力が弱かったので、一二歳頃まで字を読むことができなかったらしい。こうしたことから彼の家族は、彼を知恵遅れの子だと思っていたようである。彼はパリに出て勉学を続け、一七四〇年に叙階された。僧侶になり、一生法衣を着ていたが、一度ミサをした以外、殆ど僧侶としての仕事をしなかったようである。他方、彼は自分の受けた教育に満足せず、デカルト、マールブランシュ、ライプニッツ、スピノザの研究に打ち込み、ロックの『人間知性論』を読み、ヴォルテールを通じてニュートンを学んだ。彼はパリで文人たちと交わった。彼と同時代人には、エルヴェシウス、ディドロ、ビュッフォン、ラ・メトリー、ドルバックなどがいた。彼の著作は、とりわけヴォルテール、ディドロに尊敬された。また彼はルソーとも友好を保った。

生じた誤解

読者は、近世における言語の問題を論ずるに当たって、コンディヤックの名が出てきたことに戸惑いをお感じかもしれぬ。彼がどこで言語の問題を論じていたであろうか、と。彼の著作目録を見ても、晩年に書いた未完の著作『計算の言語』以外に言語についての論考はないように思われる。また近世における言語論の大綱を決定したのはヘルダーではないかとお考えかもしれない。しかし問題はまさにそこにある。なぜ言語の形成に関する議論の歴史の流れの中でコンディヤックの名が埋もれたままになって現在に至っているのか。

その原因ないし理由の一つは、彼が言語を論じている当の著書の題名にもある。というのも彼の処女作であり、彼の主著でもある『人間認識起源論』（以下『起源論』）の題名からは、それが言語を扱ったものであることは窺い知れないからである。私も本を開いて中を見るまで、その内容は一種の認識論だと思っていた。私には他にも誤解があった。私は彼が後に書いた『感覚論』を、すべての認識を感覚に還元するという試みと受け取り、しかもそれが彼の究極的な意見であるかのごとく受け取っていた。尤も、これら誤解は、私だけが犯した間違いではない。私の誤解は、大体の哲学史が彼を記述する仕方にも原因がある。私は責任転嫁をしようとしているのではない。実際に多くの哲学史が誤解を広めている、と私は言っているのである。一般の理解では、彼は一種の感覚論者であるということになっているからこそ、哲学史はそういう書き方をしているのである。彼に対する誤解は、個人的な誤解と言うより、もっと大きな歴史の流れに根ざしている。

たとえば信頼されている哲学事典であるルートレッジ社出版の哲学事典でコンディヤックの項目を開いてみよ。そこの最初の概説は次のように書いている。

「コンディヤックの最初の著書『起源論』の副題は、「ロック氏の人間知性論への補足」となっている。コンディヤックは、ふつう単にロックの信奉者に過ぎず、ロックの考えを普及したが、まことの独創性はあまりなかったとされており、また経験が人間の知識の唯一の源泉であるというロックの考えに同意していたとされているのであるが、コンディヤックは次のように論じてロックの改良を試みている。すなわち彼は、感覚だけ――感覚と反省とではなく――が、知識の基礎を与えると論じている。彼の最も有名な著作『感覚論』(一七五四年)は、ある思考実験に基づいている。その実験は、ある立像の感覚を、嗅覚から始めて、一つずつ活性化していくという形を取っており、その意図するところは、心のより高度の認識能力のすべては心が感覚器官への原初的な入力に気づくことから引き出しうることを示すということにある。……」

この記述は、当然コンディヤックの功績を客観的に述べようとするはずのものであり、貶棄するものではない。しかし、それに従えば、コンディヤックは感覚だけ――感覚と反省とではなく――が、知識の基礎を与えると論じたことになる。

真実を見るには、『起源論』を読めばよい。そうすれば、知識を感覚に還元するのが彼の目標ではないことが明白である。還元論的解釈が正しくないことは、『感覚論』の前文（「この著作の構想」）を読めばさらに明白である。『感覚論』の議論は、まず立像が造られたと仮定し、それに順次いろいろな感覚を与えることによって、その立像の持つ認識が進むという形で展開する。つまり人間が感覚しか持たなければ、その認識はどこまで進みうるかを論じている。それゆえ、この著作は「感覚論」なのである。ここで立像は人間の形をしてはいるが、それは動物並みの存在として扱われている。

『感覚論』の前文には次のように書かれている。すなわち、大理石の立像に与える感覚をまず嗅覚から始めるが、「それ（嗅覚）はすべての感覚の中で我々人間の精神による認識に貢献することが最も少ないからである。それに続いて他の諸感覚を我々の探究の対象にし、それら諸感覚を別々にまた全体一緒にして考察した後、立像は、自らの保持に気を配ることのできる能力を持つ動物となるのを我々は見る」（Condillac〔1984〕T. S. Dessein de cet ouvrage, p. 11）（傍点は筆者）と。つまりこの著書で論じられているのは、動物として（人間としてのではなく）の能力であり、その議論の目標は、動物的な能力（感覚のみ）でも外的な事物の存在は解るということを示し、自分がバークリのような観念論ではないことを示すことにある。ある研究者の表現を借りれば、それはまさにバークリの議論を用いての、観念論から実在論への移行である。『感覚論』は、「立像」に逐次、匂いや聴覚、視覚を与えていくという手順を取る。しかしそれらの感覚のどれも、またそれらをどう併せても、決して我々の外の事物の存在を確認するものにはならない。最後に、感触と運動を与えると、その「立像」が、議論の余地ない仕方で外的なあるものの存在という感覚を獲得するのである。

しかし、立像は実用的な知識しか持てない（理論的な知識は持てない）。理論的な知識を持つには、人間の用いるような言語が必要である（Condillac〔1984〕, T. S. IV, p. 221）。立像と人間との区別は、動物と人間との区別に当たる。立像と動物とは区別できない。ある意味では、動物は人間と比較されうるものではないのである。繰り返して言えば、『感覚論』での立像は動物の能力しか持たない存在であり、『感覚論』は人間認識全体に関する認識論ではない。それゆえ、『感覚論』は人間認識を感覚に還元する試みではない。しかし、立像を人間の形にしたのが誤解を深めた。コンディヤックが誤解されたについては、その責任は彼自身にも少しあるというのもまた私の率直な感想である。ただしそうした誤解は、彼の書いていることを注意深く読めば避けられたはずの誤解である。彼の論述はきわめて明晰である。それゆえ彼が置かれていた知識背景に少し留意すれば、彼を大きく誤解することなどありえない。私はかつての自分の無知を恥じこそすれ、弁明するつもりはない。しかし無知という罪の償いとして、私は以下で彼を歴史の中でしかるべき地位に置き、まことの名誉を与えるべく試みたい。これは私だけの思い入れではない。ルソーは既に言っている。「私は、後世がこの人にその時代の最も優れた理論家、最も深遠な形而上学者の一人として名誉ある高い地位を与えるであろうことを疑わない」、と（『エミール』第2訳〔上〕p. 161）。

（2）大まかな歴史的文脈

コンディヤックの置かれていた思想史的文脈を理解するには、彼がロックの議論に啓発を受けていたことへの配慮が重要である。このことは二重の含みを持つ。一つは、一九世紀においてロックの哲学は、英国においてすら、なぜか嫌悪されたという事実がある。ロックの評判が下がれば、ロックの哲学を発展させたコンディヤックの評判もそれに伴って下がるであろう。もう一つは、それとは逆のようなことである。つまり、『起源論』が、たとえばその冒頭（「序論」）でロックを取り上げている際の論調は、少しロックに対して批判的であり、そこだけ読めば、彼がロックに出発点を置き、基本的にロックの議論に従っているようには俄には受け取れないかもしれない、ということである。もちろん批判的に見るということは、批判するだけの値打ちがあるということである。コンディヤックがロックの議論を批判しているということは、彼がロックに啓発されたということと矛盾するものではない。しかもコンディヤックの論述をもう少し読めば、彼がロックの考えを基礎に置き、それをさらに発展させていることは容易に見て取れる。

実際、この「序論」でコンディヤックは形而上学を二種に分け、高望みをするものと慎ましいものという区別をする。そして後者を形而上学のあるべき姿として受け取り、その代表としてロックの名を挙げている。「ロックは人間精神の研究に自分の仕事を限定し、そこで十分な成功を収めた」、と。そしてむしろデカルトを批判して、デカルトは我々の持つ諸観念の起源や生成を知らなかった、と評している。そしてこのことの意味を「序論」で次のように述べている。

哲学の第一の目標は「人間の精神についての研究である」。しかし、それは人間精神の本性を発見するための研究ではなく、「精神の様々な働きを認識すること、それらの働きが互いに結合する仕組みやそれらを制御する仕方を観察すること、そして最終的には、我々に可能な知力のすべてを獲得すること、このための研究である」。そのために我々は、我々の持つ様々な観念の起源にまで遡り、それらの生成を辿り、自然によって定められている限界に至るまでこれらの観念の発展を追跡し、そのことを通して我々の認識の広がりと限界を獲得し、人間の知性全体を一新しなければならない。

この探究をやり遂げる道は、観察つまり経験以外にはない。何人も疑えないような経験、他の様々な経験を説明するのに十分な「一つの根本的な経験を見出すこと」、これ以外に我々が求めるべきものはない。認識の源泉がどこにあるか、認識の素材が何であるか、それらを活用する際に従うべき原則は何であるか、その際使うべき道具は何か、その使い方はどのようなものであるか、こういうことはこのような根本的な経験に照らしたとき、明快に示される。諸観念の結合関係——観念と記号の関係であれ、観念相互間の関係であれ——に関する様々な問題をこのようにしてすべて解決した、と彼は言う。

彼の企ては、人間の知性に関するすべてのことをただ一つの原理（観念の結合原理）にまで立ち戻らせることである。つまり、認識における万有引力の法則によって人間知性の働きを説明することである（ニュートン主義）。しかも彼自らの言うところによれば、この原理は、曖昧な命題でも、抽象的な準則でも、恣意的な過程でもなく、経験（というステータスを持つもの）である。そして、この原理を展開するためには、次の二つのことの追求が必要である。一つは、人間の認識の素材、魂と身体との違い、感覚とは何かを述べた後、これら魂の働きはどのように発展したか、そのすべての発展段階を追跡すること、次には、あらゆる種類の記号使用を我々がどのようにして身につけてきたのか、そうした記号の正しい使い方とはどういうものかということの探究、である。

この探究の達成のために、彼は事柄の起源にまで遡って考えた（歴史的記述という方法）。まず①知覚すなわち人が魂の中に認めうる最初の働きにまで遡る。そして知覚の後に人が獲得する魂の他の働きを、知覚がどのような仕方と順序で生み出し、またそれらの働きが可能になっていくのかを示した、と彼は言う。それと同時に、②彼は身振り言語にまで遡り、そこから出発した。彼は、我々の思考を表現するのに適したあらゆる技術、すなわち仕種、ダンス、話し言葉、朗唱、記譜法、パントマイム、音楽、詩、雄弁、書き言葉、様々な国語の文字というものが、どのようにしてこの原生的な身振り言語から生み出されていったかを示した。言語のこの歴史は、様々な記号がどのように考案されていったかを疑念を残すことなく示すであろう。この二つのこと（魂の発展と言語の発展との通覧）をした後で、③どのような方法で誤りを避け、何らかの発見をする場合であれ、その発見を人に教える場合であれ、そういう場合に従うべき順序とはどういうものかを示そうとした。これが『起源論』の大枠である。

コンディヤックは「すべての知識は経験からくる」という原理を採る。そして「近世で最初にこの原理に気がついた人」としてベーコンの名を挙げている。またデカルト派の人々を評して彼は言う。彼らはこの原理をスコラ流に表現されたものしか目にしなかったので、この原理を軽蔑を以て退けた。スコラ流では、これは「かつて感覚に存在しなかったようなものは知性の中に何一つない」という粗雑な形で述べられている、と。この指摘は彼の立場を理解する上での示唆を含む。彼にとって、知識は感覚と等値ではない。つまり彼は感覚論者ではない。

他方彼はロックを評して、この原理を正しく把握し、それを最初に示し、試みた人と言う。ただ、ロックはこの原理を自分の考究の主な目標とはしなかったので不十分であった、というのが彼の言い分である（『起源論』「序論」、訳〔上〕p. 20）。ロックは認識における言語の意義に気がつくのが遅かったが、この点をもっと発展させたら、人間知性の機構についてもっと豊かな考察が展開できたであろう、と（同上、p. 21）。ロックは『人間知性論』の第3巻で言語を論じているが、それを書いたのは最後である（ロック自身の言：「白状すると、この著作を書き始めたときは、またその後もかなり長い間、私は言葉について考察することが必要だなどとは思いもしなかった」E. III. 9. §21）。

コンディヤックは『起源論』第1部第1章で、ロックと同じく「生得観念」を斥ける議論をしている。そうでなくても、その少なくとも第1部を読めば、彼がロックを批判しつつもロックの議論の線を大筋において受け取っていることを誰しも肯定せざるをえない。他方、彼が少なくともロックを通じ、つまり少なくとも間接的に、ポール・ロワイヤル論理の議論にも通じていることも読み取れるであろう。彼の書き物の中に、ポール・ロワイヤルの著作と同じまたはそれに似た書名のもの、たとえば『思考の技法』とか、『推論の技法』とかといったものがあるのは、より積極的な証拠かもしれない。これらのことは、彼が「生得観念」を斥けるとしても、だからといって、狭い意味での感覚論者ではありそうもないという推測に我々を導く。もちろん感覚的知識を認めるならば感覚論者なら、彼もロックも感覚論者であろう。しかしそれは尋常な用語法ではない。彼の主張は知識のすべてが感覚からくるという還元論ではない。それを還元論の主張だとするのは、生の豚肉とソーセージとは同じものだという主張と同じであろう。彼は、知識の素材が感覚だけであるとは主張していない。ソーセージには、豚肉の他の材料も必要であり、豚肉を加工する道具（豚肉からは作れない）や調味料も必要であるとすれば、ソーセージは端的に豚の生肉なのではない。これはトルコのソーセージは豚を使わないという意味ではない。肉だけではソーセージにならないという意味である。

コンディヤックは「感覚と魂の働きと（les sensations et les operations de l'âme）が我々のあらゆる知識の素材だ」と言う（『起源論』I. I. §5）。これは知識の素材は感覚だけでなく、別のもの――魂の働き――も必要であるということであろう。ただ魂の働きのすべてが素材とは言っていない（同上、I. 2. 11. §108を参照せよ。素材と呼ぶ魂の働きに制限を付けて、ある段階以前の魂の働きに限定している）。そしてまた道具（記号）の使用も必要である（これと同じ主張がロックにあったのを思い出して欲しい）。

彼の言う「素材」とは何か。「感覚と魂の働きとが我々のあらゆる知識の素材である」。「反省作用は、これらの働き（感覚と魂の働き）を組み合わせることを通してそこに秘められている関係を探り当てようとするのであるが、そこで使われているのはこれらの素材である」（同上、I. 1. 1. §5）。感覚は素材である。しかし、反省は魂の働きをも（すべての働きが根源的素材ではないが）素材とする。それゆえ感覚が我々の知識の素材のすべてではない。反省の働きは感覚的知識を比較したり、結合したりもするであろう。しかし、そうした比較や結合の働き自体は、感覚を通じて見て取られるとしても、そのすべての場合、感覚に還元されていると言えるであろうか。否。普通の言語の用法ではそういうふうに言わないであろう。それゆえ、繰り返して言えば、彼を感覚論者と呼ぶのは正しくない。特に、彼がポール・ロワイヤルやロックに繋がる文脈に置かれるべきだと認めるなら、その呼称は妥当でない。

尤もロックをさえ感覚論者として記述している哲学史家もいないわけではない。そういう意味ならコンディヤックも感覚論者と言えるのかもしれない。しかし曖昧に言葉を使った議論を聞くのは時間の無駄である。次のように言っておこう。もしある人が進化論を信じ、かつ、最初の生物がアミーバであるということを信じたなら、このことは、その人は現在の人間がアミーバに還元されたと信ずることになるのであろうか。人間はアミーバより知的である。それでも人間の知性はアミーバの持つ知性の機能しか持たない、ということになるのであろうか。これは事柄の正しい理解の仕方でも、正しい表現の仕方でもないと私は思う、と（なお想念、感覚、知覚などの区別について、『起源論』I. 3. §16参照）。

既に述べたように、ポール・ロワイヤルでは、論理学とは精神の働きに対する反省であるとされ、そういう反省をすることによって、我々が受ける利益は三つであるとされていた。すなわち、①我々は、理性の使用に確信を持てる、②間違いや欠陥をより容易に見出すことができる、③心の自然本性的な働きを知ることによって、我々は、精神の本性をよりよくすることができる、という三つのことである。ここにはデカルトの影響こそ見られるが感覚論的な傾向は見出せない。またポール・ロワイヤル論理学の主張では、我々が我々の外にあるものについて何らかの認識を持つのは、我々の内なる観念を介在させることによる以外には可能でない。それゆえ、我々の観念についての反省が、『論理学』の中で最も重要なことであった。このような「反省の働き」を認めるということは、単なる感覚論者ではないということではないか。しかも、この立場はコンディヤックの考えときわめて親近性がある。

（3）『人間認識起源論』の主張の概観

『起源論』の内容を認識と言語との関係に沿って祖述しよう。『起源論』は二部からなっており、第1部は、「我々の認識の素材について、特に魂の働きについて」、第2部は、「言語と方法について」と題されている。このことを見れば、この著書が言語についての論考であることは既に明白である。それは、あらゆる種類の記号使用（言語使用）を我々はどのようにして身につけてきたかという分析を通じて、認識の進歩を解析している。

まずは、彼の主張の基本的な狙いはいずこにあるかを示す、彼の結論的な言を引用するのが最適であろう（『起源論』I, 2, 11, §107、訳〔上〕p. 156）。

「以上のように私は魂の様々な働きを説明してきたが、この説明の仕方には主に次のような利点があるだろう。すなわち、この説明によって、常識・機知・理性、あるいはそれらの反対物が、同じ一つの原理、すなわち観念相互の観念結合という原理からどのようにして生まれてくるのかをはっきりと理解することができるということ。さらにその根源に遡れば、記号の使用によってこの結合関係が生じるということを理解できるようになるということ。そしてそこから当然言えることだが、人間の精神の進歩は言語を巧みに使用できるということに完全に依存していることが理解されること、これである。この原理は単純であり、この問題に明るい光を当ててくれる。私の知る限り、私以前にこの原理を捉えた者は一人もいないのである」

この引用について次の諸点に注意を引いておきたい。①ここで彼は「魂の様々な働き」と言っている。そして既に述べたように、この魂の働きというのは、感覚だけのことではない。それは、ロックのいう反省をもここに含めて、常識・機知・理性などをも指している。その素材は、感覚と魂の働きである。ただ魂のすべての働きが素材なのではない。それは知覚、意識、想起、注意、想像力に限定される。しかも最後の二つが素材であるのは、我々の制御が及ばない段階にあるものに限られる（同上、§108）。しかし、素材として魂のこうした働きを認めるのなら、彼は感覚論者ではない。②そうした魂の働きは、観念相互の観念結合という原理から生ずる（観念連合ではない――「結合」と「連合」の区別は、ロックにおいて一貫して守られている。ロックの「合理主義」にとって連合は有害なものである。コンディヤックもそれに従っている。「結合」は、ある程度、客観性を想定しうる結びつきである。この区別を乱した犯人の一人はヒュームかもしれない）。彼は観念説に従っている。さらに、③その観念結合は「記号」の使用によって生ずる（同上、§107）。これは②と併せてロックとの強い繋がりを示す。④人間の精神の進歩は言語を巧みに使用できるということに完全に依存している（同上）。これは、人間は言語を持つようになって思考ができるようになった、ということであろう。そして、これこそコンディヤックの真髄である。この考えにより、彼の認識論は彼の言語論と不可分となる。この考えは、彼の方がヘルダーよりも先に出していることに留意願いたい。⑤コンディヤックが「同じ一つの原理」と言っているのは、「感覚」ではなく、「結合原理（la liaison des idées）」である（『起源論』「序論」訳〔上〕p. 18、および、I. 2. 11. §107など）。しかも、この根源は記号（人工的道具）の使用にある。

なお補足すれば、彼の第1部第1章「魂と身体の区別、および感覚について」の第1節は、「我々の認識の素材について、また魂と身体の区別について」となっている。これらの表題は、彼が唯物論者でないことを示すのみならず、二元論者であることすら示唆していると言えよう。それだけではない。認識の起源にまで遡ろうとする彼の議論は、魂の働きと感覚との区別を前提する。彼は言う。認識の起源にまで遡れば、結局は最初の単純な想念に到達する。そしてこの最初の想念に基づいて二番目の想念が生まれ、それに基づいて三番目の想念が生まれるというふうに無限に続く、と。ここにはデカルトやロックで見られた「単純観念」の考えに加えて、それに働きかける魂の存在と「働き」とが前提されている。

以下、言語の成立についてのコンディヤックの考えを辿る。それはまた当然ながら彼の認識論でもある。我々の記述は、魂の様々な働き（観念の成立、常識、エスプリ、理性など）が、同一の原理、すなわち観念相互の観念結合という原理からどのようにして生ずるかの理解、その根源には記号の使用によってこの結合関係が生ずるということの理解、さらに人間の精神の進歩は言語の使用に依存していることの理解へと向かう。

（4）議論のあらまし

観念と反省

観念とはいかなるものか。彼は言う。我々の認識、つまり我々が種々の事物について持つ観念がいかなるものであるかを知りたいなら、想念の発展の順序を追跡すべきだ、と。しかし、その追跡は自然学的・物理的なものではまだありえない。我々はここで、ロックの歴史記述的な平明な方法という考えを思い出す。我々は、まず自分自身の想念（自分自身のものでないもの――たとえば眼前の椅子や机――の想念ではない想念）を追跡することから始めるべきである。それでは、一人の人間がその最初の瞬間において経験するものは何か。それは光、色、苦痛、快感、運動、静止といった様々な感覚であり、それが彼の持つ最初の想念である。しかし彼は、こうした感覚によって引き起こされた事柄について反省し始める。ここに「反省」というのは、「悪いことをして反省しています」というような場合の「反省」のことではなく、注意を次々に振り向けていくという魂の側の働き・発動（外からの働き掛けではなく）のことである。つまり、ロックが言う意味での反省である。反省は外的な影響によって活動を始めるものではなく、外的な影響に対して活動を始める。この主張が示すのは、彼が反省という内的能力を認めること、それゆえ彼は唯物論者ではないことである。最初の反省は感覚知覚を機会（原因ではない）として発する。

この反省が開始されると、知覚、想像といった魂の働きによって、人は新たに様々の観念を作り出す。外界の対象が我々を触発するにつれ、我々は感官を通して様々の観念を受け取り、次いで我々はこれらの感覚が我々の中に引き起こす魂の働きについて反省するに従い、その反省なしには受け取ることのできなかった、外物についてのあらゆる観念を構成する。

感覚・意識・知覚

感覚と呼ばれる観念は、感官によってのみ得られる観念である。感覚は人が物体について持つあらゆる観念を提供する。コンディヤックは、デカルトやマールブランシュのように感覚を誤謬の元とはしない。むしろ、我々が何らかの感覚を感じているとき、その知覚よりも明確で判明なものは何もない、と彼は言う。彼の言う知覚とは、感官の活動によって魂の中に引き起こされる印象のことである（同上、I. 2. 1. §2）。知覚が知性の最初の働きである。もちろん、知性の働きは知覚でしかありえないわけではない。魂の高次の働きは、認識の素材を活用するものである（同上、I. 2. 11. §108 参照。訳〔上〕p. 157）。

知覚から得られた観念は、どのように言葉で説明されても得られないような観念である。そして、感覚によって触発されるときに感じられているものを反省し（いわば冷暖自知し）てみる以外に、この知覚をもたらすものはない。最初で最も低次の認識の段階は、この知覚である。感覚から受け取るものが多いか少ないかによって、この認識の第一段階としての知覚がより広いものになったり狭いものになったりする。という意味は、たとえば視覚を持たない生き物はそれだけ知識が少ないことになるということであり、これは、すべての知覚を奪われたものは何の知識も持たないということである。ところで魂の中には、その魂が自覚していないならば存在するとは言えない知覚がある（知覚のすべてが自覚されるという意味ではない）。知覚についてのこうした自覚を与える感じ（サンチマン）が、意識（conscience）である。自覚されないような知覚は魂の中には存在しないのなら、つまり気づかれない知覚というのが矛盾であるなら、意識と知覚とは一つの同じ働きに過ぎないことになろう（これはロックの意見である）。

注　意

いくつかの知覚を同時に意識するとき、その中のある知覚が他の知覚よりも強く意識され、その存在がより生々しく迫ってくるということがよくある。ここからコンディヤックは、ロックと同じく「注意（attention）」という働きを取り出す。あるものに注意するということは、それが生み出す知覚についての意識を別のものより多く持つということである。それゆえ知覚は、あまり時間が経っていなければ思い出せるような知覚と、すぐに忘れてしまうような知覚とに分けられよう。もし後者のような知覚も存在すると言ってよいなら、知覚と意識とは、同じ働きの二つの名前であるが、次のようにも区別できよう。もっぱら魂の中での印象という意味でこの働きを考える限りでは、それは知覚という名で呼ばれてよいが、この働きが魂に自分の存在を告げ知らせる（その知覚は私の知覚であると注意させる）ならば、それに意識という名を与えることができる、と（同上、I, 2, 1, §13〔上〕）。

想　起

知覚、意識、注意などに引き続き、魂の働きとして取り出されるのは、「想起（reminiscence）」である。様々な対象が我々の注意を惹きつけるとき、我々の中に引き起こされる知覚は、我々が存在しているという内的感覚ないし感じ（sentiment）と結合し、またこの我々の存在と何らかの関連を持つあらゆるものとも結合する。ここから次のことが生ずる。すなわち、意識は、単に我々が持つ様々な知覚についての認識を与えるだけでなく、その知覚が繰り返される場合、我々がそれら知覚を持ったことがあるということをも告げ知らせ、またそれらの知覚を我々に属するものとして、さらには、それら知覚の多様性や継起性を貫いて常に存在するこの「我」という同一の変わらない存在に働きかけているものとして、認識させもする。このような新しい効果との関連で眺められた意識は、常に我々の役に立ち、経験の基礎ともなる魂の新しい働きである。もしこういう働きがなければ、人生のどの瞬間もが、我々が存在し始める最初のとき（過去がない）のように思えることになるであろうし、我々の知識もその最初から一歩も進み広がっていくことはないということになるであろう。この新しい働きを「想起（reminiscence）」と彼は名づける（同上、I. 2. 1. §15、訳〔上〕p. 58）。これは統覚のような働きをも持つと言えよう。

魂の働きのこの分析と生成の説明とは、まず単純な知覚から始まり、意識へと進み、さらに注意、想起へと進んでいる。意識は魂に、「ここに知覚がある」と告げ、注意は「君が持つその知覚は、まさにこれだ」と告げ、想起は「君がかつて持ったことのある知覚がここにある」と告げるのである。魂のこれら想起の働きは、たとえ感覚知覚に関わっているときでも、もはや感覚そのものではない。それら働きは感覚に関係づけられるが、還元されるわけではない（同上、§16）。

想像・観想・記憶

議論はこの後、「想像」「観想」「記憶」の成立の解明へと進む。すなわち、「注意によって形作られる観念結合は、対象が引き起こした知覚を、その対象が去ってしまった後にもいかにして精神のうちに存続させるか、つまり、いかにして想像、観想、記憶を生み出すか」の解明へと進む（同上、I. 2. 2）。

想像は次のように説明される。注意の働きは、ある対象が引き起こした様々な知覚を、その対象が去ってしまった後でも精神の中に存続させておく。ふつうそういう様々な知覚は、それらの知覚を引き起こした対象が現前していたときと同じような秩序の中で保存される。そうした秩序があるので、諸知覚の中にはある結合関係が生まれる。そうした結合関係から他の様々な働きが生ずるが、その最初のものが想像である。想起もそうした働きの一つであるが、想起は自己との関係に関するものである。想像は、注意という働きを介して生ずる結合関係、つまり知覚とある対象の知覚との間の結合関係を生む働きである。ある対象が現前するとき、こういう結合の力だけに基づいて、ある一定の知覚を再現させる場合、そこに働いているのはこの想像の力である。たとえば、あるものの名を聞けば（その聴覚印象が現前すれば）、その名が指すものを目で見るように表象することができるのもこの働きによるのである。しかし、かつて経験したことのある、ある知覚を、我々がいつも思い浮かべられるとは限らない。どんなに努力しても、その名しか呼び起こせないときもある。知覚そのものを思い浮かべることができなくても、その知覚についての抽象観念を通じて、その知覚を再現させようという効果を生み出す魂の働きが、「記憶（memoire）」と呼ばれる。

彼の議論はさらに「観想（contemplation）」の説明へと進む。すなわち、「注意」によって観念相互の間に一定の結合関係が作られるが、そこからまた魂の新しい働きが生まれてくる。たとえば「観想（contemplation）」がそうである、と。目の前から消えてしまった対象の知覚、その名、それを取り巻いていた状況、これらを中断することなく保持することが観想の働きである、とされている。

想像、記憶、想起の間には、一つの発展的な繋がりが貫いている。すなわち、想像は様々の知覚を思い浮かばせ、記憶は、知覚の記号（後に見るように記号は、三種に区別されるが）、もしくは知覚の対象が置かれていた状況のみを呼び起こす。想起は、ある知覚を、それがかつて経験したあの知覚だという形で自分に再認させる。コンディヤックによれば、それゆえ、その知覚の記号やその知覚の状況しか思い出せないような知覚との関連で記憶と呼ばれる魂の働きは、そこで思い浮かべられた記号や状況との関連で言えば、想像であることになる。というのも、これらの記号や状況も、それ自体が知覚だからである。観想については次のように言える。ある対象が存在しなくなってもそれを考え続ける場合、その対象の知覚自体を保存しようとする場合には、観想は想像の性質を持ち、それ（対象）の名やそれが置かれていた状況しか保存しようとしない場合には記憶の性質を帯びる、と（同上、I. 2. 2. §25）。彼は、想像と記憶との区別についてのロックの議論を、想像と記憶とを十分に区別しえていないと批判している。実際、「いわば見えなくなってしまった観念を心にまた再生する能力」とロックのように言うだけでは、想像と記憶の区別は十分とは言えない（同上、I. 2. 2. §20）。

コンディヤックはまた、記憶する知覚は、元のありありとした知覚でなく一定の抽象観念に過ぎないかもしれないと指摘する（同上）。またさらに、注意によって形作られた観念結合が、いかにして想像、観想、記憶を生み出すか、またそうした観念結合とはいかなるものかについての興味ある議論を行っている（『起源論』I. 2. 3）。しかし、ここではそれらを詳しく追うことは断念せねばならない。ただ、次のように付け加えておきたい。彼がロックを批判しているという意味は、ロックの言い分を斥けているという意味ではなく、ロックの主張を整備しているという意味である、と。

記号の使用

記号の使用が、想像、観想、記憶という働きを発展させる真の原因であると彼は主張する（同上、I. 2. 4）。これは彼の真に独創的な主張であり、言語があって人間の思考力は飛躍的に進歩したという主張への最初の入り口をなすものであろう。これによれば、獣が人間のような言語を持たないのは、まさに彼ら獣が記号の使用を始めなかったからである。獣の想像力は、獣自身が自由に制御できない類のものでしかない。しかも獣がそうした自由を持たない原因は、獣が記号ないし言語を持たないからだ、と彼は主張する。人間の魂の働きは創造的なのである。このことを示す彼の議論は、想像、記憶、観想という心の働きと記号との関係を考察することによる。

心のこれらの働きを作動させる機構を解明するためには、これらの働きが記号の使用からいかなる助けを借りているかを見るべきである。ここで彼は、記号を三種に区別する。

①　偶然的な記号　一定の状況によって何らかの観念と結合されたもの。このものによってそれらの観念が後で思い浮かべやすくなる。

②　自然的な記号　喜び、悲しみ、苦しみなどの感情を表出するために自然が定めた叫び。

③　制度的な記号　我々が自分自身で選んだ記号（観念の記号）。これは観念に対しては、恣意的便宜的な関係しか持たない。

記号に種類があるだけでなく、記号の働きにも段階がある。想起に先立って生ずる魂の発動には、記号は全く必要ではない。知覚や意識は、それだけで存在することが可能である。我々が目覚めていれば、知覚と意識は存在している。それゆえ、知覚や意識は、その限りでは記号を必要とはしない。注意も記号を必要とはしない。なぜなら、注意とは特定の知覚の現前だけを我々に強調する意識に他ならないので、ある対象が他のものと違って際立って強烈に感官を刺激するということがあれば、それだけで注意は成立するのだから、そこには必ずしも記号はいらない。もちろん記号が、注意を働かせる機会を増やすということはあろう。

　ところで、もし我々が制度的な、つまり人工的な記号を全く持たないとしたら、どうなるであろうか。コンディヤックは答える。偶然的な記号だけに頼っても、彼の想像力と想起は一定の働きをするであろう、と。なぜなら、ある対象を見ることによって、その対象と結合したある知覚が思い浮かぶ、ということはありうるからである。そうすると人は、この知覚はかつて見たことがあるものだ、と再認することができる。しかしこの再認は、彼の自由に行えるものではない。つまりその再認は、何らかの外的な原因のおかげで彼の目の前にこの対象が置かれれば、可能となろう。しかし、そういう対象が目前に見当たらない場合には、自力でその知覚を思い起こす手段を持たない。なぜなら、まだ彼は、取り決めによって成立した、自分の自由に使えるもの（今の場合、それは記号である）を持たないのであり、彼はまだ、自分自身の力で想像力を行使するという段階には至っていないからである（同上、

I. 2. 4. §37)。

それでは、もし我々が制度的な、つまり人工的な記号をまだ全く持たないが、自然的な記号（自然的な叫びなど）は持つとしたらどうなるか。ある感じに襲われたなら、その際、我々はすぐにその叫びを発するであろう。しかしその叫びは、その最初の瞬間から彼にとっての記号になっているわけではない。なぜなら、この段階での叫びは、彼にその知覚を思い浮かべさせるのではなく、単にその知覚の結果であるに過ぎないからである。しかし、彼が同じ感じ、ないし感情を、何度も繰り返し感じ、その都度、この感情に自然に伴う叫びを上げるということが重なると、彼の想像の中で、自分のこの感じ、ないし感情と、叫びとは、きわめて強く結合するようになる。しかし、その叫びはまだ記号の働きをしない、とコンディヤックは言う。それが記号になるのは、その感じ、ないし感情と叫びとの結びつきが、きわめて強くなった段階に至った上で、誰か他人の叫びを聞いてからである。こういう段階に至ってから、他人の、ある叫びを聞くと直ちに彼は、一定の感情を感じることになる。しかし他人の叫びを聞くという条件がまだ満たされない限り、彼の想像力は発動せず、想像力は彼の自由にはならない。なぜなら、自然的な記号とは、どういう記号を使うかという我々自身の選択によって定まるものではなく、他人の場合と似たものがおのずから生じて、それによって自分の内的な印象が他人に伝わるという性格を持つ記号だからである。もし叫びが、我々の意のままになる記号であるというなら、そのときそれはもはや自然的記号ではなく、いわば一種の制度的記号になっているのである（同上、I. 2. 4. §38）。

さて記憶についてはどうなるか。事物を思い出そうとする場合、自分の置かれた状況とその事物との関連を手がかりにしない以上、それは不可能であることは、経験により明らかであるとコンディヤックは主張する（同上、I. 2. 3. §32）。これは、要するに、記憶という働きは、観念の記号、ないしその観念に関わる状況を呼び起こす能力の中にしか存在しない、ということである。しかし、このことを逆に言えばどうなるか。それは、観念について我々が取り決めた、いわば我々の意のままになる恣意的で制度的な記号を持てば、我々はその記号を用いて、その記号が指すものを呼び起こすことができる、ということである（同上、I. 2. 4. §39）。仮に、偶然的な記号や自然的な記号しか持たない人間がいるとすれば、彼は自分の意のままになる記号を全く持たない。それゆえ彼の欲求が引き起こせるのは、想像力の発動だけだということになる（ここでは記憶という働きは存在しない）。獣は自分の持つ観念を恣意的な記号に結びつける自由を持たない。それゆえ獣は、全く記憶を持たず、自分で自由に制御することができないような想像力しか持たないのである。

獣は前に餌を得た場所へまた行くではないか、と言う人があるかもしれない。コンディヤックは答える。獣が前日に獲物を見つけた場所へと導かれるのは、記憶によってではない、と。獣の脳の中で表象できるのは、現前する対象と密接に関係するものだけである。獣が昨日餌を見つけた場所へ行くのは、飢えの感覚が、その場所やそこへ通じる道の観念と非常に強く結合しているために、飢えを感ずるや否やその観念が思い浮かぶことによる（同上、I. 2. 4. §40）。獣は記憶という働きを欠く（したがって獣は、脳の中で結合しあった様々の知覚を、人間のように自分の意のままに呼び起こせない）が、想像力は十分にある。獣はそういう自己の思い通りにならない想像力しか持たないが、そうした想像力だけでも、動物の一見理性的と言われるような行動を説明できるのである（同上、I. 2. 4. §41）。かくて本能も一種の想像力として説明される（同上、§42）。このことは、人間と動物との間に類似があることを証明する（反デカルト）と同時に、獣の魂が人間の魂に比べて劣っているということをも証明する。

「魂の働きの分析と、その生成過程」という第2章は第11節まであり、いろいろなことが他にも議論されており、たいへん興味深いのであるが、ここでは知性というものを彼がどのように捉えているかの考察だけに留めたい。しかしそのためには、魂の働きの一つである「反省」という働きについて少し述べておかねばならない。

反　省

記憶という働きが形成され、自分の力で想像力が発揮されるようになると、記憶によって呼び起こされる記号と、想像力によって思い浮かべられる観念とは、魂をそれまでの外的な対象の存在に依存していた状態から抜け出させる。魂は自身の力によって、様々な対象に次々と注意を振り向けていくようになる。注意を振り向ける魂のこのような働きが「反省」である。つまり、反省が想像力と記憶とから生まれる。しかし反省には、いくつかの発展段階がある。

反省の発展の諸段階を考察してみよう。まず、想像力の働きは記憶の誕生によって自由なものとなりえた。しかし、ある一つの観念を自力で思い浮かべることができるようになるには、恣意的に決められた制度的な記号が少なくとも一つ必要であった。記号の成立が、記憶と想像力とに対する我々の統制力を成立させる。これは統制の最初の段階であり、そこでの統制は微弱なものでしかないであろう。しかし人々は記号というものの有益さを感じ始め、その結果、有益で必要な記号を人々は新たに作り始めるようになる。このことを通して、記憶と想像力は頻繁に働くようになり、これ以降、反省という働きもますます出番を増やす。そして、この反省という働きは、今度は、それを生み出した想像力と記憶とに逆に働きかけ、作用を及ぼすようになり、想像力と記憶とに新しい訓練を施すことになる。想像力と記憶とは、反省と互いに因となり果となって、互いの発展を助ける。こうした多くの段階を踏んで、言語が成立したというのが、コンディヤックの主張である。しかし、ここに大きな難問がある。

その難問とは、制度的な記号を選んだり、それら記号を様々な観念に結びつけたりするために必要十分な反省は、どのようにして成立したかという問題である。このような反省の能力が成立していなければ、制度的記号も利用可能でないであろう。そこで逆に、記号の使用を通してでなければ、反省も働かないのではないかという反論が生ずるであろう。「反省能力がなければ言語は作り出せないが、言語がなければ反省することができない」。コンディヤックはこの問題を意識しており、言語の歴史を述べるところでこの難問に答えると言って、答えることを約束している（同上、I. 2. 5. §49、訳〔上〕p. 92）。しかしそれをどのように成し遂げているか、私は、記号の導入ということ以外に、このことについての確かな議論をまだ発見していない。「叫び声」がやがて記号となるという事実上の成り行きが、言語の導入の発端となっているということであろうか。ともあれ、このいわば循環問題を彼が意識していたことはここに明らかである。そして、「ことば」や言語が、経験を記録し、実在に構造を与え、意志疎通と伝承を可能にし、過去の知識を取り戻せるようにするという彼の考えは見て取れる。

反省という働きを通して我々は、様々な知覚を、あたかもそれらを自力で生じさせたり消去したりすることが可能に見えるほどまで自由に扱えるようになるが、この自由が広がれば広がるほど、この反省という働きはいっそう大きな結果を生み出すことになる。この反省という働きの結果出てくる様々な結果を見よう。

観念を操作する魂の働き

反省、つまり注意という働きを自力で制御する能力から、自分の持つ様々な観念を一つ一つ分離して考察する能力が生まれる。この能力は、ある特定の観念をことさらに強調することを可能にする。こうした強調は注意の働きによるものであり、この観念を他とは異なるものとして区画をつける。ある観念を区画するということは、それを他から区別するということである。注意力を全く自分で支配できないときは、魂は全く観念の区別ができない。言い換えれば、反省の働きが全く奪われたなら、様々な対象を前にしても、我々はそれらを区別できない。

様々な観念を互いに区別していく際、あるものについて最も本質的な性質を、その性質の基体ないし主体から完全に切り離されたものとして眺めることがある。これが「抽象」と呼ばれる働きである。この働きによって生まれてくる観念は、「一般観念」と呼ばれる。なぜならこういう観念は、様々に異なった多くの事物に共通する性質を表すからである。人間精神のように、沢山の観念を一度に眺めることができず、したがって多くのものを一つに纏めて考えるより他ない制限された精神にとっては、この抽象という働きは、絶対に不可欠である。しかし、ここで我々は注意しなくてはならない。我々の理解の仕方においてのみ区別されているようなものが、実際にも区別されているかのように考えてはならない。（同じく、我々の理解の上で結びつけられたものが、実際にも結びつけられていると考えてはならないであろう）。観念を抽象したり分解したりすることができるようになると、まもなく一般的な命題を扱うことが可能になる。一般的な命題は、個々の多くの知識の帰結なのであるから、それは記憶を助けたり、議論に厳密さを与えたりすることに人々はすぐ気がつく。しかし一般命題は、これと同時に、人を誤謬に陥れたり、非常に不完全な推論の仕方に道を開いたりする（『起源論』I, 2, 7, §61）。その（一般命題の）確実性を示し得ないのに、人間の知識の真の源泉だと信じ込んでしまうからである（同上、§62）。確実性を持つことを証明できない一般命題を、原理と名づけた横着な人々（ある種の哲学者）がいた。

我々は反省によって、様々な観念を区別する能力を持つようになるが、この反省は同時に、それらの観念を比較し、それらの間の連関を認識する能力をも我々に与えてくれる。比較というこの働きの助けを借りて我々は、自分にとってあまり馴染みのない観念を自分のよく知っている観念と関係づける。そして、そこに見出せる連関によって、それらの間に結合関係が打ち立てられる。この結合関係は、記憶と想像力とを、さらに翻っては反省自体を豊かにしたり、強めたりするのに非常に役立つ。

様々な観念を区別した上で我々は、時々それらの観念を一纏まりの単独の想念として眺めることがある。またあるときは、一つの想念を構成している観念のうちのいくつかをその想念から削ったりもする。観念を「組み立てる」とか「分解する」というのはこのことである。「分析する」というのは、我々の持つ観念の起源にまで遡り、それらの観念の生成を辿り、そこにありうる全ての連関に照らしてそれらを比較することである。これが知識を獲得する唯一の手段である。

知性の諸機能

コンディヤックにおいては、知性（entendement）とは、魂の様々な働きの集合ないしは組み合わせに他ならない。知覚し、あるいは意識を持ち、注意を向け、再認し、想像し、思い出し、反省し、諸観念を区別し、抽象し、比較し、組み立て、分解し、分析し、そして肯定し、否定し、推理し、把握する、これら全体が知性という働きなのである。これらの働きを取り去っても残る知性ないし理性という独立の能力があるわけではない（同上、I, 2, 8, §73）。しかし肯定、否定、判断、推論、把握（理解）についてはまだ説明していなかった。

肯定とはいかなることか。我々が二つの観念を比較するとき、自分が眺めているその局面において、この両者は等しいと意識することがある。我々は、この事態を、「……である」という言葉で二つの観念を結合することによって言い表す。これが「肯定する」という働きである。逆に、この両者は等しくないと我々が意識することがある。この意識を我々は、「……でない」という言葉で両者を切断することによって言い表す。「否定する」という働きがこれである。この二つを併せて我々は、「判断する」と呼ぶ。判断は、肯定・否定の帰結である（同上、I, 2, 8, §69）。

この判断するという働きから、推理する（raisonner）という働きが生まれてくる。推論とは、互いに依存しあう諸判断の連鎖に過ぎない。こうした魂の様々な働きを、あるいは少なくともそのうちのいくつかを働かせることによって、我々は正確な観念を作り、それら諸観念の間の連関を認識するようになるが、この段階において我々がそれらの観念について持つ意識が、「理解する・把握する（concevoir）」と呼ばれる働きである。正しく把握・理解するための本質的条件の一つは、事物を常にそれにふさわしい観念の下で表象することである（同上、§70, §72）。

理性・機知など

これまで論じてきたすべての魂の働きの中から、いわば知性（entendement, understanding）に王冠を授け、それに栄光を与える一つの働きが生じてくる。それがすなわち理性（raison）である。市民生活において賢明に振る舞ったり、真理の探究を首尾よく成し遂げたりできるのが他ならぬこの理性のおかげだと万人が認めるところだ、と彼は言う。しかし理性とは、人間の魂の様々な働きを正しく調整する仕方についての知識に他ならない。それは知性の統合者であるかもしれないが、特定の機能を果たすものではない（同上、I, 2, 11, §92）。

理性についてのこの考えは、ロックのものにきわめて近いことに留意すべきである（ロックの「理性」の把握については、『人間知性論』E, IV, 17 §1以下を参照)。コンディヤックは、理性概念の理解についてロックの意見にほぼ従っている。この点から言っても、彼がロックに反対し、理性を、感覚から形成した機能だと見たという解釈は成り立ちにくいように思われる。

ロックは、理性という能力の有無を人間が獣と区別される所以としているが、理性の能力を主として推論による総合的把握ということで捉えており、理性に次の四つの段階を考えている。すなわち、①その最高の段階。すなわち論拠・証明を見出すこと、②論拠を規則的、方法的に配置し、明晰かつ適切な順序において、論拠の結合と力とを平明にかつ容易に見て取れるようにすること。③論拠の結合を見て取ること。④正しい結論を得ること、である。こうした理性の働きの例は、数学的論証で観察できる、と(同上、§3)。しかし、注意すべきは、既に指摘したように、彼が次のように言っていることである。「理性は……我々を導くが、それにも拘らず、物質的な存在についてさえ、実在の範囲には及ばないのであり、それが誤りを犯す多くの事例がある」と(同上、§9)。理性には実在を決める十分な力はないのである。

コンディヤックは魂の働きを三種に分ける。①本能(instinct)、②狂気(folie)、③理性(raison)。本能は、我々が下す命令とは全く無関係に働き、しかもその迅速さで以て我々の自己保存のために役立つ、そういう一種の想像力に他ならない。本能は、記憶や反省をはじめとする様々な魂の働きとは相容れず、それらを押しのける。狂気において魂の働きを導くのは、錯乱した想像力である。理性は、正しく導かれた魂の働きから帰結するものであり、その意味で、根拠ないし理由を与える能力である(同上、I, 2, 11, §95)。

このようなものとして理性を捉えた彼は、「理性を超えること」「理性に従っていること」「理性に反していること」の区別について言う。ある観念が、感官を通して入ってくることもできず、感覚から引き出すこともできない場合、まさにこの理由によってその観念は魂の対象でありえないということになるが、こういう観念を含む真理はすべて、理性を超えた事柄である。我々の魂が働きかけうる観念のみを含む真理は、理性に従っている事柄である。

最後に、正しく導かれた魂の働きから結論される真理と矛盾するような命題は、すべて理性に反する事柄である、と（同上、§96）。

この他、常識（ボンサンス）、機知（esprit）、英知、洞察力、洞見、識別力、判断力、明敏さ、趣味、発明の才、才能、熱狂などについての分析もある（『起源論』I. 2. 11. §97、訳〔上〕p. 145ff）。しかし、ここではそれらを扱うことはできない。

単純観念と複合観念

複合観念とは、様々な知覚の集積体であり、全く単一な観念は単純観念と呼ばれる。そして、これらのことを論ずる第3章はロックの引用から始まっている。その議論は、まず、複合観念を二つに分ける。①様々の異なる知覚から組み立てられている複合観念と、②均質な知覚から組み立てられた、つまり同一の知覚が何回も繰り返されて組み立てられたものである。前者①は、たとえば実体の観念や、あるいは人間の行為に関わる複数の単純観念から成り立っている観念である。②は同一の知覚が何回と限定されることなくただ繰り返されることによってできた観念である。延長の観念は、ある単位の繰り返しである。これはスコラの言葉で言えば、様態に当たる観念である。

単純観念と複合観念との間の本質的な違いは二つある。一つは、単純観念が作られるとき、精神は純粋に受動的であること。しかし複合観念ができるとき、精神は能動的である。つまり複合観念は、反省を加えられた経験の産物である。この複合観念を、「概念（notion）」と呼ぶ。二つ目は、ある単純観念を他の単純観念と比較してその大小を言うことはできないということである。単純観念は、分割できないからである。その他この章では、諸概念（想念：penser、魂の働き：operation、知覚：perception、感覚：sensation、意識：conscience など）の定義が述べられている。（『起源論』I. 3. §16）。

このことを論ずる第1部第4章は、ロックの考えを全面的に支持しており、その内容は、記号が有益であることの説明でもある。説明の例として算術が取り上げられている。算術は、記号の必要性が非常によく分かる好例である。そして、算術の上での様々な観念にとっての数に当たるものが、あらゆる学問における観念の場合には、言葉であろう。言葉は、観念の形《かた》である。

我々はしばしばある知覚について、その名やそれを経験したときの状況しか思い出さないままに考えを進めうる。そうした場合、想像力が意のままに様々な知覚を思い浮かべることができるのは、ただ知覚とその記号との結合関係のおかげである。それゆえ、外的な世界で客体（外的なものの主体）が占める位置を、精神においては記号が占める、と彼は考える。

(5) 抽　象

我々の言語が、一般観念（抽象観念）を必要とする理由は明らかである。しかし抽象観念の使用には不都合性が伴う。そのことの説明は、言語や、一種の言語としての理論の性格を理解する上で重要である（同上、Ⅰ.5. §1）。

必要性は明らかである。人間の知性は有限であるゆえ一般観念を必要とする。神は一般観念を全く必要としない。神の持つ無限の認識は、個々すべての個体を含み、神は同時にあらゆることについて考えることができる。しかし、我々の精神は制約されている。人々は様々な事物を、それらが互いに違ったものであるか、同じものであるかに応じて語り分けねばならない。しかも人間の場合、一つのものを考えるときどころか、それをある一つの観点から考察するときでさえ、それだけで精神の容量は一杯になってしまう。それゆえ人間は、自分の考えを秩序づけるために、それらの事物を様々なクラスへ割り振らないわけにはいかない。我々人間は、その精神が制約されているがゆえに、抽象観念・一般観念を必要とする（同上、§4）。

それでは抽象観念・一般観念の使用に伴う不都合性とは何か。抽象を実在と同一視するという誤りを生みうる危険が内蔵されていることである（同上、§5）。その危険は、抽象観念・一般観念が持つ上記のような起源に由来する。抽象観念の使用にはそれなりの警戒を必要とし、そうした警戒を怠るならば、危険な状態に陥りうる。

我々が様々の事物を類、種に分類するのは、それらの事物の本性に従ってそうするというよりも、それらの事物を認識する仕方に従ってのことである。このことの意味を、例を以て言おう。ある一の金属の異なった諸部分が、我々の知る限りの性質に従えば、互いに相似ているからといって、我々にはまだ知られていない性質に従ったときにも、それら諸部分はやはり互いに相似たものであるはずだということにはならない。人間A氏とB氏とは、ともに人間本性を持っているという点では相似ているかもしれないが、他の特殊な性質においてはきわめて異なっているかもしれない。

一般観念の起源は我々の精神の容量の狭さにあるので、不完全なものたらざるをえない。それゆえある意味で危険である。殊にある哲学者たちは、自分たちが抽象したものすべてを実在視し、あるいは、その抽象物を、個々の事物の存在から独立した本物の実在性を有する存在者と見なしている。これは馬鹿げた考えである。一九世紀以来の啓蒙思想に対する非難は、こうした粗雑な議論に基づいていることがしばしばである。抽象観念が実在するという考えは、想像力の産物である。そうした観念の例を挙げるなら、隠れた性質、実体的形相、志向的形象、ロマン派による「人間本性」などがそれである。また、科学理論について、理論の実在性を理論語句の表す理論的存在者の実在以上のことだとする考えもそうであろう。こうした考えは、ロック以後の分析的な知識論——これは大雑把に言えばノミナリズムである——の支持するところではない。

抽象的なものを実在視する過ちについて、コンディヤックは次のような指摘をしている（同上、§6）。

我々が最初に持つ観念は、一つ一つみな特殊なものである。それは、あれこれの知覚の働きであったり、魂のあれこれの働きであったりする。これら様々な観念は、結局のところ、様々に変様した我々自身の存在に他ならない。

したがってそれらは、この意味では、一つの真なる実在性を表している。それらは我々に属するものを表しているが、しかし、存在している我々自身であるものと見なされないようなものの存在を表しているわけではない。我々は我々自身、我々そのものを知覚できない。逆に言えば、我々が我々自身を知覚するためには、それら観念のすべてを同時に知覚できねばならない。しかし、我々の精神はきわめて狭く制限されているので、自分に属するこの変様のすべてを同時に反省することはできない。すべての変様を同時に考えるというのは、どうして可能なのか。（精神の有限性についてのこの議論［『起源論』I, 5, §6］は、スピノザの『エチカ』第2部定理17批判を含んでいると言えるかもしれない。なぜなら、人間の精神が有限であるからには、実体の変化の総体を見ることは不可能であるし、これは人間が最高の認識［永遠の相の下に見る知識］に至りえないことを意味するからである）。

我々は、こうした変様がまさに自己の（精神の）中で継起的に変化し交代していくというふうに考えなければ、そうした変様を自己に属するものとして区別することができない。しかしそうした変様は、精神から切り離されて抽象的に捉えられているはずである。けれども、精神はそうした変様を自己に属するものと見なす度ごとに、自己自身の実在性と結びつけてそれを眺めることに慣れていく。こうして精神は、一方では自己の存在とその変様とを区別し抽象的に見、他方でそれら変様を実在性を保つものとして見るという自己矛盾に陥るのである。

コンディヤックは、抽象の産物を実在視する過ちがなくならないと思われる理由を三つ挙げている（『起源論』I, 5, §12）。それを述べてこの第4節を終わりたい。

① 実体の名が我々の精神において占める位置は、主体（客体の基体）が我々の外部において占めるのと同じ位置なのだと思うことから、この過ちは起こる。名は、様々な単純観念を精神において束ねる絆である。それゆえ我々は、常に名をその名の主体に関連づけ、名は現実の主体そのものを表現していると想像しがちなのである。

②　我々の「原型的概念」（ものごとの理念的な原型を指す言葉で、プラトンのイデアのようなものである。コンディヤックの場合、それはあくまでも人間が作った観念である）を構成しているような単純観念のすべてを、我々は認識できる（『起源論』I. 3. §5, §15）。ところで、スコラ学者によれば、ある事物の本質とは、その事物をそのようなものたらしめるものである。それゆえ、この「原型的概念」の場合には、その本質についての完全な観念を我々は持ち、その上で、我々は名を付けたのだということになる。ここからスコラ哲学者たちは、実体の本質を表現する言葉を獲得するためには、ただ言語のアナロジーに従いさえすればよいと思い込んだのであろう。かくて彼らは、「物体」「動物」「人間」の本質を表現するために、物体性、動物性、人間性だのという言葉を作り、そういう言葉も本質を表していると想定した。しかしこれは愚行であろう。そういう言葉は本質を表示するために作られたのであるが、それらの言葉を使う人はそれが指すはずの本質を知らないのであるから。

③　言葉を使うときの仕方は次の二通りある。一つは、ある言葉が意味すべき単純観念のすべてを精神のうちにしっかりと固定しておいた上で、それを使うという仕方である。もう一つは、言葉を実際の事物そのものの記号と見なしておいて、それを使うという仕方である。前者は、実際的ではないことが多い。実際の使用法は、実在性を持つものを決めておき、様々な言葉はこの実在を表す真なる記号であると想定するというやり方、たとえば「人間」「動物」というような名を、それらの事物をそのようにあらしめるよう限定し区別する本質だと見なすやり方である。しかしこのことによって、抽象的存在（たとえば国家、名誉）が実在視される。

以上のことが、我々の誤謬の大きな原因であることは確実である。言葉が、実在する事物と対応していると想定してしまえば、それだけで我々は言葉と事物を混同し、言葉は事物の本性を完全に説明するものであると結論することになる。

コンディヤックの認識論はここで終わるわけではないが、我々の紹介はここで一応終わることにする。我々は彼の議論のすべてに亘って説明をしたわけではないが、次節でヘルダーの議論と対比する際に必要な事柄は概ね説明したと考えている。思考の発達と言語（記号の発明）との相互関係の主張がヘルダーの主張する前から既にコンディヤックの議論の中にあること、動物は人間のような言語を持ちえないという主張がなされていること、また彼は感覚論者ではないこと（すなわち知性を認めていること、また知識を感覚に還元しようとはしていないこと）、唯物論者でもないこと（心的な存在を認めている）、ロックのいう心の反省の働きを否定してはいないこと、概念、また言葉は、事物とは必ずしも実在的に対応しているわけではないと主張していること、これらのことを了解していただけたなら、今は満足しておかねばならない。ロックの抽象論へ言及したのは、ここでは不必要と思われるかもしれないが、しかし近代科学の理論というものは、近代科学の始祖の一人であるデカルトには悪いが、まさに大いに反実在論的であり、唯名論・名目論的である。その傾向がある意味で必然であるということをこの機会に述べたつもりである。ただし、このことは、科学はいわば道具主義に立つべきであり、真理の探究をするものではない、という意味ではない。

科学理論の実在性は、理論実在性ではなく、理論的存在者の実在にあるというのが私の主張である（もちろん、理論的存在者を表す概念は理論負荷を持つことは当然であるが）。科学理論は抽象的なものであり、科学理論の実在性は、理論が実験や観察を通じて事実と切り結ぶところにおいて示される。そしてこれらのことの無理解が、後に啓蒙思想や科学への誤解と非難の根拠と化していると私は考えている。科学理論は抽象的であるというのは、科学理論への非難ではなく、当然のことを述べているだけである。問題は、そうした主張が非難になると誤解しているところにこそあろう。大事なのは、理論適用の制約を心得ることであり、科学的知識を排除することではない。

5　コンディヤックとヘルダー

(1) ヘルダーの『言語起源論』の成立

ヘルダーの『言語起源論』（一七七〇年、印刷は一七七二年の正月）は、ベルリンのアカデミーの懸賞論文に応募するという形で書かれた。懸賞のかかった問題は、コンディヤックの『人間認識起源論』（一七四六年）に起因するものである。ベルリン・アカデミーは、一七五〇年頃から途切れることなくその問題を論じ続けてきたが、その議論は一七七一年（ヘルダーの論文が懸賞を獲得した年）に終わった。その後ヘルダーの説は、言語の起源に関する一八世紀における最も深遠な説であるという賛辞を受けるようになり今日に至っている。

しかし、これには少し腑に落ちない点がある。こういうのが一般的理解だという事態は、むしろ人々がヘルダーの『言語起源論』の背後にある歴史的文脈の知識を欠いていることを示すだけではないか。そしてその無知が、ヘルダーのこの著作を、その説に関してもその独創性に関しても誤解するという、さらなる結果を生んでいる、とある現代の言語史家は嘆いている。

この嘆きの言語史家アースレフは、なぜコンディヤックが言語起源論の歴史の中ですっかり無視され、また誤解されたのか、と問いかける。そして彼は、この無視と誤解とを解くために、一八世紀の後半における言語論の基本的特色を紹介し、さらに『人間認識起源論』がもたらした目覚ましい結果を述べ、ベルリン・アカデミーがそもそもこの問題に懸賞をかけたのも、その一つの結果であることをも示している。

一八世紀が他のいかなる世紀よりも言語の起源について深い関心を持った時代であることはよく知られた事実であるが、その議論が創造的であった時期は短かった。それは今述べたように、一七四六年（コンディヤック『人間認識起源論』公刊の年）に始まり、ヘルダーが『言語起源論』を書き上げた一七七〇年の最後の月に終わっている。以下、アースレフの議論に沿いながら、ことの成り行きを考察してみよう。それにはまず、ベルリン・アカデミーにおいて言語起源論の議論がなぜ始まり、そしてその議論の内容がいかなるものであったかについて、概略を知る必要がある。

(2) コンディヤックの伝統

人類の言語起源という問題は昔からあったかもしれないが、キリスト教が人心を支配していた時代には、この問題は神の御業に委ねておけばよかった。しかし、人間が自らの知性によってその問題を解こうとする場合、これは難しい問題であった。解決は一日にしてなったものではない。言語起源についての真面目な議論の始まりをなすのはコンディヤックの『人間認識起源論』であるとしても、その考えの基をなすものはロックの言語論であり、さらにもう一つ、行為の言語に関するウイリアム・ウォーバートンの説がある。これら主要な源泉の他にも、コンディヤックはヴォルテールを通じて、ニュートンの自然哲学の基礎である経験的な方法論の影響を受けていた。彼の「観念の結合」という考えは、ニュートンの万有引力の考えに相当すると言われている。ニュートン主義の知識理解は、経験観察を重んじ、科学理論を仮説として扱うという立場に立つ。ここで仮説というのは、「仮説を作らない」と言ったニュートンの用語の意味ではない。我々の意味するところの仮説は、科学理論を実在論的な性格のものと見ないで、名目論的に受け止めるという意味であり、言語を名目論的に見るというロックやコンディヤックの立場と相通ずるものである。なお言語の起源問題に関して決定的ではないとしても、何ほどか一般的な、または特殊な問題に関して影響を持った思想家として、シャフツベリ、ハッチソン、バークリ、その他の人を挙げておくこともできよう（Aarsleff〔1982〕p. 148-149）。

コンディヤックの提起した言語起源論は、まずフランスにおいてディドロ、ルソー、テュルゴー、またもちろんコンディヤック自身のその後の著作などによって取り上げられ、広まった。それは『百科全書』や、その他の書き物から見て取れる。他方、ベルリンでは、国籍をドイツへ移したフランス人モウペルチュイによってこの問題が導入され、取り上げられた。そしてすぐパリとベルリンの間に相互的影響が生じた。また、この議論はスコットランドにも及んだことは、アダム・スミスの論考（一七六一年）や、モンボドの著作が示している。

言語起源の問題において中心的な位置にあるのはコンディヤックであるのに、一九世紀の言語史はこの事実を正当に扱わず、むしろ無視している。否、二〇世紀のカッシーラーですらコンディヤックの思想を誤解し、またコンディヤックの主著を『感覚論』であるように見ている（『啓蒙主義の哲学』）。しかし『感覚論』を落ち着いて読むだけで、そうした理解は間違いであるということが（先入見がなければ）分かるはずである。それが誤解であるという理由は既に前節（本書一七九〜一八二頁）で述べた。

『感覚論』が論じているのは、人間が感覚しか持たないとすれば、その認識はどこまで進みうるかということであり、つまりそれは「感覚論」でしかないのである。というのも『感覚論』の目的は、動物的な能力（感覚のみ）でも外的な事物の存在は分かるということを示し、自分（コンディヤック）がバークリのような観念論ではないことを示すことにあったからである。そこでの議論は、バークリの議論を用いての、観念論から実在論への移行である。それが目指すのは、いわば動物の認識能力の説明である。しかし『人間認識起源論』は、まさに人間の認識と言語について論じている。

動物は実用的な知識しか持てないが、人間は理論的な知識を持つ（Condillac〔1984〕, T. A. II, 5, p. 379）。これが人間と動物との違いである。しかしそうであるためには人間は、人為の最大のものである「はなし・ことば（フランス語の parole、また英語の speech）」と言語とを必要とする（同上、II, 4, p. 369）。だが、『感覚論』の立像は話をしない。なぜか。話すことができないからである。動物は「ことば（parole）」を持たないのである（同上）。それゆえ、立像は十全な意味では人間ではない、動物並みの存在である。

人間の知識は進歩し、今や理論的な認識を含む。その進歩は、人間が本来内的に持つ反省ないし理性の能力の発展に依存する（同上、II. 5. p. 377）。コンディヤックもロックも生得観念は否定したが、しかし彼らは、人間に内在するいわば生得的能力として、思考の能力（理性——創造的能力）を認めている（Aarsleff〔1982〕p. 171, pp. 175-176, p. 212）。コンディヤックは生得的能力をも否定した、と主張する人は、どういうことを言いたいのであろうか。もしその意味が、経験は我々に「観念」ないしは知識の素材を供給するだけでなく、いかに注意、記憶、想像、抽象、判断、推論するかをも教えるのであり、こうしたものを我々はすべて受動的に受け取るだけだということなら、それは間違っている。コンディヤックは、決して人間がこういう諸々の能力を持つべく進歩・発展をするための創造的能力——それは反省ないし理性として現れる——を本来持つことを否定するものではない（cf.『起源論』I, 2, 1, §15：I, 2, 4, §46：I, 2, 9, §75, §77, §79-84）。実際、彼は言う。人間の知性は人工的な記号・しるしを使用することを発明した（『起源論』I, 2, 4, 特にその§46）、と。そして人間におけるこの発展は、彼によれば、人間が達成した最大の人工物である「はなし・ことば」と言語との助けによってのみ可能になるのである（Condillac〔1984〕T. S., II, 8, p. 136；Condillac〔1984〕T. A., II, 4, p. 369）。『感覚論』は、ある種の知的な観念には触れている（立像はたとえばなんらかの比較や判断ができるから、ある種の観念は持ちうる〔Condillac（1984）, T. S., II, 8. 特にp. 136〕）が、理論的知識については論じていない。動物は、デカルトが言うような単なる自動機械ではなく、初歩的な意味では思考する。それは、経験から学び、判断し、比較し、発見し、自己保存の必要に応え、習慣を形成し、本能に従って行動する。立像は動物と同等であるから、ここまでのことはもちろんできる。しかし、それ以上のことはできないのである。立像は言語を持たず、理論的知識は持たない（Condillac〔1984〕T. S., II, 8, pp. 135-136, IV, p. 221）。否、持ちえないのである（Aarsleff〔1982〕p. 214）。

コンディヤックが動物の能力と人間の能力とをはっきり区別していることは、『動物論』（一七五五年）を読めばさらに明白である。その第2部第4章（「動物の言語」）、第5章（「本能と理性」）以下で、動物と人間とははっきり区別されている。「我々が今本能と理性とについて果たした反省は、人間があらゆる面において動物にはるかに勝ることを示している」（Condillac〔1984〕T. A., II. 5, p. 381）、と。本能は反省を欠いた習慣に過ぎない。動物は結局習慣しか持てないし、本能を超えることはできない。習慣を超えたものである反省の力が我々の理性をなすのである。

コンディヤックの立場を基本的に誤解している学者は多い。それら誤解を解消するには、『人間認識起源論』を読んでもらうより他ない。これら誤解は、故意によるものか、歴史の流れがもたらした偶然的な帰結なのか、私にはまだ分からないが、そうした見解に従ってコンディヤックを無視すればどうなるか。それはその誤りの大きさに比例して、ヘルダーの地位が高まる、ということになる。もちろんヘルダーは優れた哲学者である。彼にもその独自性がある。しかし問いたい。なぜ、コンディヤックは無視されてしまったのであろうか、と。

（3）なぜコンディヤックは無視されてしまったのか

その理解を助ける一つの事由は、一九世紀におけるドイツの文献学や言語史の研究の学識水準の国際的な地位が強固であったという事実である。つまり、言語学における一八世紀後半以後のドイツの卓越性が、言語の研究に関する初期のドイツの成果の評価に跳ね返ったと考えられる。アースレフは、しかし、他に二つの理由を挙げる。その一つは、言語学起源論の歴史を論ずる際に、その唯一の焦点としてヘルダーのみに圧倒的な注意が向けられたということであり、もう一つは、表面的にはつまらないようなことだが、コンディヤックの『人間認識起源論』の標題が、この著作の議論全体の中心が言語理論と言語の起源にあることを指示していないことである（Aarsleff〔1982〕, p. 151）。

第一の点を示す例として、アースレフはドイツ語で書かれたいくつかのヘルダー研究書を取り上げている。たとえば、ある著者は著作の中で、きわめてコンディヤックの意見に近いものを、ヘルダーの意見として述べている。しかし、これはこの著者が全くコンディヤックの意見を知らないのでないなら不可解であり、ありえないことである。しかもこの著者は、コンディヤックの意見としては、ヘルダーが述べていることをそのまま受け取り、信ずるだけである。またこの著者は、信頼されている学術書を参照引用して自分の分析を支えているが、それは逆に、コンディヤックへの誤解がいかに広範囲であり、また権威づけられたものとなっているかを示すだけである。また別の著者は、コンディヤックをフランスの合理論的心理学者の典型と見て、我々の生を純粋に機械的なものと考えて数学的にしか見ない立場であるとし、言語が生の様式であり表現であるとは見ないで、概念や命題に対する記号の論理的体系としてしか見ない立場だと述べている。これは一八世紀の半ば頃の主流の思想の、またはコンディヤックの戯画化である。これに対して答えるには、『人間認識起源論』を読め、と言うより他ない。彼らの著作は、まさにコンディヤックの人間本性についての理解を否定するものであり、詩と芸術から哲学や数学に至るすべての表現様式における進歩と成果の理解の中心的な事柄を否定するものである、とアースレフは言い、事柄の理解を助けるため、そうした誤解から生ずる馬鹿馬鹿しい例をいくつか挙げている。詳しく知りたい人は、彼の著書を読んでいただきたい。

それではヘルダー自身は、一七六〇年代においてコンディヤックの『人間認識起源論』を知っていたのかどうか。もし知っていたとする証拠があるとしたら、コンディヤックを誤解した上記著者たちは、彼らの議論を考え直す必要があろう。しかし彼らは、この点について沈黙を守るばかりである。

しかし、ヘルダー自身の証言がある、とアースレフは言う。『断片Ⅲ』（一七六七年）の註にヘルダーは書いている。「『ドイツ図書館』（継続的刊行物）は、私が今、喜びに満ちて頁を繰るある本に気づかせてくれた。『人間認識起源論』の第2部は、「言語の年代について」という私の断片に光を投げかける観察をしている」（Aarsleff［1982］, p. 152）、と。アースレフの推測では、ヘルダーがコンディヤックのことを知ったのは、一七六三〜六四年頃、つまりヘルダーが『人間認識起源論』からの抜粋である『言語についての一般的考察』という短いものを書いた頃である。ここで上記ヘルダー解釈者のある者は困惑して、厳密な歴史的文脈の吟味が許す範囲を超えて、注意をコンディヤックではなく、ルソーに向かわせるという常套手段に出ている。そして、そのことによって人々の心にコンデイヤック無視を刷り込んだ。

第二の点はどうなるか。『人間認識起源論』という題名が誤解を生んだという議論である。確かにこの書名は、それが言語の起源と言語の進歩とについての著述であることを示すものではないし、言語の起源が人間の認識の起源に関する議論の中枢であることを示すものでもない。しかしコンディヤックの同時代人は、その著書の議論の中身を知っていた。それはたとえばルソー（『人間不平等起源論』一七五五年、訳 p. 59）や、ディドロ（『盲人に関する手紙』一七四九年、『聾唖者に関する手紙』一七五一年など）を読めば分かることである。その他いくらでも証拠を出せる。もちろん『人間認識起源論』を先入見なしに読めば、言語起源論の内容も分かるであろう。彼について誤解を生みそうなのは、『感覚論』（一七五四年）である。この著書は、実際は全く感覚についてのみ論じているのに、あたかも「人間および人間の認識」を論じているもののように受け取られ、しかも彼の主著であるかのように見られてきた。しかし、それは間違いであることを既に述べた。

(4)『感覚論』の目標

少し脱線になるが、事態をはっきりさせるために、彼がなぜ『感覚論』を書いたのかを述べておこう。ディドロは、『盲人に関する手紙』の中で、『人間認識起源論』はバークリの観念論にきわめて近い主張をしていると、述べている。確かにコンディヤックは、「我々は決して我々の外に踏み出さないし、我々の知覚するのは自分の想念だけである」と言っている（『起源論』I. 1. §1、冒頭）。しかし、『人間認識起源論』をよく読めば分かるように、コンディヤックは観念論（観念説ではない）に反対している。ディドロ（『盲人に関する手紙』）のような誤解を晴らすために、コンディヤックは『感覚論』を書いた。

そこでの彼の議論は、「立像」に逐次、匂いや味覚や、聴覚、視覚を与えていくという形を取るが、それらの感覚のどれも、またそれらを併せても、決して我々の外の事物の存在を確証するものにはならない。しかし、最後に触感と運動を与えると、その「立像」は、議論の余地ない仕方で外的なあるものが存在しているという感覚を獲得するというものである。これは、既に言ったように、バークリの議論を用いての、観念論から実在論への移行である。しかも、コンディヤックの心理学は唯物論ではない。この点で彼はディドロと立場を異にしている。

なおちなみに、一七四九～五〇年にかけて、コンディヤック、ディドロ、ルソーらは、週に一度ぐらいの割で会食していたらしい（ルソー『告白』第2部第7巻、p. 350など参照）。当時流行のサロンででも出会っていたであろう。ディドロのコンディヤックの議論への態度が、『盲人に関する手紙』（一七四九年）と『聾唖者に関する手紙』（一七五一年）とでは異なっているのは、そうした会話の結果かもしれない。

ここでルソーの名を出したついでに、彼の『人間不平等起源論』（一七五五年）のことに触れておこう。この著作は、言語起源論と関わりがあるからである。またコンディヤックは無視されたのに、なぜルソーの主張は無視されなかったのかを理解する一助となる。

（5）ルソーの発言

ルソーのこの著書がドイツ語に訳されたのは一七五六年だが、コンディヤックの『人間認識起源論』がドイツ語に訳されたのはやっと一七八〇年のことである。ルソーや彼の同時代人は、コンディヤックのこと、ないしその考えを、ことさら言わずとも当然心得ていた。しかし、より若い年代の人々は、ルソーのみを記憶に留める傾向にあった。『人間不平等起源論』中のある発言が、コンディヤックの『人間認識起源論』が忘却された後にできた歴史の空隙を埋めたという事実が、言語の起源についての議論の流れに関する事柄を誤解に導いた最大の原因ではないか、とアースレフは指摘している。この誤解は広く我が国にも広がっている。たとえばヘルダーの『言語起源論』の邦訳（法政大学出版会、一九七二年）には親切な解説が付いているが、その解説でも、言語の起源についての議論の流れは、ルソーからヘルダーへという形で述べられている。なお、この解説は、ルソーはコンディヤックの見解を単に「引用しあるいは繰り返しただけ」だ、と事実を正当に見ているのであるが、コンディヤックの見解を、人間の言語の誕生を「自然の叫び声」からの漸次的な洗練化によるものとしている、と見ている点では正確ではない。もちろん彼の見解は、人間の言語はそういう段階も含んでいたとしていると言ってもよいかもしれないが、そういう表現をする場合は、コンディヤックの見解によれば、動物は決して人間の言語を持てないのだ、という面への配慮が必要である。

カントがルソーとヒュームに大いに学んだことは、よく知られている。ヘルダーは、カントの講義を通じてルソーに触れた。そしてルソーにしばしば言及するカントの講義を聴いて（一七六二～六四年頃）、ルソーに心酔したのである。あるとき彼は、講義の内容を韻文にして「人間について」と題してカントの元に送った。カントは、「ルソーの著書を食べすぎた胃から出たゲップ」だとその詩を評したという。ヘルダーが、ルソーの考えによく馴染んでいたことは間違いない。ロマン派的傾向を持つ人々が、コンディヤックの散文よりも、ロマン派的作品とも言える著述（たとえば『告白』や『孤独な散歩者の夢想』）を書いたルソーを好むのは、無理からぬことではある。

ルソーは『人間不平等起源論』の中で、言語の起源について述べる場合にコンディヤックに言及している。「私はここで、すべて私の意見を完全に確認し、おそらく最初の観念を私に与えてくれたコンディヤック師のこの問題についての研究をここに引用するか、繰り返すか、するだけに留めてよいだろう」、と。しかし、ルソーはコンディヤックの議論をよく知っている。そこで彼は言う。コンディヤックが言語起源を論ずる仕方が示しているのは、彼は、自分（ルソー）が今問題にしていること（つまり社会の成立）を前提して論じていること、すなわち言語の発明者たちの間に既に一種の社会が成立していることを仮定していること、である。それゆえ「私は、彼の考察を参考にしながらも、同じ困難な問題を、私の主題に適するような明るみに当てるようにするために、私自身の考察をそれに付け加えねばならないと思う」（『不平等』訳 p. 59少し変更）、と。そして、ルソーがまず問うのは、「言語はなぜ必要とされるようになったか」であり、次に問うのは、「言語の必要性はいかにして確立されたか」である。

彼は言う。「純粋な自然状態と言語の必要との間にあったに違いない広漠たる隔たりを飛び越えるとしよう。そして、言語は必要であったと仮定して、いかにしてそれが確立されるようになったかを調べてみよう。これは前のよりもいっそう難しい難問だ。なぜなら、人々が考えることを学ぶためにことば（パロール）を必要としたとすれば、彼らはことば（パロール）の技術を見出すために考えることを知る必要がなおいっそうあったからである」、と（『不平等』訳 p. 61）。ルソー自身はこの難問に答えるのを断念する。

この発言の意味は、しばしば次のように理解されている。すなわち、ルソーが問題としているのは、「社会が成立するために言語が必要であり、言語が成立するためには社会の成立が必要であるのなら、社会が先か、言語が先か」という問題である、と。この発言はしかも、これまで問題全体が皮相な扱いしか受けていないということの指摘であると人々に受け止められた。そしてそれは、この問題に関するこれまでの説明のすべては、原始人たちが最初の言語を創り出すためには、哲学的に成熟した人たちであったに違いないというような想定をしているという批判だと信じられてしまった。

しかし、このような信じ込みは間違いであるとアースレフは言い、次のことを指摘する。ルソーはこのようなことを言う前に、自分の考察している原始人は絶対的に孤独な生活をしていると前もって前提して、それを基本的な仮定として、言語の起源の話という脇道に入ったのである、と（Aarsleff〔1982〕p. 156. また、ルソー『不平等』訳 p. 58参照）。その前提の上でルソーは言う。たとえ最初の原始人が立派な哲学者であったとしても、彼の言語を理解する人々がいなければ、人類はこの立派な原始人哲学者の形而上学から何の効用を引き出せるであろうか、と（同上、訳 p. 58参照）。彼はこう言って、いわば言語の問題への散歩をしたのである（『不平等』訳 p. 66参照）。彼にとっての問題は、社会の形成とその中での不平等成立であった。現代の我々なら、この散歩の目的についての誤解を防ぐために言うであろう。人間の言語のような言語を持たなくても、社会は成立する。蜂や蟻は、それなりの社会を作っている、と。ただ、それが人間の社会のような社会であるかどうかは別である。

『人間不平等起源論』の第2部で、ルソーは再び言語の起源の問題に戻っている。そこでは彼は、既に社会の萌芽が芽生えているという前提に立って論じているので、そこの議論の前提は上で述べたものとは別のものである。そこでの発展段階の人間は、必要に迫られ、知らず知らずのうちに、「ある種の反省、またはむしろ無意識の慎重さを生み出すに至っている。これは身の安全のために最も必要な用心である」（『不平等』訳 p. 87）。これはある種の動物で実際に見られる発展段階である。しかしそれはまだ、言語や言葉とは独立な発展である。その段階での言葉は、まだ、同じように群居している鳥や猿のものよりずっと洗練されていたわけではなかった（『不平等』訳 p. 89参照）。音節のはっきりしない叫び、多くの身振り、そしていくつかの模倣音が、人々の言語であったろう。ルソーのこうした説明は、コンディヤックのものとほぼ同じである。それゆえアースレフによれば、ルソーのこれら二つの個所の議論は相矛盾するものではない。前者はコンディヤックの批判ではなく、後者はコンディヤックに従っているだけである。しかし、前者のみが、コンディヤックに触れているものとして記憶され、引用されたのである。

(6) 一八世紀後半におけるドイツ

本節の（2）でモウペルチュイが国籍をドイツに移し、ベルリンに赴いたことを述べたが、その事情をもう少し述べておこう。ベルリンのアカデミーは、最初一七〇〇年にライプニッツが基礎を置いたものであるが、創設当時の大きな期待と野心にも拘らず、一七四〇年フリードリッヒ大王がプロシアの王に即位した頃には偏狭で排他的なものとなり、ヨーロッパの学識社会での水準を保ちえないものになっていた。フリードリッヒはこれに新たな生命を吹き込もうとしてアカデミーを再組織し、自らその規則を作り、モウペルチュイを呼び寄せた。モウペルチュイは当時ヨーロッパで国際的地位を持った科学者であり、パリのアカデミー・デ・シアンスとロンドンのロイヤル・ソサエティとの会員であった。招きに応じて彼はベルリンのアカデミーの初代会長になり（一七四六年）、一七五九年に死ぬまでその地位にあった。肺結核とヴォルテールとの論争が彼の命を縮めたと言われている。しかしその在職中、ベルリンのアカデミーは彼の指導の下、また王の援助により、実りある時期を迎えた。

ベルリンのアカデミー（Académie Royale des Sciences et Belles Lettres de Prusse）は、パリやロンドンのそれとは異なり、あらゆる知識分野を、つまり科学だけでなく人文学をも含んでいた。自然科学と数学だけでなく、第三部門の思弁哲学（philosophie spéculative）と第四部門の文学（belles-lettres）をも含んでいた。思弁哲学（理論哲学と言うべきか）の部門は、論理学、形而上学、倫理学を含んでいた。第四の文学部門は、古代学、歴史、言語学を含んでいた。しかし、部門を超えて連絡しあうことは自由であった。そこでの公式言語はフランス語であった。しかしドイツ語とラテン語は認められていた。

モウペルチュイは、もともとは哲学者ではなかったが、一旦アカデミーがそういう部門を含むと決められた以上、そのことを受容し、それが立派なものになるように努めた。実際、彼は一七四〇年代の終わり頃に『言語の起源と言葉の表示についての反省』を書いている（一七四八年パリで少部数出版）。何が彼をこのような主題に向かわせたのか。

彼は一七四六年の夏と、一七五三年の春から翌年の夏までとの二回パリに行っている。そして一七四六〜四七年の冬には、物質の存在と思考との相互関係について思索したと言われている。また彼は二度目のパリ訪問の際、コンディヤックと会話して大いに楽しみ、『百科全書』の企てに大いに興味を示したらしい。これらのことを総合すると、上記の彼の著書は、その題名とそれが扱っている問題からいっても、コンディヤックの『人間認識起源論』に示唆を受けているものであることはほぼ疑いない。

彼の考えるところでは、人間たちが自分たちの持つ観念を表示するのに用いた最初の記号は、我々人間の知識のすべてに大きな影響を与えている。しかし、人間の知識は知覚から得られるが、事実上、人間の知識は言語に基づいている。それゆえ、言語の起源への探究と、言語がいかにして形成されたかの研究とは、哲学の研究において注目に値し、また有益でありうるはずであった。その際彼が考えていたことは、次のようなことのようである。すなわち、人間本性の一様性を受け入れ、人間は知覚や理性のすべてにおける働きが同様であるとした場合、人間は自然について同じ経験を持つであろう。人々の知覚は同じであり、実在についての知識もそうであろう。しかし人間の知識は、実際はこれらの共通な知覚を直接の基礎としていない。人間は必要に迫られ言語的な生き物となり、人間の知識は記号に関するものである。そうした記号の起源は、単純で粗野な人間たちが、自分たちの観念を表すのに必要とした少数の記号にあった。人間たちは基になる知覚の様々なかけ離れた部分にそれぞれ注目し、記号を与えた（したがってかけ離れた言語の翻訳は、実際上は不可能であろう）。そして記号は、実在に対して厳密な哲学的妥当性を持たない（これらの考えは、ベーコンやロックの考えに似ていないであろうか）。それゆえ、言葉のゆえに意志疎通において過ちが起きうる――このモウペルチュイの議論は、コンディヤックの『人間認識起源論』が、言葉ゆえに起きる過ちについての探究を十分にはしていない、という点を批判する含みを持ちうる。しかし、言語翻訳は厳密な意味では不可能であっても、かけ離れた言語の比較研究は有益であり、また役に立つのではないか。なぜなら、言語構築の過程の中に、人間の心が踏んだ最初の足跡を見出しうるからである。

モウペルチュイ以後のベルリンのアカデミーにおける言語への関心の流れを知ることは、ヘルダーが応じた懸賞の課題がいかなる状況の下で成立したか、また彼がいかなる状況の下に懸賞論文に応じたかを知るために有益である。しかし、そうした流れに関心のある方は、アースレフの著書を参照されるのがよい。ここでは、そのことには立ち入らない。ともかくその流れは、言語の起源について、モウペルチュイの、つまりコンディヤック流の言語人間起源説と言語神授説との対立の流れであった。そして一七七一年の懸賞論文の課題は、次のように定められた。「人類がその自然の力のままに置かれたと仮定して、彼らは言語を発明しえたか。そして、いかなる手段で彼らは自らこの発明を成し遂げたか」。

設問は二つある。それゆえヘルダーの答えも二部に分かれることになる。①人間は自らの本性で言語を発明しえたか。②言語発明の方法。答えは、①に対しては、肯定である。②に対しては、人間を社会的存在と見て、その言語の形成を論じている。しかし社会的存在といっても、人間は全体として一つの大きな家族的な群を保ち続けることはできなかったので、様々な民族語ができた。けれども人間は、一つの大きな家族として同一の起源を持った漸進的な全体を構成しているのであろうし、すべての言語もまたそうであり、したがって文化全体の繋がりもまた同様である、と。

(7) ヘルダーの答え

以下で、①に対するヘルダーの答えをもう少し詳しく見てみよう。いかなる点でコンディヤックの考えと異なるか、その異同を見るためである。それは次のように言っている。「人間は、人間に特有な思考の能力（Besonnenheit）を付与されていて、この思考の能力（反省）を、最初に自由に（独力で）行使したときに、言語を発明した。……この思考能力は人間固有の性格であり、人類という種族の本質であるが、言語および人間の独自の発明もそうである。言語の発明は、人間にとっては、彼が人間であることと同じぐらい自然である」（ヘルダー『言語起源論』訳 p. 37, また Aarsleff〔1982〕, p. 195を参照せよ）。

一九世紀以来の定説は、この説が言語の起源に関する問題へのヘルダーの全く新しいまた独創的な貢献であり、言語哲学の新しい時代がヘルダーの懸賞論文とともに開花した、ということになっている。そして、このドグマへの信仰は、同じく根拠のないドグマ、すなわちヘルダー以前の自然主義的な説明（言語神授説以外）はすべて、言語の起源を全く動物に置くものであるとしていたというドグマと対にされてきている。しかも、この立場の典型としてしばしばコンディヤックが名指しされている。このことを指摘したアースレフは、モウペルチュイ以後ヘルダーまでの言語起源論の流れの実際を示し、そして言う。「これで読者には明らかであろう。ヘルダー以前に言語起源論に関わってきた人々のほとんどが、人間が理性と反省とを持っていることが人間の言語形成の基礎であり、動物は理性と反省を持たないがゆえに、またそうした言語を持ちえないのだと力説していたことが」（Aarsleff〔1982〕, p.

195）、と。それゆえヘルダーは、コンディヤックが『人間認識起源論』で完全に論証した説に到達しただけである。

実際、ヘルダーとコンディヤックとの主張の類似点のリストは容易に作れる。しかし、そうした類似点は、無視されるか、または否定されてきた。ヘルダーの最も重要な貢献とされる、「民族精神（Volkgeist）」と言語との間に親密な関係があるという主張に対してさえ、『人間認識起源論』の第2部（つまりヘルダーが、一七六〇年代の中頃には読んでいるはずの部分）には、コンディヤックの次のような発言がある。「それぞれの国語は、それを話す国民の気質を表している」（『起源論』II. 1. 15. §143、訳〔下〕p. 181）。「あらゆる種類の著作家の中で、自国語の特質が最も生き生きと表現されるのは詩人においてである」（『起源論』II. 1. 15. §161、訳〔下〕p. 200-201）。「以上のような言語の進歩の歴史を振り返ると、あれこれの国語というものは、それをよく理解する人間にとっては、それぞれの国民の気質や特質を描き出す一幅の絵になっていることが分かるであろう。そこでは、想像力が――独特の偏見や情念に従いつつ――様々の観念を組み合わせていくのが見られるであろう」（同上、II. 1. 15. §162、訳〔下〕p. 201）。これらの意見はコンディヤックの独創というわけではないかもしれない。つまり、そういう意見は当時漠然と存在していたのであるかもしれない。しかし、それらを言語に関する理論の中に位置づけたのは彼であった。

両者の意見が全く同じであると我々は言おうとしているのではない。コンディヤックや彼に従う人々にとっては、言語と話とは不可分であった。分節され、人間が取り決めた音声による記号なしには、言語は存在しえないものであった。しかしヘルダーは、言語を「内的」と「外的」とに分けている。コンディヤックにはそうした主張はない。しかし、ヘルダーのこの区別は、彼の別の主張、すなわち、理性と言語とが互いに因となり果となり相互関係の上に立って発展するという説とうまく両立するのかどうか明確ではない。

『言語起源論』についてのアカデミーの公式報告は、アースレフによると、後に人々の間に流布するようになったヘルダー評価の意見とは違っている。その報告によるとヘルダーは、言語の起源が神的なものでなく、「全く動物的であり、すなわち、それは人間の有機体的な構造とそのように組織されている身体の中に位置づけられた心的諸機能の結びつきから、また行為する身体組織と諸機能を持つ動物が置かれている条件から、発するものである」と論じている、とされている。そして、ヘルダーの名は、ディドロ、ルソー、コンディヤックの名とともに述べられるに値する。「彼がこれらの人々と同様に形而上学の深遠なることを知らしめたこと、また彼が多かれ少なかれこれらの人々の意見から出発して彼らに示した敬意のゆえに」、と。受賞後約一〇年してアカデミーは、受賞の際のJ・B・メリアンの報告を公刊したが、メリアンがヘルダーに見出したのは、コンディヤック的な意見、たとえば人間と動物の違いを反省に見るものであり、反省が人間の言語の創設に導いたというようなことであった（Aarsleff〔1982〕, p. 197）。

以上、アースレフの見解を紹介する形で議論を進めた。私の知識と資料収集能力では、今これ以上のことはできない。誰かヘルダーをよく吟味して、ことの真相を明らかにして欲しいと願うばかりである。少なくとも、『言語起源論』がなぜ上に述べたような扱いを受けるままになっているのか。それともアースレフの意見は全く間違っているのか。私は、しかし、コンディヤックの『人間認識起源論』を読んだ限りでは（古茂田宏訳も読んだが）、アースレフの意見に反対するところを見出さないのである。なおこの邦訳は立派な訳であるばかりか、初版本について（訳者の用いておられる言い方では、§108版（初版）と§107版とについて）のきわめて有益な説明がある（訳〔上〕、訳注 p. 275以下）。読者はぜひ参照していただきたい。そこに述べられている説に賛同して、私もやはり§108版がコンディヤックの真意であろうと考える。確かに§107版では、その§107における「理性」という言葉の使用が少し漣を立てるし、また「把握、ないし理解（conception）」という、§108版がこの個所で使用していない言葉がそこで使われている。この言葉は、『人間認識起源論』第1部第2章第8節で、知性の働きの一つを表すために用いられている言葉である。しかし、改訂は、感覚論の過激さを覆うためのカムフラージュではなく、彼の受けるかもしれぬ誤解（彼の議論を感覚還元論とする解釈）を正すための改訂ではなかろうか。私がそう考えてアースレフの考えを支持する理由は、既に述べたことから明らかであろう。ことに、その改訂が一七四六年に既に行われているとすれば、その改訂の意図がどんなものであったにせよ、それはヘルダーとの関わりのゆえになされたものではない。ただし、二〇〇一年にA・ベルトランによって出版された版は§107版を採っていることを申し添えておく。

ヘルダーが、『言語起源論』をストラスブールで急いで書き上げたことは知られている。多くのテキストを彼は手元に持っていなかった。また彼は直前に目の手術を受けたらしい。また彼は、この懸賞論文を書く何年か前に『人間認識起源論』を読んでいたはずであるが、彼が引用ないし言及するコンディヤックの議論は、なぜかすべて第2部のものばかりである。彼の持っていたのが一七四六年に出たいずれの版であるにせよ、もし彼が第1部を読んでいないなら、彼は言語の起源と発展とについてのコンディヤックの議論を読んでいないことになる。そうであればアースレフも言うように、ヘルダーの議論が、なぜ、彼が書いたようなものであるかの説明はつく。しかし、それはコンディヤックの議論の誤った、あるいは不誠実な紹介である。ヘルダーは言う。コンディヤックは、「書物の第一頁を始める前に言語は既に発明されていたという関連から、問題を提起している」と（ヘルダー『言語起源論』、訳 p. 17）。これは事実ではない。第2部に関してはそうであるけれども。しかもヘルダーは、「コンディヤックのこの言語の成立についての空疎な論は」と決めつけるのである。なおちなみに言えば、ヘルダーの『言語起源論』の邦訳において、コンディヤックの議論への参照指示として、第2章、第3章というふうに記されているところは（訳 p. 18）、それぞれコンディヤックの第2部第1章§2、および同じくその章の§3である。

しかし『言語起源論』の成立背景の文脈は、なぜそのように不注意に扱われたのか、しかもヘルダーの意見は、彼独自の意見として受け入れられていったのか、とアースレフは問い、答える。それによれば、一つの理由は、『言語起源論』は、きわめて力強く、不敬な、巧みなスタイルで書かれていることである。たしかに彼は、人間と動物が違うという点をきわめて強く訴える書き方をしている。しかも彼は、この差異を人間が理性的であったことに帰している。そして彼は読者を引き付けた。思うに、もし人間に理性があることが人間における言語の成立の根拠であるとし、理性は神が人間に与えたものであると言うだけなら、彼の説は言語神授説といくばくの差を持ちうるのか。その差は、初めから人間の言語があったかとするか、次第に発展したとするかの違いでしかなかろう。これに対し、コンディヤックは人間の言語や理性がいかにして形成され発展したかを一つの推測史として明確に論じている。

ヘルダーの意見が、彼独自のものとして受け取られた第二の理由は、この著作がドイツ文学の国民的伝統の中心にあるということである。この著述の後、ヘルダーの名声は次第に高まり、彼は権威者となった。彼の見解はコンディヤックに関してのものですら信じられるようになった。そうした過ちは、もし一九世紀が、一八世紀についての人々の理解を腐敗させなければ、今日まで続くということはなかったであろう。しかし、一九世紀は啓蒙思想に対する反動の時期である。その一九世紀に、コンディヤックは機械論者で、唯物論者であると見なされるようになり、ヘルダーは、人間の言語の起源を啓蒙期の言語理解から救出した英雄であるとされることとなる。これは馬鹿馬鹿しい偏見であるが、現在の我々はそうした偏見がなぜ蔓延ったかを解明する必要があるであろう。私が啓蒙の時代を見直そうと思い立った理由の一つは、こうした類の偏見の除去にあった。もちろん、啓蒙の時代が素晴らしいと言おうとしているのではない。その功罪を見直し、正しい理解を得ようというのが私の意図である。

私は、ヘルダーの道徳論に引かれるものを見出すゆえに彼の哲学には敬意を払うが、『言語起源論』を読んでの私の感想は、この著書は彼の一つの傑作であるかもしれないが、これを彼の代表作とは見たくないというものである。

第4章　歴史認識論

1　歴　史

(1)　なぜ歴史的知識を扱うか

この章は二つの目的を持っている。その一つは、歴史ないしは歴史的知識の分析である。これは、歴史の流れに歴史の意味を探ったり、意味を与えたり、歴史の流れの法則を見出したりすることではなく、むしろ歴史知識の構造を分析し、歴史知識と、似非歴史的知識とを区別することを目指すものである。第二は、この章が本書の終章の役割を兼ねるものとして、歴史的な知識を持つことの意義（実在的な歴史事実の意義ではない）を見出すことである。我々にとって歴史知識の探求はいかなる意義を持ちうるか。

第一の課題、すなわち歴史的な知識とはどういうものかという考察は、本書の意図の説明にも通ずる。それは、歴史的記述という営為が持ちうる意味を解明する基礎でありうるからである。しかし、歴史研究の意義弁明は、究極のところ、そもそも我々はなぜ歴史的な知識を持たねばならないのかに答えることなのかもしれない。

過去の事実についての知識は、現在や未来にどう関わるであろうか。というのも、現在から過去を見るとき、過去の出来事の意味が変わることがあるのは確かだからである。たとえば、日露戦争の勝利は、第二次世界大戦における我が国の敗北を招いたことは、第二次世界大戦が終結して後に分かることである。また一三四〇年代後半に中央アジアからヨーロッパに侵入したペストは、ルネサンスを成立させる社会構造を築いた、と言えるのはルネサンスが成立して後のことである。この意味で、過去はそれより後の出来事（たとえば現在）に結びつけられて新たな意味を持つことがある。そのとき、過去の出来事の意味が新たに定まる。過去は永遠に静まっているわけではない。過去のある出来事が現在の出来事の原因であることが分かれば、それは我々の現在や未来の行動にある衝動を与えるものでありうるのであろう。しかし、過去の出来事の意味が変わるということは、歴史が社会科学的知識の一種ではありえないということを示している。ということは、歴史知識を持つことの意義は、科学的知識のそれと同じではないであろうということである。

社会科学的知識なら、知識の対象である出来事が持つ限りの一般性の範囲で、それを類似した現象に適用し役立てうるかもしれないが、ある一つの歴史的事件は、一つの社会的現象であるとしても一回きりのものである。それゆえにこそ歴史は、個性的記述を目指すのがその特徴の一つであると言われる。それならなぜそういう知識を持つことに意義があると言えるのか。しかも、ある型の社会的現象は、史上かなりしばしば起こる類型を持つかもしれないが、それでも社会的現象は、自然現象と違い、その現象の中にその類型に本質的ではない他の要素を多くかつ複雑に含んでいるのが常である。このことは、言うまでもなく、その類型を適用して他の現象を考察することを無効にしがちである。社会科学的知識がそうなら、まして、それと同等の帰納的な根拠を持つ知識とさえ言えない歴史知識が有効である可能性はより低いのではなかろうか。歴史知識は現代の我々の反省や決断に役立つであろうか？　もし歴史研究が暇な道楽に等しければ、歴史はそれに相応した扱いを受けるべきである。

歴史研究は、我々にとって単に有益というよりも、よりよく生きるために必要なことである、と私は考えている。個人としての人間についての歴史のみならず、集団つまり社会的存在（たとえば国家）についての歴史についても、そうであると考えている。しかし、どういう意味でそうであると言えるであろうか。

「歴史とはなんぞや」と大上段に振りかぶった議論するつもりはないが、私が歴史的な知識を必要とすると考える理由は、取りあえず非常に一般化して言うと、まず自己確認にある。さらに自己改新をも含めてもよいであろう

――このことの理由は後で論ずる。我々人間がそれぞれ自己の向かう方向を見出していくためには、ある意味で自己の保存を図らねばならず、そのためには自分の「自己」とはいかなるものかを見出していかねばならない。この必要を満たしていくためには、まず自己と非自己とを区別せねばならないであろう。自己と非自己とは相対概念である。論理的に言えば、非自己が存在しなければ自己も存在しない。逆もまたしかりである。しかし実際上そうした区別をするためには、自己は自己を認識しなくてはならない。では、そのために自己はどうすればよいのか。自己は非自己に出会わねばならないのではないか、つまり自己は非自己を通してのみ自己認識されるのではないか、というのが私の提議するところである。しかし他方、非自己は、自己を通してでなければ、自己に「自己」ではないものとして認識されないであろう。それゆえ、ここには循環がある。自己と非自己との区別ということ自体、難しい問題を含んでいる。

歴史が、我々にとっていかなる意味で非自己となるのか、これもまた難しい問題を含んでいる。というのは、もちろん歴史は我々の外に起こったあること（つまり非自己）についての知識であるが、ある出来事について私が知っていること（歴史）は、他人がそのことについて持つ歴史的知識は私の知識ではないという意味において、私の歴史であろうからである。

人間が生きるということは、ある意味で自己同一を保つということである。しかし人間の自己同一は、文字通りの自己同一ではない。という意味は、自己はある弱い意味では連続性を持つかもしれないが、論理的な同一性は持たないということである。昔の哲学者が使った言葉で言えば、実体としての人間の自己同一はありえない。人間の自己は刻々変化するからである。心も身体も常に変化していく。その変化はどのような構造のものであろうか。

我々の変化には、物質的な変化もあるが、我々の持つ情報ないし知識の変化も含まれる。物質的ないし身体的な変化の次元では、たとえば免疫は一種の自己－非自己の区別に基づく現象であり、免疫という機構の働きによって我々の生命は保持される。その際、自己にとっての異物は排除されるわけであるが、その排除に際して、非自己は一旦、自己化される（自己がそれを感染ないし摂取する）必要がある、と免疫学者は言っている。自己が異物によって非自己化されるゆえに、人間の防衛体制は、自己が非自己化したことを認識するという仕組みになっているのだそうである。我々は、食物を摂らずには生きられないのであるから、異物を摂取しないでは生きられない。それゆえ非自己化は常に起こっている。しかも、そうした非自己の排除の前後において、私の自己は厳密に言えば不変ではないであろう。免疫学者多田富雄は、深い研究に基づいて、結局人間の自己は、「自己」と「非自己」を識別し「自己」を「非自己」から守る原則などは、持っていないという不気味な教訓を述べている（『免疫の意味論』一九九三年、青土社、第5章など）。「自己」は、その成立の曖昧さと迂回性から、それほど安定したものでなく、次々に変容し、次々に異なった外部環境に適応していくのだそうである（同上、第12章）。

このことは物質的でないものの摂取、つまり情報の摂取についても同じではなかろうか。ある情報の獲得の前後において、私は同一ではない。しかもある情報は、いわば身につかない。しかし、それは人間にとって弱点であるのかどうか分からない。他方、あることはよく記憶に残っている。しかし、それがよいことかどうかも分からない。悪心は消失してくれた方がよい。トラウマなどはない方がよい。

我々は食物であれ情報であれ、外的なものを一旦は吸収して、しかる後に、もしそれが自己にとって不適なものであればそれを排除ないし抑圧するという機序を持っているのかもしれない。あるいは、新しい環境に適応すべく、自己を改新していくのかもしれない。自己の知的内容としての歴史の学習も、これと同じ構造のことではなかろうか。もしそうなら、我々は社会についてであれ、自己についてであれ、その歴史を常に新たに吟味し改新していく能力を増進させるのがよいであろう。我々が自己保持の機序を持つならそれを増強すべきであり、機序などないなら、少なくとも自己保存の成立の可能性を高める方策を取るべきであろう。

『論語』（学而第一）に、「学んで時にこれを習う。また悦しからずや」とある。これをもじって言えば、次のようなことになるのかもしれない。非自己なるものは、いわば「学んだ」（それまで自分が知らなかった）ことと同じであり、学んだものが自己に不適なものである場合、それを「習って」みれば、それが自己化される（よく分かる）ものか、ますます不適だということが分かるか、いずれにせよより明確になる、と。自己化できれば、自己が新たに、また豊かになるのであり、「また悦しからずや」である。

しかし自己確認についてのこの答えは、事態を一般化しすぎている。我々は歴史的知識について、我々はなぜそういう知識を摂取しなくてはならないかをもう少し分析したい。それが以下での課題である。

（2）歴史的な知識の認識論

私が、歴史的知識の問題を初めて論じたのは、今から四〇年ほども昔のことである（一九七一年）。私は、ある学会の「歴史観の問題」というシンポジウムで提題者の一人に指名された。私は、当時ポパーのところから帰ってきてそれほど時間がたっていなかった。歴史に関するポパーの主張は、彼の言う意味での歴史主義への反対に貫かれていた。そして彼は、歴史事実自体には意味はないとして、歴史に意味を与えるのは我々であると主張していた。学会の委員会は、私がそういうことについて発表するであろうと見込んだのであろう。シンポジウムに際し私は、歴史知識の最小限持つべき特徴として、それは、①過去の出来事についての真なる言明であること、②過去の事実の順序だった系列を踏まえていること、③歴史記述はある意味で「物語り」の要素を持つことを挙げ、これを満たす限りでの歴史が知識としてどういう身分のものであるかを論じた。

当時の我が国では、歴史哲学といえば、ヘーゲル流の考えがその主流であった。そして歴史家の歴史記述に関しては、マルクスの唯物史観の影響が強かった。むしろ、唯物史観に基づく歴史のみが、科学的と言える資格を有しているように考えられていた。そしてまた、その背景には、そういう主張を受け入れさせる過去の我が国の歴史があった。

私の年代は、戦時中に義務教育を受けた世代である。私が受けた義務教育では、歴史といえば皇国史観に基づくものであった。戦後の唯物史観の隆盛は、このことの反動であったろう。個人的な思い出を言えば、ともかく皇国史観は私のような世俗的な人間には深遠すぎた。子供の頃の私は、授業中に眠ったことはほとんどなかったが、国史の時間に神代時代の話を聞いたときには授業中深い眠りに入り、机の面で叩頭した。昔の小学校の生徒は授業中、皆が静粛に聞いていたので、相当大きい音がしたようであった。皇国史観についての私の思い出には、生理的嫌悪が混じっている。

さて私は、シンポジウムでは、そういう歴史観をも含めて、形而上学的な歴史観に基づく歴史を排除する議論をしようと考えた。そして今でもそう考えている。形而上学的歴史観ということで私は、たとえばアウグスティヌス、ジョアキム・デ・フローレ、ヘーゲル、マルクス、トインビー、シュペングラーなどの書いた歴史に見られるものを考えていた。しかしレーヴィットの言い方を借りて、そういうものを今度は神学的歴史と呼ぶことにしよう。「神学的」というのは、これらの歴史が、いわば神の目から見たと言うべき観点で書かれているからである。つまり、それらの主張するところによれば、それらの歴史は人間には知りえない未来の出来事を含めての歴史の意味ないしは法則を与えるものなのである。そういう歴史観を排除する根拠は後で述べる。ともかく当時の我が国においては、哲学的歴史の伝統は、ここに言う神学的歴史への志向にあった。これに対し、私がその当時目指していたのは、今なら分析的歴史哲学とでも言われるものであろう。実際、私がその発表に際して大いに参考にした哲学者アーサー・ダントーは、著書に『分析的歴史哲学』（*Analytical Philosophy of History*, 1965）という題をつけている。

（3）神学的歴史哲学と分析的歴史哲学

神学的歴史哲学と分析的歴史哲学との区別について、なお少し説明しておこう。

神学的歴史哲学は、普通の歴史と同じように過去に生じたことについての説明を与えるのであるが、それ以上のことをしようとする。しかも、もし哲学的活動の基本を分析ということに置くなら、神学的歴史哲学は、歴史ではあるかもしれないが、哲学ではない。これに対し、分析的歴史哲学は、本質的に歴史ではない。それは本質的に哲学である。もっと言えば分析哲学である。それはロックがかつて知識（主として自然科学的知識を念頭に）について行ったように、歴史の述べる知識の構造を分析し、その範囲と限界を指摘することを目指すのである。このような分析的な歴史哲学が目指すのは、歴史のみならず神学的歴史哲学を表す際に生ずる概念的な問題の解明である。

それでは、神学的歴史哲学者たちは、過去の説明に加えてさらに何をしようというのか。それは、歴史の全体について説明を与えようとするのである。しかし、ここで「全体」というのは、これまでに生じたすべてのこと、つまり過去の完全にして遺漏なき記述という意味に尽きるものではない。彼らの言う「全体」は、未来の果てにまで及ぶのである。つまり、神学的歴史哲学は、それが人間の歴史全体の説明を与えているがゆえに、歴史の哲学であるというのである。「全体」ということを真面目に取る人なら、当然、そういう主張は人間の越権行為だと言うであろう。我々人間にできるのは、たかだか、過去全体の説明だけである。しかもそれさえ、あらゆる出来事という意味なら、過去全体ではない。なぜなら過去のことについて全体を知りうるのは、神だけだからである。「過去全体」というのさえ、人間的見地からは空しい言葉である。私が東を向いているなら、西に起こったことは知りえない。それは録画しておけば、後から見うるというなら、その録画を見ている間に起こることは経験できない。この議論は限りなく続けうる。

歴史記述言明の構造

本節の（2）で述べた、歴史知識の三つの特徴の①について、すなわち、歴史記述言明が真であるというのはどういうことであるのかということについて考えてみよう。

過去に生じたこと、これを我々は出来事と呼ぶことにしよう。過去の出来事は、今はもはや存在しない。しかも、過去の出来事について我々が持つ証拠は乏しい。証拠は乏しいが、我々はある出来事は生じたに違いないと信じている。というのは、そう信じなければ、過去について論ずる動機も意義もないからである。しかし、どんな過去の出来事が存在したと主張するというのか。それを言うためには、その出来事の内容を記述せねばならない。しかし、それについてどんな記述ができるのか。過去はもはや過ぎ去って、その意味では今はもはや存在しない。過去の出来事の存在を信ずるためには、証拠となる史料や遺物を突き合わせ、解釈を加え、そうした出来事（事実）の内容の確定を通じて、その存在を確かなものにしなくてはならない。しかし、その出来事がいかなるものであったか、その原型がいわば写真のようなものとして存在しているわけではないのである。我々の誰も過去の原型を知らない。我々が持っているのは、たかだかその証拠と思われる、しかも断片的なもの（史料や資料‐遺物など）だけである。しかも、そうした断片的証拠と思われているものが本当に証拠と信頼してよい証拠であるかどうかも、確実には分かっていない。何らかの史料や遺物が、たとえそれらを証拠としてもよさそうだと思われるものであったとしても、証拠と出来事との間にはギャップがある。それだけではない。当の出来事がいかなる出来事であったかが分からねば、それらがまことに証拠となるかどうか決められないからである。かくて、出来事と証拠との間には循環が生ずる。そして存在したと信じられる出来事同士の間にもギャップがあろう。そうしたいろいろなギャップを埋めねばならない。

この議論は、私が歴史知識の最少の特徴づけとして挙げた三つのうちの①が内蔵しているきわめて複雑な事情に関わるものである。つまり、歴史的知識はいかにして真であることが示されるかという問題がここに絡んでくるのである。

今、不可能な仮定であるが、過去についての、ある理想的な年代記（以下ＩＣ）があって、それは過去の出来事すべてを記録しており、出来事間のギャップが充填されているとしよう。こうした仮定に意味がありそうに思えるのは、出来事としての歴史の実在性を素朴に信じ、神のごとき無限の観察可能性の成立を暗黙のうちに前提しているからだと思われるが、今はその点を取り上げない。この仮定は、神学的歴史哲学について我々が語れる意味を与えるための譲歩である。この年代記は、歴史全体についての理論とも言うべき神学的歴史哲学にとっては不可欠のデータであろう。神学的歴史はそうしたデータのすべてに亘る発言をする。

さてこの仮定を認めた上で、今度は、歴史と神学的歴史哲学が、知識として成り立つ権利をどれほど持つかを検討してみよう。もし神学的歴史哲学は知識でないと言うのなら、それはいかなる意味で我々に提出されるのかを問わねばならない。

神学的歴史哲学は知識であるという場合、その言明の眼目は、ある一個の出来事（事実）の存在主張にはない。なぜなら、このことなら年代記（仮定上の）が既に果たしていることだからである。歴史であれ、神学的歴史哲学であれ、その知識は、たとえば過去の歴史の中に見られる出来事間の繋がり、または型（法則）を取り出し、それが、未来の歴史の中で繰り返されるという主張であるか、または過去の出来事が、現在、または未来を作り上げて、意味ある一つの全体を構成している、ということを示す類のものであろう。尤も普通の歴史では、まだ過去の事実の確定に努めるという、いわば最も基本的な記述的段階に留まり、そうした理論的な主張はできない状態にある事柄のものもあろう。しかし、それはここでの問題ではない。

神学的歴史

もし歴史における知識がこのようなものであるとすれば、その意味において、そういう知識（歴史）は理論の一種であると言えるかもしれない。もし歴史の知識を理論と呼んでよければ、それが満たすべき条件というか特徴というものを考えることは許されるであろう。そうした特徴ないし条件として、次の三つを考えてみよう。しかし、その三つで、（単に個別的な出来事の記述ではないという意味での）理論としての歴史的知識が完全に定義できるという意味ではなくて、理論としての歴史的知識は少なくとももこの三つの側面を持つであろうという意味である。神学的歴史は次の三つの条件を満たしうるか。

(i) 記述的な性質を持つ（記述は何らかの意味で真とされねばならない。上記〔本書二三一頁〕の①と同じ）。
(ii) 説明的な機能を持つ（説明ということの意味は後で論ずる）。
(iii) テスト可能性（批判可能性）を持つ。

(i)(ii)は、ダントーが挙げているものである。しかし、こういう条件を取ることに反対する人はいないであろう。これらは、普通の歴史も満たさなければならない条件である。(iii)は、ポパーの主張を取り入れたものである。ポパーは科学的知識の持つべき性質として、反証可能性ないしテスト可能性という条件を提唱した。彼の議論は、一時は世を風靡したが、法則の反証となる事実もまた、法則の属する理論を背負っているという事実や、実際に理論を反証する事実を設定することの困難、また歴史上の科学史での実例では見事な形で反証が行われたという事実は少ないというようなことから、現在は人々があまり取り上げない。確かに、天動説から地動説への移行は、何らかの反証があったという形で生じたものではない。クーンの言うことには十分根拠がある。実際、天動説が斥けられたのは反証によるのではなく、ニュートンの物理学に基づく地動説が世人の絶大な信頼を博すことになったのは、ハレーによるハレー彗星の出現予想が的中したことにあった（これは天動説の反証とも見うるのではないか）*。それまで彗星は、不可解な動きをする天体として気味悪がられていた。彗星の出現は凶事の前兆と受け止められていた。だが私は、歴史の実際の流れや反証の実行上の問題は別として、科学の進歩は、論理的に再構築すれば、緩やかな形であれ反証という形のものに基づいていると考えるので、(iii)をここに加えた。というのは、いかなる意味でも批判可能でないような主張は科学的ではない、と考えるという意味である。

（註　この事態を次のように記号化してみよう。Tc：コペルニクス─ニュートンの理論、Tp：プトレマイオスの理論（天動説）、com. ap：彗星出現、C：初期条件、とする。すると、次の三つの命題が考えられる。
(i)　Tc, C ⊢ com. ap.　(ii)　(Tp, C ⊢ com. ap) ではない、(iii)　com. ap.

このときCは成立するとみなしてよいから、(i)と、(iii)の否定とからは、Tcの否定（反証）が帰結する。つまりTcは反証可能であった。(i)と(iii)の肯定とからは、特に帰結はない。TcとCとが成立しても、今のところ矛盾はない、というだけのことである。しかし(ii)と、(iii)から出てくるのは、Tpの否定に近いことであろう（天動説の否定）。ただこれは、(ii)を、実質的には、Tp, C ⊢ com. ap. だと見なしてよければ、の話である。もちろん、こういうことは許されないとしても、Tpが、彗星に対して説明力を持たないという事実は変わらない。）

最近は科学の絶対視に反対する意味も込めて、プラグマティズムに立つ実用的科学観がいわば流行しているが、私はその傾向には実用的意義以上のものを認めない。もちろん同じ理由で科学的知識の絶対視にも反対したい。「同じ理由で」というのは、批判的な見地を除いて、知識の客観性が成立する基盤はないであろう、という意味である。ともあれポパーの議論は、神学的歴史哲学のうちでも、唯物史観のように科学的であるということを標榜する立場の批判には特に強力である。

さて、歴史における記述とは、たとえば過去における出来事間の繋がり、あるいはその意味、あるいはその型を取り出す作業であろうと今述べた。神学的歴史哲学の場合でも、説明とは、そうした繋がりや型（法則）を用いて因果的にまたは目的論的に説明したり、出来事全体を貫く意味を見出すことである。しかし、そうした知見は未来の出来事にも投影されている。ダントーの表現に従って述べれば、マルクスの唯物史観は、記述の型としては階級間の軋轢という型を取り、歴史の流れの型としては弁証法的という考えを用いている。そして説明に関しては、経済的な要因に因果的な力の根源を求めた、ということになる。

この際、事実と型との関係は、科学における事実（観察）と理論の関係に対応するもののように見える。しかし現実はどうであったか。唯物史観が予測したような社会変化は起こらなかった。それどころか、かつてのいわゆる社会主義国のうちのあるものは、社会主義的な体制を放棄してしまっている。マルクスが行った資本主義社会の分析は、当時に書かれた歴史として見る限りにおいては一つの優れた歴史または社会科学的考察であったかもしれない。彼はその結果を未来に投影し、未来を予測した。しかし、その予測はいつまで待っても的中しなかった。このことは、彼の説の論理的な反証という形を取らないが、事実上の反証というに近い。こうした記述は、もはや真偽をまともに問えない性質のものである。

神学的歴史哲学は、科学に比べると、もちろん理論としても、個々の出来事の記述としても、粗雑であり、不適切なものである。それはふつう的確な予測力を持たないし、その主張はたかだか理論のためのプログラムに過ぎなかった。しかも、それは理論の支配を僭越にも未来にまで及ぼそうとしている。

こうした神学的歴史哲学に比べれば、一般に、普通の歴史家が歴史上のことについて与える説明ですら、それぞれの分野において、より高度のものであり、当の分野で適用できる基準を満たし、神学的歴史哲学よりも優れているように思われる。歴史家は、記録や遺物が真正のものであるかどうか見定め、ある出来事が起きたのはいつであったかを確定する技術を持っており、それを使用する。もちろん歴史家の説明と科学の説明との間には、とてつもない違いがある。しかし、そうだとしても、その違いは神学的歴史哲学と科学理論との差異よりは大きくない、というのがダントーの主張である。

(4) 説明ということ

説明ということで神学的歴史哲学を評価すると、どのようなことになるであろうか。このことを考えるためには、予備的考察として、説明とはどういうことを意味するであろうか、反省しておく必要があろう。というのも、日常生活を振り返ってみれば、いろいろなことが説明ということで意味されているのを我々は見出すからである。そのあらゆる種類を枚挙することは必要もないことであるが、いくらか例を挙げてみると、①今まで見たことのない道具に接した人が、「これは何か」と尋ねる場合、求めている説明は、その道具の機能であろう。問われているのが道具でなく事柄であれば、その事柄の内容の記述が、その説明となろう。②料理屋に行って献立に「てっさ」と書いてあるとせよ。料理人にこれは何かと尋ねれば、それは「ふぐ」の刺身だと説明されるであろう。これは言葉の説明という形である。③依頼された仕事を果たさなかった人に対し、我々が説明を求める場合、求めている説明は、言い訳、すなわち正当化である。④ある人が椅子から立ち上がった。彼は部屋が寒くなってきたので、窓を閉めようと思ったからである。これは、目的による説明である。⑤神の宣託に基づく説明、などである。

日常的次元での説明は、多様である。それは何らかの意味で疑問を解決するが、そうした解決は、問題の性質と、説明を受ける人の知識とに相対的である。説明の良否は、この場合、いろいろ論じられえようが、説明の定型はない。歴史記述は必ずしも日常的次元のことではないゆえ、その次元での説明は、より厳しく真理性、ないし正しさを問われるであろうが、そうした正しさは、資料批判や歴史家の知識の正しさに多くを負うものであろう。場合によっては、歴史の与える説明の良否は、歴史を読む人の知識の程度で評価されてしまうこともあろう。

しかし多くの哲学者は、このように多様な説明をそのまま認めず、一九世紀以来、つまり科学が知識社会に市民権を得て強力になって以来、説明を一元的に考えるか、二元的に考えるかについて議論をしてきた。このことの背後には、西欧における学問分類の伝統が関わりを持つ。我が国では、人文科学などという表現を今や何の躊躇いもなしに使うようになっているが、たとえば英語では、人文科学に当たるのは、humanities という言葉である。それは、natural sciences とも、social sciences とも異なり、science という言葉を含んでいない。歴史はもちろん humanities の一つである。ここで、歴史における説明とは科学の場合と同じものかどうか、もしそうでないなら、それはいかなることを指すのかということが問題となる。換言すれば、歴史は科学か、科学ではないかという問題が生ずる。

歴史の史料批判や出来事の確定などのためには、実際、厳密な実証的方法が用いられているし、またそうすべきであるということには問題はない。その際には、科学的知識や技術が飽くなく使われてよい。しかし史料批判というだけでは、まだ歴史への下準備の段階であり、歴史の態をなさない。出来事は記述されねば出来事にならない。

では、「何」を、どのように記述するのか。何をと問うのは、過去の出来事は、誰にも現前しないし、誰も知らないからである。過去の出来事は、我々の認識から独立に存在を持つものではない。しかも過去の「あの出来事」は、「かくかくしかじか」であったと知っているものはもはや誰もいない。たとえ直前の過去であっても、それを完全な姿で経験したと言える人は存在し得ない。人はおのおの、その人の限られた視点からしかことを見得ないからである。

歴史的出来事は、それが過去において存在したと考えられるがゆえに、それを記述することに意味があるのであるが、過去（出来事）そのものは眼前の机のように、対象として我々から独立に現存しない。歴史的出来事の存在（想定であるにせよ）が先行しなければ、歴史的探究は成立しえないが、歴史的出来事の記述がなければ、歴史的出来事の存在の確認はできない。つまり、過去の出来事は、我々がそれを記述しないと、それを確認する作業も成立しない。歴史認識における根本的な循環構造と言われるものは、このような循環のことである。すなわち、出来事の存在論的先行と、認識論的先行との循環構造である。このことは既にいくらか述べた。ここでは記述としての歴史や神学的歴史哲学は、いかように説明するかを考察する番である。

普通の歴史も神学的歴史哲学も、それぞれ見出された細かな事実に基づいて説明をするでもあろう。しかし歴史にせよ神学的歴史哲学にせよ、それが行う説明は、科学の行う説明とは質を異にしているのではないか。もちろん神学的歴史哲学は、普通の歴史のしないような主張をするという点を持つが、それを除けば、両者の説明は相似ていると言えるかもしれない。つまり両者とも、説明ということを、科学とは違うあり方のものと見ているように思われる。

科学が認める説明のパターンは歴史の中での説明とは質を異にするというのは、一九世紀から始まった議論であるが、その最初は、歴史を科学の圧力から守るための主張として出発したように思われる。

一九世紀の半ば頃から、西欧では、いわゆる「科学の制度化」が進行した。科学やそれに基づく技術の成功は目覚ましく、科学研究を職業とする階層が成立し、理工系の教育機関が次々設立された。これにつれて、科学への信頼が人々の間に高まり、自然科学万能主義とでもいうような風潮が社会に蔓延し、実証主義や唯物論が盛んになった。しかし、こうした風潮に戦いを挑んだ哲学者もいた。たとえば新カント派のウィンデルバントがそうである。彼は、一八九四年のストラスブール大学総長就任講演において、「歴史と自然科学」という題を掲げ、当時の唯物論的傾向を厳しく批判し、その中で、自然科学と歴史とを対立させ、それぞれを「法則定立的」、「個性記述的」というふうに特徴づけたことはよく知られている。「個性の探究」が、「普遍（法則）の探究」に劣らず学問的意義を持つと論じたのである。彼のこのテーゼは、後の論争にも一種の指導的な考えとして生き続ける。もちろん彼の他にも、歴史認識の問題に関して重大な貢献をした哲学者がいる。それは、「生の哲学」を展開して、自然科学の一元的支配に抗したディルタイである。彼は実証主義に反対し、「解釈学」を精神科学の方法論として当代に蘇らせた。ディルタイは、自然科学における方法は「説明」であるが、精神科学における方法は「理解」であると論じた。理解というのは、自己の体験を出発点にして「感情移入」や「追体験」を介して他者の経験を再構成することであるが、この手続きを過去の行為や出来事の理解にも（もちろん人格や作品の理解にも）、適用できると考えたのである。こうした「理解」は、科学における説明とは質を異にするであろう。

ウィンデルバントやディルタイの立場は、現代から見るとある程度自然な考えと見えるかもしれないが、世の中はそう単純には動かない。二〇世紀に入ると再び実証主義が、当時の哲学のあり方に反抗して再び、新たな装いのもとに登場した。この実証主義は、古典的経験論や一九世紀の実証主義と異なり、記号論理学という新たな武器を携えていた。そして、歴史と科学との対比は、新しい様相を呈することになる。

この成り行きについては、二〇世紀の中頃に行われた、ポパー－ヘンペル・モデルの議論を見るべきである。ポパーを実証主義者の一人のように言うのは間違いであるが、ポパーは、説明に関する一元論では、ヘンペルと同様の立場に立っていた。まずヘンペルの主張を聞いてみよう。

彼は上述のウィンデルバントの主張を取り上げて言う。歴史が「個性記述」であるというのは、ある種の歴史家が主な関心とするような型の問題の特徴づけとしては無下に斥けられないが、科学的探究における一般法則の理論的機能に関する主張としては受け入れがたい、と。彼はつまり、一般法則は、歴史においても自然科学におけると全く同様な機能を果たすのであり、それは歴史においても社会科学においても不可欠な手段である、というわけである。「一般法則」というのは、論理学的に言えば、普遍的条件文の形を持つ言明である。そしてそれが「法則」であるということは、しかるべき証拠によって実際に確認され信頼されている仮説であることを意味している。

自然科学における一般法則は、出来事を「説明」ないし「予測」という形で結びつけている。たとえば、ある時空点での、ある種類Eの出来事の「説明」は、Eの諸原因ないしは、Eを決定する諸要因を示す、という形になっている。つまり、C_1、C_2、C_3、……C_nという一組の出来事が、説明対象となっている出来事Eを引き起こしたという主張は、ここに述べた、これらのC_1、C_2、C_3、……C_nという種類の出来事が、ある一般法則によれば、Eという種類の出来事にいつも規則的に伴われている、という言明になる。ここでC_1、C_2、C_3、……C_nは、いわゆる先行条件であり、初期条件ないし境界条件を表している。これらの条件とEとの関係を述べる一般法則から、Eの生起が論理的に演繹されるとき、もしEが既に起こっている出来事ならEは説明されたのであり、もしEがこれから未来に生ずる出来事なら、Eは予測されたことになる。説明も、予測も、先行条件と一般法則から論理的にEを引き出すという点では、同じ手続きに従うのである。

ヘンペルは、説明に関し一元論を採り、歴史における説明も究極的には自然科学的な説明と同じであると主張した。もちろん彼は、大概の歴史家たちが、歴史上の出来事の説明をする場合に一般的法則に訴える可能性を否定するという事態があるのを知っている。しかし彼によれば、それは、たとえば歴史や社会科学における大概の説明では、歴史家や社会科学者たちが自分たちの前提している一般法則を明示的に述べないからなのである。述べない理由は、たとえば①そういう説明における普遍的な仮説（法則）は、個人的または社会的な心理学に関係していることがしばしばであり、そうした仮説は、日々の経験を通じて誰にもよく知られているものなので、当然のこととされてしまうからである。また、②前提とされているそういう仮説はしばしば、関連する利用可能な経験的証拠と合致するように、明晰に、また十分正確に定式化するのがきわめて難しいからなのである。たとえば「江戸時代、X村の百姓は凶作のとき、逃散した。なぜなら彼らは年貢が払えなかったからである」ということの説明の基礎となる仮説を、どのように言えば簡潔、的確に表現できるであろうか。要するにヘンペルは、歴史における説明も、科学における説明と論理的構造には変わりがないと主張するのである。

歴史家や社会科学者が、暗黙のうちにせよ明示的にせよ、一般法則を使うことは否定できないであろうし、否定する必要もないが、しかし彼らが求める説明は、一般法則からの演繹という形のものが主眼であろうか。それがここでの真の問題である。いみじくもヘンペル自身が述べているように、彼らにとって関心のある説明は、もっと別の種類のものであるように思われる。「ルイ十六世の首はギロチン台で切られた」ということについて、彼らが求める説明は、「ギロチンの刃は、すべての人間の首を切り落とすだけの鋭さを持っている」と、「ルイ十六世は人間である」とから、それゆえ、「ルイ十六世の首はギロチン台で切れた」と結論してみせるというようなことではない。

ポパーも説明についてはヘンペルと同様に考え、「方法の一元性」を守ったが、歴史ないし人文科学と自然科学との間に境界線を引いた。彼は、歴史固有の歴史的法則というものを峻拒した。もちろん、自然科学的な一般法則を歴史研究において使用することには何の問題もない。彼が否定したのは、歴史の中に歴史展開の一般法則があるという考え（彼の言う意味での歴史主義）である。彼の当面の論敵はマルクス的な唯物史観であったが、その根源には少なくともヘーゲルの歴史哲学がある。それではポパーは、いかなる議論によって歴史における法則という考えを斥けたのか。

まず、法則を否定するとは、論理的にはどういうことであろうか。ポパーは、科学的法則は、基本的に、普遍

（全称）命題であると考える。次のような文を考えてみよう。

① 英国人は、ウィスキーを飲む。

② ある英国人は、ウィスキーを飲む（＝ウィスキーを飲む英国人が存在する）。

③ 全ての英国人は、ウィスキーを飲む（＝ウィスキーを飲まない英国人は存在しない）。

このうちたとえば③は、全称（または普遍）命題（あるいは非存在命題）と呼ばれるものであり、これを否定するには、ウィスキーを飲まない英国人が少なくとも一人はいること（存在命題）を示せばよい。②は特称（または存在）命題と呼ばれるものであり、これを否定するのは、すべての英国人がウィスキーを飲まないこと（普遍命題）を示せばよい。しかし、①を否定するには、どういうことを示せばよいか。我々は、①のような主張に出会ったとき、ふつうは、それを②③または④「大概の（あるいは、かなり多くの）、英国人はウィスキーを飲む」という意味かに理解（解釈）して、答える。そうするのが、我々の会話の常識であろう。②または③だと解釈してよいなら、その答えは既に出ている。そして、④なら、答えはイエスかノーかのクリアカットにはならないが、いくらか実際に調査をすれば、答えはおおよそのところで出てくると考えられる。しかし、④の明確な否定はできない。

さて、科学の法則は普遍命題という形を持っている。たとえば、「すべての金属は、熱すれば膨張する」というような形式を持っている。それゆえ、法則を反証するには、反例を一つでも挙げれば十分である。つまり、③のような普遍命題は、一つの反例によって論理的には否定（反証）できる（反証可能性を持ちうる）。しかし、②を反証するためにはどうするか。過去未来に亘ってあらゆる英国人について、その人がウィスキーを飲まないことを実証せねばならない。これは実際的にも論理的にも、実施不可能である。尤も現実的には、飲む人がすぐ発見されて、反証の試みは意味がなくなるであろう。①に対しては、それを全称命題（普遍命題）と理解するか、特称（存在）命題と理解するかによって、答えは定まる。しかし、そういうような解釈をその都度せねばならない言明を、科学ではふつう、理論の言語として採用しないことになっている。

次に、上記命題②③が成立すると示す（実証する）ためには、どのような手続きが必要であろうか。③を検証するためには、過去から未来にわたり存在するあらゆる英国人（無限であろう）について、それらの人がウィスキーを飲むことを実証せねばならない。これは実行不可能である（実証はできない）。②に対しては、英国人でウィスキーを飲む人が一人でもいることを示せば、それが真であると言える。①に関しては、命題の意味を明確にすることが先決である。

以上の論理的事実に基づきポパーは、ある知識が科学的知識であるというための基準を提出した。科学的知識は、「反証可能性」を持つものでなければならない、のである。科学的知識は客観的でなくてはならない。客観的とは、他人もそれを否定しないということ、つまり、他人からの反対意見を防げる、あるいは他人の批判に耐えうる、ということである。防ぐとか、耐えるとここで言うのは、心理的な意味ではない。ましてや、他人の批判を最初から受け付けないというようなことではない。他人からの批判が公的に認められるような手続きのものとして設定できて、しかもその批判が成立しないということである。

たとえば、我々の周りでは、ニュートン物理学によれば「落体の落下速度は、時間に比例する」。すなわち、空気の抵抗を無視すれば（あるいは真空の中では）、綿でも鉄でも（同じ場所なら）同じ時間を経た後では、落下速度は同じである。この主張に対し、「いや、鉄の方が早い」と主張する人があるかもしれない。しかし、上記ニュートン物理学の法則は、この批判を斥けるであろう。それには、真空中で落下実験をしてみればよい。鉄でも綿でも、同じ時間たったときは、落下速度は同じであろう。しかし、もちろん、もし両者の落下速度が同じでないという結果が出たなら、落体の法則、ひいてはニュートン物理学は否定（反証）されることになる。こういう「（反証のための）実験」が設定できるということが、上記ニュートンの法則が科学的知識であると言える根拠であり、そうした実験を行っても落体の法則はそれに耐えて生き延びるということが、現在もそれが科学的知識であると言われてよい根拠である。反証が可能であり、反証が失敗する限りにおいて、それは科学的知識である。もちろん、ある知識に対して、ある反証の試みは失敗し、その知識は落城しなかったが、別の反証の試みで落城することはありうるのであり、そのときはその知識という身分は失われる。反証が失敗する限りにおいて、知識は暫定的に知識でありうるのである。その意味で、科学的知識は、常に仮定（仮説）である。

これに対し、形而上学的主張は反証可能性を持たない。それゆえ、それは科学的知識ではない。単なる主張である。我々はその主張を信ずるべき理由を持たない。たとえば、②は、現存の英国人だけについての主張なら、反証可能性を持つと言えるかもしれない。しかし、英国人ということで、現在のみならず、過去、未来に亘っての英国人を意味するなら、答えはどうなるであろうか。というのは、こういうことを検証しうる存在者は神以外にはないであろうからである。また、「幽霊は存在する」という主張は、反証可能ではない。それは、あらゆる場所、あらゆるとき（過去、現在、未来に亘って）幽霊が存在しないことを確認するという手続きは、論理的に実行不可能だからである。一般に、時間的空間的限定を含まない存在命題を反証することは不可能である。イラクに殺人兵器が隠されているということ（これは、イラクという空間的限定を含んでいるが）を反証するのは、イラク全土について同時に探索ができない限り、それは殆ど現実的には無理に近い要求である。しかし、先年アメリカは、イラクにそういう「非存在」証明をせよという要求を突き付けて、挙句の果てには査察団が実際にかなりの探索を行ったにも拘らず、存在命題の反証（非存在命題——つまり、いつどこを調べても探索されているものが存在しないという命題の証明）ができていないからという理由で、逆に攻撃を開始した。それは、論理学に暗いやくざの言いがかりに近い行動である。ついでに言えば、論理的真理も反証可能ではない。それは論理的真理の命題は、経験命題ではないからである。だが、イラクには殺人兵器が隠されている、という主張は論理的真理ではない。

さて、こういう概念装置を用いて、経験的な命題が客観性ないし信頼性についての判定を受ける度合いを整頓してみよう。ポパー派の一人であるワトキンスは、次のように言明の型を分類し、吟味している。

①　状況を時間的かつ空間的に限定された存在命題　たとえば、「今日は、私の車庫に車が一台ある」。

この型の言明は、容易に認知されるある対象が、容易に探索しうる時空領域に存在するというものであり、実際的見地から見ても反証可能である。また実証可能でもある。

②　普遍的な経験的仮説（科学法則の典型的な型）「すべての金属は、熱されれば膨張する」。

この型の言明は反証可能であるが、実証不可能である。

③　状況限定のない存在言明　たとえば、「熱されても膨張しないような金属がある」。

このような言明には、実証の可能性はある（実例を示しうるかもしれない）。しかし、反証不可能である。

④　全称（普遍）－特称（存在）言明　これは論理学的な用語を使って言えば、普遍量化記号と存在量化記号を持つ言明である。たとえば、「あらゆる金属に対して、それを溶かすある酸が存在する」などのような言明であり、「あらゆる」と「ある」とが含まれている。いま「あらゆる」という言葉を外して、これを「(ある）金属は、それを溶かすある酸を持つ」ということを含んでいると考えるなら、これは③と同じ型の言明である。ということは、④は反証不可能であるということである。そして④はもちろん、元来、普遍言明であるので、これは実証不可能である。つまり、④は実証不可能であり、反証不可能である。反証不可能ということは批判不可能ということであり、知識としての資格を持っていないということである。

これらの分析は何を意味するか。

まず、③の存在命題が反証不可能であることから、次のような型の言明は反証不可能であるという帰結が出る。

たとえば、

(i)「これら現象を支配する、ある（歴史または自然）法則が存在する」「これら現象には意味がある」などといった型の言明は、経験的な語句を含むにも拘らず、経験的な観察によって反証する手続き、換言すれば批判する手続きが与えられているとは言えず、ポパー的な見地からは、事実に関わる言明であるとは言えても、経験的な知識ではないということになる。もちろん実証の実現される可能性は残っているわけで、これが事柄に形而上学的な意味を与えようという試みの絶えない論理的根拠となるであろう。また、次のようなことも言えるであろう。

(ii) ④の型の言明が、反証可能でないばかりか、実証可能でもないならば、「すべての出来事は原因を持つ（あるいは、一つの目的に向かって進む）」というような言明、あるいは決定論の命題も、経験的な知識ではないということになろう。

さて、我々はこの議論を歴史についての議論に拡張しよう。上で神学的歴史と呼んだものは、マルクスの唯物史観も含めて次のような型の言明と同類である。たとえば、「歴史の展開にはある一定の目的がある」「歴史の現象は、繰り返して起こる一定の型にはまっている」「歴史の展開（進歩であれ、退歩であれ）には、一定の法則がある」などという主張がそうであろう。これらは、「歴史」というものが、出来事の全体（過去、現在、未来に亘る）を含み、それらに関して、ある「目的」「法則」などの存在を主張すると考えられるものである限りにおいて、上述の議論により、反証不可能であることが示されたと考えられる。それはつまり、全称（普遍）‐特称（存在）言明であり、経験的な、したがって科学的な、主張ではない。かくて科学的と詐称する神学的歴史哲学は斥けられる。

ついでに言えば、これらの全称（普遍）‐特称（存在）言明は、更に別の論理的問題を含むと考えられる。なぜなら、それは、我々が知りえない出来事の知識つまり未来の知識を、しかも永劫に亘り不変なる知識を我々が持ちうるという前提を不可欠としているからである。そういう知識を持ちうるのは、神以外にはない。それゆえ、私はこういう型の歴史を神学的歴史と呼ぶことにしたのである。マルクスの唯物史観もその例外ではない。科学的知識も未来の予測に用いられ、未来に関わるが、それは未来の出来事の知識を前提しているという意味ではない。科学の場合、未来の出来事は当の科学的知識をテストする役割をひめているものとして機能するのである。

ポパーは神学的歴史を拒否した。しかし普通の歴史を拒否したわけではない。それゆえ彼は、歴史を科学的知識とは違うものと考えたことになる。しかし歴史はいかなる意味で科学と違う性質のものであるのか。彼は、歴史法則というものは存在しないと言う。これは、彼の言う意味での「歴史主義」を斥けることである。歴史主義と彼が呼ぶのは、歴史的な、また社会的現象に対する歴史的予言を与えることを主目的とするような歴史ないし社会学研究のことである。それは、歴史は、書かれる時代によって変わる相対的なものであるというトレルチの主張のことではない。歴史に発展段階の法則があるという説のことである（過去の歴史の記述が、発展段階に従って述べられていることや、時代にはそれに特有な趨勢がありうることに彼は反対するのではない）。

それでは、歴史とはどういうものであろうか。まず彼は言う。歴史は、どういう主題を選ぶかという選択から始まる、と。主題の選択は科学の場合にもある。ただ、科学の場合、主題はふつう科学理論によって決定されている。つまり、科学の場合、無限な事実や事実の無限の象面（出来事の諸側面）から我々の選ぶのは、これまで理論とされてきているものに関連するゆえに我々の関心を呼ぶ事実やその象面である。こうした経過には、いわゆる悪循環は含まれていないのがふつうである。というのは、科学者の関心を引く事実や事実の象面とは、理論を確証するようなものではなく、むしろ、その理論を斥けるかもしれないようなものだからである（尤も、取り上げられる事実や象面は、問題となっている理論を前提して記述されているであろうという問題はある）。理論に合うような事実や象面を探すことは、いわば繰り返しであって、これは追試の場合以外は、空疎な循環である。

けれども他方、記述はすべて選択的であるというのは真である。我々の世界の事実や象面は無限にあるのであるから、我々はそこから記述すべきものを選択せざるを得ない。我々の記述は有限であらざるを得ない。それゆえ、我々の記述は常に不完全である。記述には「視点」ないし「観点」が不可避であり、それを避けようと思えば、かえって自己欺瞞に陥るだけであり、無意識に何らかの視点を無批判に取り込むということになるだけである。そしてこのことは、特に歴史記述の場合、殊さら真である。だがこのことは、歴史では、何ごとかを容易に真にしたり、偽にしたりできるということを意味しているのではない。ポパーは、「視点」に関して、つまり歴史も科学も「視点」をまず取るということではある共通点があると認めたが、その主張の意味は、歴史における「視点」と科学における「視点」とには大きな違いがあるということである。

たとえば、科学、特に物理学においては、「視点」は、新しい事実を探索し、そうした事実によってテストしうる理論によって提示される。歴史においては、事柄はそう単純ではない。科学の場合、テストすなわち反証の試みは、結局のところ、普遍命題の形をした法則を対象に行われるのが普通であろう。科学は、工学と違い、一般的なことを目指すのだからである。つまり、工学の目指すところは、たとえば、この橋が要求されている強度を満たすかどうかという特殊的なことであり、普遍的な法則はそういうことを計測するための道具ないし手段に過ぎない。特殊的なことに関心を向けるという点では、工学と歴史には共通点があるとも言える。

(5) 視　点

歴史知識は歴史的法則を知ることではありえない。このことを我々は既に見た。それゆえ歴史に関しては、科学の場合と違い、主題を統一してくれる理論や法則のようなものは存在しない。歴史も、ある事件や出来事の成立を説明するのに普遍的法則を使うことはあるであろうが、そうした科学の法則は、歴史にとってそれが関心を持つべき事実や象面を統一し選択する原理としての視点を与えるものではない。それゆえ、歴史においては、記述に統一性や秩序を与えるために、偉大な人物を中心に据えるとか、国家的な性格を中心に置くとか、ある観念の変遷を辿るとかという技法が用いられることがある。しかし、我々がもし歴史というものを一種の理論として見るのならば、

「歴史という理論」と「科学的理論」とが、大きく違っていることをむしろ見て取るべきである。

歴史においては、選択の対象となる事実は、科学が持つ無限な数の事実と比べると、数においてしばしばきわめて限られている。歴史の史料はそもそも記録に際し、記録する人が興味を持ったことに限られている。遺物はまた、偶然残ったものである。我々はそうした遺物（証拠）や資料を、思いのままに多く集め充実させるということはできないのである。つまり、理論のテストの根拠となりうる証拠のあり方が全く違うのである。それゆえ、歴史は自由にテストしえないものと言うべきである。反証手続きは、新しい資料が出てくるまで、滅多に存在しないであろう。それゆえ、歴史は理論と言うべきものではなく、むしろ「一般的解釈」であると言うべきである。

解釈は、論者の視点を表すものであり、重要である。しかも今見たように、我々はいつも何らかの「視点」を不可避的に取らざるをえない。しかもまた、歴史においては、テスト可能な「理論」というものは、滅多に得られない。つまり、歴史における一般的解釈は、たとえそれが現存の資料の全部と合致したとしても、確認されたとは言いえないのである。なぜなら、その場合、資料は、当のその解釈によって資料と見なされ、取り上げられているのであり、その間には循環があるばかりでなく、同じ資料に対しても、別のいくつかの解釈をも与えうるであろうからである。しかも、これらの解釈は両立しないものであるかもしれない。実際、科学の場合でも、同じ現象を眼前にして、ハイゼンベルク流の量子力学と、シュレーディンガー流の波動力学が成立している。だが科学の場合は、もっと知識が進めば、どちらがよりよい理論か決められるかもしれない。しかし歴史の場合は、そういう希望は、あまり強くなりえない。尤も、歴史家は、通常、同じ資料に基づくが別の歴史解釈のある可能性を、あまり考えないようであるが。

この議論は、解釈の値打ちはみな同じだという意味ではない。本当は証拠によく合致していない解釈もあるし、解釈を守るためには、いくつかの補助仮説をさらに引き合いに出さなくてはならないような解釈もあるであろう。ある解釈は、別の解釈なら結びつけて「説明」している事実関連を構成しえないということもあるであろう。コロンボ警部は、他の人が無視してしまっている瑣末な事実を重視し、事件の全体を構成し、真犯人を追いつめる。また解釈にも進歩はあるであろう。新しい事実が発見されるということも皆無ではない。しかし歴史の場合は、科学の場合と違い、事実ないし証拠とされるものの証拠としての力は、弱いのがふつうである（もちろん、それらを随意に取捨しうるという意味ではない）。それは、資料は史料であるにせよ物的な遺物であるにせよ、解釈なしには証拠にはなりえないということ、しかも解釈は証拠なしには解釈として成立しえないという、歴史における循環からの帰結である。歴史には、証拠と解釈との間に、既に述べたように循環があるのである。

こうしたことから、ポパーの引き出す結論はどういうことになるか。彼自身の言葉を、『開かれた社会とその敵』の最終章（「結論」の章）から引用しておこう。

> 「〈実際に生じたとおりの過去〉の歴史というものはありえない。存在しうるのは、歴史の解釈のみである。しかもそうした解釈のいずれも最終的な解釈ではない。あらゆる世代は、自らの解釈を組み立てる権利を持つ。しかし、各世代は、それ自身の解釈を組み立てる権利を持つというだけではなく、むしろ、そうする責務をも持っているのである。なぜなら、実際、対応すべき差し迫った必要が存在しているからである。我々は、我々の問題は、過去といかに関係しているかを知りたいと欲し、我々が自らの主要な課題だと感じ、そして選択した問題への解決に向かって進むべき路線を見ようと欲する。この必要こそ、もしそれが、合理的で公正な手段で対応されなかったなら、歴史主義的解釈を生み出すものである」（Open, II, 25, p. 268）。

（6）ダントーの「物語り性」

ポパーは、歴史においては、人は自分で視点を選び、意味を与えるものであると言う。ここで我々は、歴史の記述というものの構造について、もう少し詳しく見るべきである。

歴史的な問題の最初は、「時点Xにおいて、何が生じたか」というものであろう。これに対する答えは、いろいろな段階のものがある。たとえば「徳川幕府が消滅した」というような、過去の出来事の存在についての真なる言明でもありうるであろうし、徳川幕府がなぜ衰退し、どのような経過を経て消滅したかというようなことをできるだけ詳しく記述するという一連の言明（徳川幕府の崩壊についての十全な説明）ということでもありえよう。歴史は、しかし、過去の模造を作ることではない。歴史は、単に過去の出来事について真なる言明をするというだけでなく、過去の説明ないし解釈をする。これは歴史が単なる年代記とは違うという意味である。クローチェは、歴史を生きた年代記と呼び、年代記を死んだ歴史と呼んだそうであるが、両者の違いを本質的なものと見ていないようである。しかし年代記は、歴史への準備品ではあるかもしれないが、歴史そのものとは別である。尤も入学試験では、歴史ではなく、その準備品についての問いをすることが多いが。

それでは、歴史と年代記とをどのように区別すべきか。実際に生じたことを報告し、それら生じたことを、生じた時間順序を踏まえて報告するということは、両者共通の必要条件である。しかし、これにさらに、生じたことの記述と説明とをするという条件を加えても、必ずしもそれは歴史を構成する言明を生まない。歴史的事件の記述ではあっても歴史的記述ではない言明はあるからであり、説明を含んでいても歴史的説明と言えない説明があるからである。ダントーはここで、歴史には「物語り」という性質を加えた。

彼は「物語り文」というものが歴史記述において典型的な文であると見る。物語りとはどのようなことであろうか。その一般的特徴は、時間的に離れた少なくとも二つの出来事に言及する（時間言語を用いる）のであるが、内容が記述されているのはそれらのうち最も先に生じた出来事だけであるような、ふつうは過去形の文である。たとえば、「ゼウスによるレダの凌辱は、トロイの破滅を招来した」。この際、達成されていることは、出来事の流れの中で、ある出来事が持つ地位ないしその意義を定めるということではないであろうか。

ここで我々は、歴史記述と歴史の出来事との間の関係における循環性の問題に再び立ち帰らねばならない。既に述べたように、歴史における歴史記述と出来事の関係は、科学における理論と事実の場合と、似ていないところがある。科学の場合、理論は、基礎とする事実を説明するような形の理論を構想する。もちろん、しかし、どの事実が基礎事実となりうるかは、最初から自明でも、確定しているわけでもない。けれども、歴史の場合の歴史記述と、歴史の持つ証拠との関係とを比べると、科学の場合、基礎事実はずっと自明であり、確定的である。これに反し、歴史の場合、歴史記述と歴史上の証拠との関係は、歴史の記述は歴史の証拠に、歴史の証拠の選択は歴史記述に、相互に依存している。歴史をどういうふうに見るかということを離れては、証拠の選択は可能ではない。歴史を見る視点を離れて歴史の証拠を選択することは、きわめて多くの場合、難しい。物語りも書けない。

歴史においても、我々は過去についての我々の意見や信念を常に改訂し続けている。そうした信念や意見が固定していると想定するのは、歴史的探究の精神に悖《もと》るものである。しかし、こうした改訂はなぜ必要となるのか。もちろん歴史記述が、史料や物的証拠と相容れないゆえに起こることもあるが、それは我々がＩＣ（理想的年代記）を持っているとすれば片付く問題である。ここで我々が出会う改訂は、そういう理由による改訂ではない。このことについてダントーが出している例は、イエーツの詩から取ったものである。イエーツは、ゼウスによるレダの凌辱をその詩の中で描写している。「腰に身震いが走り／それは城壁の破壊と堂屋と高楼の炎上を招来し／そしてアガメムノンの死を招来した」。この詩は、ゼウスによるレダの凌辱を目撃した者でも、その目撃の時点では、たとえ理想的な年代記作者であっても書けないであろう。というのは、この凌辱によってヘレナが生まれ、ヘレナがパリスに誘拐されてトロイに行き、ヘレナの兄アガメムノンがトロイにギリシァの総大将として攻め寄せ、長期に亘る攻城の末、勝利してギリシァに帰り、不実な妻に殺されるまで、書けないであろうという意味である。同時にまたこのことは、過去の出来事は、その後に生じた出来事によって解釈が変わるということである。もっと別の例を挙げるなら、ツゥキュディーデースはペロポネソス戦争についての報告をアテネが最終的に敗北した後に書き直した、ということを述べておこう。彼が戦争中に書いたものは何か、そして同じ出来事について戦後に書いたところのことは何か。彼が戦中に見ていたことの理解が変わったのである。つまり、過去の出来事の内容が彼にとっては変わったのである。たとえば戦時中は成功と思われていたシケリア遠征は、実はアテネの滅亡の真の原因であったのである。我々は、ICと歴史とを区別しなくてはならない。ICは、目撃のときの出来事記述であり、歴史は後にその出来事について与えられる記述である。それゆえ、歴史記述は、単に真であることを目指すだけでなく、時間的言語を含まねばならない。つまり、過去の出来事の順序だった系列を踏まえていなくてはならない。この事は、歴史記述が物語り性を持つということでもある。物語りは、歴史における出来事にその位置を与える働きをする。私が、私の自己の歴史を書けば、私自身の存在を知ることに繋がるであろう。

ここで物語りというのは、もちろん「昔話」という意味ではない。歴史は常に視点を持ち、ある問題の解決を目指す（もちろん書き手自身の問題意識がどれほど強いかということは別として）。その場合、出来事はある視点から見られ、解釈を受け、そして物語られるであろう。ある人が本を書いたという出来事と、その本が世紀を揺るがすものとなったということとは、別のことである。後者は、その本、またはその本を書いた人と、別の出来事（その本が世に与えた影響）との関連であり、それは換言すれば、その本、またはその本を書いた人の歴史的意味を指すであろう。これは、すなわち、解釈がそこで行われているということである。それは、「その本が世紀を揺るがすものとなった」というのが、出来事自体に内在的に備わっている性質（出来事の性質）の記述ではなく、歴史の文脈に沿って歴史を見る人によって与えられた性質の記述であるという意味である。それは、著書自体の内在的性質でも、その本を書いた人の内在的性質でもない。このことを歴史の「物語り性」ということで表現しているのである。それは歴史の書き手が暫定的に与えた仮説的な特徴づけである。それゆえ、それに対しては、ある意味で批判が可能である。これはまた歴史が神学的歴史と異なる理由でもある。

かくして過去の出来事は、それより後の出来事と結びつけられ、いわば物語り性を持たねばならない。たとえば私の現在は、私の過去に基づく物語りによって語られる。

以上により、歴史記述の必要条件は、①真であること、②時間言語を含むこと、③物語り性を持つこと、という三つを少なくとも含むという前提の下に、いくつかのことが見て取れた。歴史が、このような性質の知識として我々の過去と現在とを明らかにしようとするのならば、次のようなことがそれについて言える。まず、歴史的出来事は記述されねばならず、そのことによってその言明が真であるかどうかの判定をくぐらねばならない。そしてそこには込み入った手順、つまり記述が正しさを持つことが必要であること。次に、歴史における説明は、科学における説明とは性質を異にするものであり、説明はいろいろな型があり、記述がそのまま説明であることもありうること。そして第三に、出来事の記述は、物語り性を持つことが必要であり、そういう言明が歴史的知識の典型であること、物語り性を持つ記述が説明でもありうること、また、この物語り性は、過去の出来事X_1が、その後の出来事X_2との結びつきによって、その意味が変わりうる理由でもあること、などである。しかし、くどいのを承知で言えば、歴史は空想的な物語りではない。歴史記述は、独立な証拠や資料を正しく踏まえなければ歴史ではありえない。空疎な話となる。

2　歴史を知ることの意義

(1) 歴史を知るとは

前節において、歴史という知識の構造について、そのあらましを説明した。歴史を書くには、ある観点・視点を必要とし、しかも歴史は証拠を踏まえ、ある意味で真でなければならず、さらに、証拠の採択による歴史記述の真偽決定には、循環的な手続きを要するので、それは複雑である。そして歴史上の出来事の記述が物語り性を持つことから帰結するのは、そうした記述が決して永遠に静まっているものではないということである。たとえば、その出来事に連なる何らかの出来事が後に起こると、元の出来事の意味内容は変わりうる。

この節は、歴史を知ることの意義を問う番である。しかし私はまず言っておきたい。歴史はある視点に立って書かれるが、それは何らかの利益を求めて書かれているという意味ではない、と。歴史を役立てるのは、それを読む側の仕事である。歴史はある意味で真を目指すもの、つまり客観性を追求するものでなければならない。歴史における客観性の追求は、それを書いたり読んだりする人の個人的利益と直接に結びつくものではない。何らかの弁護を目標に書かれた歴史は、その客観性を危うくしがちである。ある先入見に従って証拠事実の選択または無視をすれば、ある事柄の弁護が可能となる。歴史でなくて目前の現実の統計調査でも、ある主張を有利とするような事実を選り出す操作はできないわけではない。調査項目に手を加えればよいのである。それゆえ、ある人は統計を「第三の嘘」とさえ言っている。

さらに言えば、歴史家たちが歴史を客観的に書こうと意図し努力しても、彼らの歴史記述が同じものへと収斂するわけでは必ずしもない。たとえば自由主義の歴史を書くとしよう。そうすると、歴史家はそれぞれ問題意識を持ち観点を持つことになるが、その際、自由主義ということの理解は書き手によって異なるであろう。また書き手はそれぞれ、自分の受け止めている自由主義思想の歴史を書きながら、関係する出来事の解釈を進めなくてはならないし、その途次、自由主義の内容について自分が最初に持っていた見解をも修正することになるかもしれない。そうすると書き手に応じて異なるいろいろな「自由主義の歴史」が書かれることになろう。しかしそうしたことになっても、歴史の資料や証拠についての解釈は、それぞれ客観性を主張しうるものであることが必要であり、またその要求は満たされるはずである。しかし、客観性を損なわない手続きに従って下されたそうした解釈がみな一致するという保証はない。歴史はそれを読む人によって、その良し悪しが評価され、選択され、あるいは総合されることになる。

それでは、そうした歴史記述はひっきょう相対主義の見本に過ぎないであろうか。そうではない。そうした歴史が妥当なものであるなら、それらは書かれているテーマについて議論を進めるための、ある緩やかな枠を提供するものではあろう。なぜなら、それぞれの歴史が妥当性を持つ限り、意見の違う歴史家も、それぞれそうした歴史を尊重せねばならないであろうからである。そして、いずれの見解がより正しいかなどということについて、互いに批判的議論を交わすことはできるであろうし、そうしなくてはならないであろう。しかし、このことは、その議論の決着がすぐ着くという意味ではない。けれども歴史家たちが、互いから学び合い、そのことで自分が間違っていることに気がつけば、最終的に意見が一致しなくても、大きな成果であろう。理性的討論の結果に、過大な要求をしてはならない。意見の一致がなくても有益な議論はありうるのであり、そのようにして我々は真理へと近づくと言えるかもしれないのである。

我々素人の読み手はどのように歴史を判定し評価すべきであろうか。自分の気に入る見解（歴史記述）を選択してよいであろうか。実際そういう選択を我々がしがちであるということはさておき、そういう選択はよいとは言えないであろう。もちろん人は関心のないことを読もうとはしないであるから、そういう意味では「気に入る」という条件も選択基準のうちに入るかもしれない。「気に入る」ということの意味にもよるが、一般的に言えば「気に入る」ということでなく、できるだけ真らしい、つまり証拠に一致し、説得的であると思うものを選ぶべきだ、というのがここでの答えであろう。たとえその歴史の含意するところが自分の今までの考えの過誤を示唆するものであっても、である。

歴史の機能の基本は、歴史的な出来事について、可能な限り客観的であり、人間性豊かな知識を伝えるという点にある。それゆえ、世に阿《おもね》った歴史や、ある事柄を宣伝するために書かれた歴史記述は、歴史という名に値しない。一頃流行った「自己史」というものが、大概読むに堪えないのは、それらがあまり自己批判を含まず、自己満足のために書かれていることが多いからである。自己満足というものは、往々にして客観性を忘れているところに成立する。『弁明』のソクラテスではないが、「吟味のない生活というものは、人間の生きる生活ではない」のである。そして、吟味を拒む歴史は、歴史と呼ばれるに値しない。

我々が第4章全般で本来述べようとしているのは、歴史一般についての事柄であるが、人が自分自身を知るために自己の過去を反省し、また将来へ向かっての方針を定めるために、いわば一種の自己史を書く（実際に文字に書く必要は必ずしもないが）場合についても、歴史記述について言ったのと同じことが言えるであろう。ただこの場合は、書き手と読み手とが同じである。それだけ書くのが難しい。

自分の過去を知らずして、自己を知るということはありえない。人間はいわば歴史において自己に還る。ちなみに、実体的な自己の否定をするポスト・モダニズムが、我々は過去から自由であるということを主張するのなら、それは近世哲学の批判としては正しくない。また、それは近世哲学を誤解した短見である。カッシーラーが『啓蒙主義の哲学』で述べているように、少なくとも一八世紀の哲学は、自然の問題と歴史の問題とをみだりに細分できない不可分な統一体として取り扱っていた。歴史的考察をも事柄の「理解」に含めたのは一八世紀であった。それは、自然と歴史との両者に、同じ方法を等しく適用しようとする点ではもちろん問題を残していた。しかしヴォルテールが、フランスにおいてはチュルゴーやコンドルセに、英国においてはヒューム、ギボン、ロバートスンらに影響を与えたことを見逃してはならない。一八世紀の思想家は歴史思想の先駆者であった。歴史的叙述は啓蒙思想の必要手段の一つであった。ただ歴史知識について批判的な見方を導入するというところまで彼らは至っていなかった、とカッシーラーは言う（『啓蒙主義の哲学』、『人間』）。

ここではこれ以上論じないが、人間についての科学的な扱い方（たとえば、生物学、民俗学、心理学など）と歴史での扱い方との共通点と相違点については、前節においていくらか触れたが、よく考えてみる必要があろう。科学的な立場での理解は抽象的であることは、啓蒙の思想家自身が我々に忠告していた。たとえばロックやコンディヤックの議論を思い出して欲しい。しかし具体的な実在、殊に人間は、科学的に把握される象面だけでなく、他に多くの象面を持っている。そのことをよく示しているのは、歴史記述の性質である。一つの歴史的出来事の解釈は、一義的に決まるわけではない。このことは科学の場合には起こらないというわけではないが、歴史において最も顕著である。このことへの反省は、まだ一八世紀には始まっていなかった。しかし歴史は、人間世界の次元において、科学の及ばぬ仕方で活動の最適所を見出す。話を元に戻そう。

自分の過去を知らずして自己を知るということはありえないとするならば、記憶が歴史の出来事記述と同じ構造を持つ限り、また未来が我々の現在知るところではありえない限り、実体的な自己が存在するという論証はできないであろう。なぜなら、そういう実体的な自我の未来を我々は知りえないからである。また次のようにも言える。我々の知りうる自己とは、これまでの自分の行動ないし働き、つまり自分の事蹟に他ならない。そうすると、物語られる歴史は、それと対立する意味での「過去の出来事そのもの」（たとえば物理的に見られた出来事）ではないのと同様なことが、「自己」についても成り立つであろう。記憶に対応する過去の出来事は、今はもはや存在しないのであるから、実体的な自己というようなものがあるかないかは別としても、記憶というものが、歴史の出来事記述と同じ構造を持つ限り、実体的実在としての自己は知りえない、と。これを積極的に言えば、証拠の恣意的改変や無視は許されないが、証拠の意味は変わりうる、ということになろう。

他方また、文字通り過去のない人間は存在しえない。もちろん過去の出来事または自分の行為の意味も、現在から見ると当時とは別の様相を呈することはあるが、しかしそうしたことも含めて、自己の理解は過去の理解をおいてはありえない。このことは国家や社会の理解についても同じであろう。このことから帰結することの一つは、自己や国家、社会の基体というものは、かなり不安定なものであるということである。過去の回顧が過去を変えたなら、未来の眺望もまた変わるのではないか。過去の変化は、現在の我々に今までと違った行動への衝動を与えるのではなかろうか。私について私が作る物語りに従って、私は行動することになるであろう。しかしまた、歴史はこのように常により妥当な歴史記述に向かって進んでいるものであるから、歴史における現在の通説を絶対確実な真理と見なして猪突することは、避けるべきである。ヒュームではないが、常に我々は穏やかな懐疑論に立ち、中庸の道を進むのが賢明であろう。

(2) 歴史・自己・記憶

自己の理解に話を戻してみよう。ただ、ここでは簡単のために、自己の同一性に関して身体の持つ役割を論じないで話を進める。そうすると、過去の自己と現在の自己を結びつけるのは記憶（日記やメモも含めて）と証拠（今の場合、証拠は記憶の下に統括しうるであろうが）である。自己に対する記憶の関係は、歴史に対する過去の出来事記述の関係に当たる。この類比に従えるなら、その限りで、歴史について言えることは自己の確認についても言え、逆もまた成立するであろう。歴史が過去の出来事の物語なら、自己とは自分の過去（記憶と証拠）に基づく物語としてともかくも表現されるものである。それ以外に自己は構成されえない。ただ、自己を知ることと自己の同一性を確認することとは同じではないが、関係はある。どう関係するかは、「自己」をどのように捉えるかによるであろう。

「自己」をどう捉えるべきか、あるいは捉えうるかという哲学的議論についても、ここで議論するのを差し控える。そういう議論の結論として、自己の同一性を確認することは単に自己の過去を知るということに尽きないのだという主張が成立するかもしれないが、それはここでは問題を起こさない、と私は考えている。その理由の一つは、「自己の過去を知る」という場合に確立する必要があるのは、過去と現在の自己同一性ではなく、もっと弱い主張、たとえば自己の連続性だけで十分かもしれないからであり、それは自己が自己についての自己言及ができることを保証すれば言えることかもしれないからである。

そういう連続性はもちろん「一艘の船は、頻繁な修理によって諸部分が元の材料と著しく変わってしまっても、なお同じ船と見なされるであろう」というような意味での連続性のことである。今の場合、自己の連続性は、このような船の連続性と同類であって、強い意味の連続性でさえない。しかし、実体の持つ連続性のようなもの、砕けた言い方で言えばずうっと繋がっているような自己は、おそらく必要ではないであろう。そして歴史では、もちろんそうした実体的基体は必要ない。自己については、ある程度の連続性が言えるように自己が構成できれば必要にして十分であり、それ以上のことはできないのではないかというのが、私の予想である。自己言及ということが意味をなす程度の自己の連続性という条件を付するのは、自己が外に向かって解放されていながら自己の内部改革を続けていくには、これまで存在していた自己に照合しながら改革していくという改革の常道が成立することが望ましいからである。自己が非自己になるのは改新ではない。ともあれ、人格の同一性の問題でも記憶は議論の重要な鍵概念であったことは、ロックの人格の同一性についての議論以来、明白である。自己を知るという問題の場合でも、記憶（過去の出来事）が大きな要因となると主張してよいであろう。

このことから出る帰結の一つは、我々の自我は、その認識の循環性という迂回性と、記述における「物語り性」の持つ流動性とによって、我々の理解する過去の内容が不確定性を持つゆえに、我々は自己についても不安定な理解しか得られないであろうということである。しかし自己は次々に変容するのであり、次々に過去も含めた環境（非自己）に適応していくものであるなら、そういう変化に対応する基礎を与えるのはいかなるものであろうか。

この問題に対して確たる答えはないのであるが、むしろ逆に、歴史の可変性を認める構造こそが、こういう事態に対処することを許す可能性を提供するのだ、と言えるのではあるまいか。つまり歴史を見る目は、そういう環境に適応して自己の内容変革を意識的に行う一助となるのではないであろうか。歴史を見るとは、現在において過去を見るということであり、それは自己を認識しながら環境に対処するということだからである。なお言えば、そういう適応ができなくなるとき、我々は老化（つまり自己の崩壊）を始めるのであり、それは社会や国家でも同じであろう。

そういう崩壊を防ぎ我々や社会を健全に保つ機構が、我々自身のうちにまた社会や国家の中に実際にあるのかどうか。変容する自己に言及し観察しながら自己組織化をしていく活動的なシステムを、我々は持っているであろうか。それはよく分からない。個人に関しては、それは知性とか理性とか言われるものが、自己を保つそうしたスーパー自己の働きをいくらかするのかもしれない。物質の体系としての人間にとっては、脳神経系のようなものがそういうことに最も携わっていそうである。しかしいずれにせよ、それらがいかようにしてそうした機能を果たすのか。それは我々がまだ知らないことであろう。幸か不幸か我々は人類崩落の危機を経験し記憶してはいない。

いずれにせよ、我々がそういう機能を果たしうるという保証はない。知性や理性が、自己を救うマスター・プランを持っているとは思えない。しかし、もし人類が知性や理性に頼る以外に老化を防ぐ手を持たないとしたら、我々の老化ないし破滅予防対策は、理性ないし知性が、種々積み重なった自己を新たに編成し直すことのできるようなものであるようにすること、新編成の可能性を高めることに、照準を合わせるべきであろう。そのためには、知性や理性は、十分に多様な事態への対応に耐えうる柔軟なものでなければならない。そのためには、知性や理性は、まずそれ自身が多様性を含むものであることが有利な条件を作るであろう。適応の仕方を見出す可能性が高まるであろうという意味である。防禦のための持ち駒が少なければ、手の打ちようも限られるからである。自己の持つ多様性があまりなければ、今までにないような局面で、新しい道を見出す可能性も低いであろう。

ここで歴史は、多様性を含んでいると言ったが、その多様性の意識はニーチェが言ったような「教養の過剰」となるような歴史意識とは別のことである。我々の考えている歴史は、「歴史」が価値判断の基準となるということを含意しているのではない。なぜなら、我々が今まで示してきたように、歴史記述はその構造上、常に変革される可能性を持っているのであるから、そういうことはありえないのである。歴史は、生を阻害する余分な教養ではなく、まさに生と未来へ向かっての行動を可能にするための予防の働きをすべきものとして、我々が常に練磨しておかねばならない能力の基礎でありうる。

環境の変化の多様性に対処することを学ぶには、歴史的思考は有益でありうる。というのは、歴史知識は目前の利益に繋がるという性質のものではなく、そうしたものを越えているからであり、また人間に関わる多様な要因を取り込んでいるからである。そしてそれによって我々は自己を改変していくのだからである。それゆえに、歴史を学んでおくことは、我々の将来への希望でありうる、と思われる。

将来起こるかもしれない環境の変化に際し、それに応える可能性を増大させること、それが教養というものの目標であろう。その場合、教養は、いろいろたくさんのことを知っているということと同義ではない。多くを知っていても、それを使いこなせなくては、知識の死蔵であり、また当人の生の枯渇であり、有害無益である。あるいは、ある人にとっては、ニーチェの言うように、そうした意味での過剰な知識としての教養は、生を阻害するものでもあろう。しかし、無知は生を促進するわけではない。十分多く知っていることは、教養の幅を広めることの最初の段階ではあろう。この意味でも、歴史は教養の一つと考えてよいのではないか。しかし、歴史にはそれ以上の含みがあることを述べてきたつもりである。

最近、学生が大学で学ぶ場合、自分が学ぼうとする科目がどういう役に立つかを気にしがちである。それは全くの過ちではない。そういう視点からの考察も有益ではありうる。というのは、我々は将来起こりうべきことのために備えるだけでは、現在生きていけないかもしれないからである。しかし目前のことしか見ないものは、危機管理に問題を生ずるであろう。そういう人は大方、人間として面白くないばかりか、回天の大事には不向きである。坂本龍馬にはなれない。

歴史は時間的な厚みを持つ出来事の理解を目指す。それは、未来についての予測をするものではないが（現在における世の趨勢は示唆するであろうが）、過去と現在の理解には役立つものであろう。過去の回顧によって変革を遂げた自己は、それによって未来へ向かう行動に新たな衝動を獲得することになるのではなかろうか。またそれは多様性を含み、あるいは固定観念を越えることを求められる作業を含んでいるので、発想を柔軟にするには役立つのではないか。そして、その意味で現在や未来に向かって機能しうる。しかし、そうした歴史理解をどのように活用するかは、歴史そのものの性質規定に含まれているわけではなく、歴史を活用するものにかかっている。

それでは、たとえば哲学について、その歴史を見直すことはどういう効果を持ちうるであろうか。この点を、もう少し具体的に見ておきたい。哲学の歴史は、哲学そのものが世の利益とは遠くかけ離れたものであるゆえ、普通の意味では利益につながらないことは明らかである。それでも哲学の本を読んで下さる方々は、人間の生み出した知的成果を理解したいとお考えなのであろう。

哲学史に限らず、歴史というものの効用は、少し風呂敷を広げて言えば、人間の様々なあり方の理解に役立つことにあろう。歴史は、つまり、環境の変化に対する対処の多様性を学ばせてくれる場であろう。歴史を知るということは、過去の思想を単なる記憶として頭に詰め込むということでは、もちろん、ない。そのことは既に理解されているはずである。歴史を学べば、あるいは自分で書いてみれば、少なくとも、事柄の理解には固定的な理解法があるわけではないということを、身に沁みて会得することであろう。

それでは、そういう人間の様々なあり方の理解の一助となる哲学史の書き方は、どのようなものであるのがよいであろうか。

（3）哲学史の機能

哲学の歴史のあり方についてB・ウィリアムズに倣い、非常に大雑把に言うとすれば、それは二種に分かれるであろう。一つは、「思想の歴史（history of ideas）」として書くという仕方であり、もう一つは「哲学の歴史（history of philosophy）」として書くという仕方である。この二つは截然と区別できるものではないが、これらの概念を持ち出した理由は、まず前者によって、過去の哲学的成果について、それの置かれていた文脈を探索するようなことを主眼にする歴史を意味させるためである。これは、もっと簡単に言えば、いわば歴史的であることを第一義とする哲学史ということである。たとえば、ある事柄がなぜ当時は問題となったのかとか、ある哲学説が現代の解釈とは違った内容の主張をしていたというようなことを示すのは、この部類に属する歴史的取り扱いである。後者（「哲学の歴史」）はむしろ過去の成果を現代の見地から分析することを主眼とし、哲学の歴史を哲学的に扱おうとするものである。それは、たとえば哲学説や哲学史を論理的に再構築したり、過去の哲学の現代的意義を鮮明にしたりすることを課題とするであろう。最近の分析哲学が過去の哲学者の思想を取り上げる場合、往々それをたとえば昨日発表されたものを取り上げるのと同様に扱い、現代の知見を用いて批判するのは、その一例である。私は、この現代の分析哲学的な論じ方が間違っているとは思わない。こういう手順にも意味があると考える。上記いずれもそれぞれ意義があると私は思っている。たとえばロックの「歴史的な、平明な方法」というのは、当時においては、この意味の分析でもあった、と言ってよいのではないか。

というのは次のような意味である。ロックの言う歴史は既に述べたように、「推測的、ないし理論的歴史」であるとすれば、それは、また、そこで用いられる「自然状態」という概念は、それぞれ前者は分析の方法として、後者はその分析のための座標軸ないしその原点として、理解されてよいのではあるまいか。ただ、彼の分析は、その形式において、共時的ではなく、通時的な形を取っている。

話を歴史一般に戻そう。既に述べたように、歴史を書くには、あることに関心を持ち、それについてある視点を取らねば歴史を書きようがない。では、歴史を読む人は、どういうふうに歴史を受け取るであろうか。この問いはむしろ、どういう場合に啓発を受けるであろうか、と言い直すべきかもしれない。おそらくそれは、現代が見落としているようなことに出会った場合ではなかろうか。つまり、反‐現時代的なものに出会ったときではなかろうか。もちろん哲学そのものが、ソクラテス以来、反時代的であるとも言える。

それでは、「思想の歴史」と「哲学の歴史」のいずれがより反時代的であろうか。私は、理論上は、いずれも反時代的でありうると考えている。殊にロックの方法を思えば、そうであると思える。しかし、現在の現実問題としてはどうであろうか。思うに、今ここで使っている意味での「哲学の歴史」的な記述は、現代という時代に掉さすという姿勢で議論しがちなのではなかろうか。つまり、それは過去を現代化してしまう通弊を持ちがちなのではなかろうか。それは時間的言語を使わないという意味で、十全な意味では哲学史（ふつうの意味での哲学史）としての資格をあまり強く持たないと言えるかもしれない。別の言葉でいえば、それは対象をしっかり見るかもしれないが、自己を見つめ損ないがちではなかろうか。それは、自己の活動への反省にあまり熱心でないという傾向を持った場合、自己に対して批判的であるという心構えにおいて、弱い場合があるのではないか。

私は、今述べた区分で言うと、今回は主として「思想の歴史」を書き、事柄を歴史的に扱った。つまり、過去の文脈に沿いながら過去の思想を明らかにしようとした。しかし、そのことによってもいくらかは、これまで人々が思想の歴史として見てきたのとは違う景色を描けたのではないかと思っている。反時代的でありえたかどうかは分からないが。

文献案内

第1章から第3章までは哲学史的な問題を論じているので、一次資料と二次資料を分けて書く。そしてできる限り、邦訳を挙げることにする。第4章は、表題は歴史であるが、哲学史的な記述ではないので、そうした区別はしない。リストは網羅的なものでない。著者が恩恵を受けたものを主体としている。特に二次資料に関して、そうである。

第1章　近世哲学史の流れ

ベーコン（一五六一～一六二六年）

『ノヴム・オルガヌム』桂寿一訳、岩波文庫、一九七八年。また、服部英次郎訳、世界の大思想6、河出書房、一九六六年。

後者は他に『学問の進歩』、『ニュー・アトランチス』をも含んでいる。なおテキストとしては "The Works of Francis Bacon," ed. by J. Spedding, Robert L. Ellis, and Douglass D. Heath, vol. IV, Longman, London, 1860 の Fromman, Stuttgart-Bard Cannstatt の一九六二年の復刻版を用いた。

デカルト（一五九六～一六五〇年）

本書に関係するデカルトの著書の邦訳の手ごろなものを挙げれば、『方法序説ほか』野田又夫ほか訳、二〇〇一年、『省察・情念論』井上庄七ほか訳、二〇〇二年。いずれも中公クラシックスである。

ただ『省察』への反論と答弁とには、手ごろな訳がない。白水社から出ている選集（『デカルト著作集』第2巻）の訳を参照するしかない。本格的テキストは、C. Adam and P. Tannery によるものがよい。Oeuvres de Descartes, Vrin, Paris, 1965.

スピノザ（一六三二～七七年）

『エチカ』一九五一年、『知性改善論』一九五一年（ただし初版は一九三一年）、『デカルト哲学の原理』一九五九年、いずれも邦訳が岩波文庫にある。いずれも、畠中尚志訳である。

他にも中央公論「世界の名著」などがある。テキストは、私が参照したのは、*Éthique*, démonstrée suivant l'ordre géométrique et divisée en cinq parties, traduction nouvelle avec notice et notes, par Charles Appuhm, Garnier, Paris, 1953, ラテン語とフランス語の対訳本である。英訳としては、Benedict de Spinoza, *On the Improvement of the understanding, The Ethics, Correspondence,* translated from the Latin with an introduction by R. H. M. Elwes, Dover, New York, first published, 1955.

ロック（一六三二～一七〇四年）

『人間知性論』大槻春彦訳（四分冊）、岩波文庫、一九七七年。

テキストは、John Locke, *An Essay Concerning Human Understanding,* ed. With a Foreword by Peter H. Nidditch, Clarendon, Oxford, 1975. 引用の仕方は、E, IV, 17, §4 は、『人間知性論』第4巻、第17章、第4節を意味する。*The reasonableness of Christianity* に関しては、Works of John Locke, vol. 7、を用いた。

ライプニッツ（一六四六～一七一六年）

G. W. Leibnitz, *Opuscules philosophiques choisis,* traduits du latin par Paul Schrecker, Hatier-Bovin, Paris, 1954.

本書で引用したものには訳がないようである。

バークリ（一六八五～一七五三年）

『人知原理論』大槻春彦訳、岩波文庫、一九五八年初版。

テキストは全集が出ているが、手ごろなものとしては、G. Berkeley, *Philosophical Works including the works on vision,* introduction and notes by M. R. Ayers, Dent, London, 1975, あるいは、*A Treatise concerning the Principles of Human Knowledge* with critical Essays, ed. by C. M. Turbcyne Bobbs-Merrill, Indianapolis, 1977など。

ヒューム（一七一一～七六年）

用いた邦訳は、『人性論』大槻春彦訳（全四冊）、岩波文庫、一九四七年初版。

他に第1巻だけなら、『人間本性論』木曽好能訳、法政大学出版局もある。

テキストはいろいろあるが、最近は、Oxford Philosophical Texts の、David Hume, *A Treatise of Human Nature,* ed. by David Fate Norton and Mary J. Norton, Oxford, 2000が主流である。一昔前は、L. A. Selby-Bigge によるもの、あるいはその、2nd edition with text revised and notes by P. H. Nidditch が用いられた。本書で引用する場合、T. 15は、この一五頁を意味する。

なお、ヒュームのテキストなどを知るためには、研究案内として、『ヒューム読本』中才敏郎編、法政大学出版局、二〇〇五年の研究案内を読まれるようお勧めする。

カント（一七二四～一八〇四年）

『純粋理性批判』天野貞祐訳、一九三七年、『プロレゴーメナ』桑木嚴翼・天野貞祐訳、一九三九年（ただし初版一九二七年）など、いずれも邦訳が岩波文庫にある。

その他の訳も、岩波文庫に収まっているものがあるが、岩波書店から『カント全集』の翻訳が出ており、他にも多数の訳がある。テキストも種々ある。原典はフォアレンダー編集による哲学文庫版（Die Philosophische Bibliothek）を用いることが多いが、最も権威のあるのは、プロイセン・アカデミー版である。

二次文献

A. Kenny, *Descartes : a study of his philosophy*, Random House, New York, 1968.
B. William, *Descartes : the project of pure enquiry*, Penguin Books, Harmondsworth, Middlesex, England, 1978.
P. Maddy, "Naturalism and the A Priori," Oxford, Univ. Press, Oxford, 2000.（現代的な数学の観点からカントの議論を論じたものとして）。http://www.lps.uci.edu/maddy/NAP.pdf
A. Quinton, *Francis Bacon*, Oxford Univ. Press, Oxford, 1980.
J. W. Yolton, *John Locke and the Way of Ideas*, Clarendon, Oxford, 1956.

第2章　啓蒙の時代

デイドロ（一七一三～八四年）

『デイドロ著作集』木場瀬卓三・平岡昇監修（全四巻）、法政大学出版局、一九八六年（初版一九七六年）。

テキストは様々なものがあるが、最近のものとしては、次のものがある。詳しくは上記、翻訳の第1巻にある「解説」を参照するのがよいであろう。Diderot, Oeuvres 1-5, ed. etablie par Laurent Versini, Robert Laffont, 1995.

ダランベール（一七一七～八三年）

デイドロ・ダランベール共編『百科全書』桑原武夫訳編、岩波文庫、一九七一年。

これのテキストは、http://fr.wikisource.org/wiki/L%E2%80%99Encyclop% C3%A9die によった。

『百科全書』の「序論」の訳は、上記の岩波文庫『百科全書』（抜粋）に収録されている。引用はこれによった。英訳は *Preliminary Discourse to the Encyclopedia of Diderot*, translated by Richard N. Schwabb, Bobbs Merill, Indiana, 1963.

『哲学の原理』に関しては、下記コンディヤックの『感覚論』と同じシリーズの物を用いた。

すなわち Corpus des Oeuvre de Philosophie en Langue Francaise シリーズの一冊、*Essai sur les elements de Philosophie*, Fayard, 1986 である。引用には D'Alembert（1986）と記す。D'Alembert（1986）, p. 10は、この一〇頁であることを意味する。

ドルバック（一七二三〜八九年）

『自然の体系』高橋安光・鶴野陵共訳、上下二冊、法政大学出版局、二〇〇一年。

二次文献

E. Cassirer, *The Philosophy of Enlightenment*, Beacon Press, Boston, 1964. 邦訳は、『啓蒙主義の哲学』中野好之訳、紀伊国屋書店、一九七六年。

Peter Gay, *The Enlightenment : an interpretation*, Alfred A. Knop, 1966. 邦訳は、『自由の科学』（全二冊）ミネルヴァ書房、一九八六年［上記、第2巻の翻訳］。

Norman Hampson, *The Enlightenment*, Penguin Books, London, 1990.

Jonathan I. Israel, *Radical Enlightenment*, Oxford Univ. Press, Oxford, 2001.

桑原武夫編『フランス百科全書の研究』岩波書店、一九五四年。

Roy Porter, *The Enlightenment : Britain and the creation of the modern world*, Penguin Books, London, 2000.

———, *The Enlightenment : studies in European History*, 2nd ed., Palgrave Macmillan, Hampshire, 2001. 邦訳は、見市雅俊『啓蒙主義』岩波書店、二〇〇四年。

ホッブズ（一五八八～一六七九）

第3章　言語の時代

『リヴァイアサン』水田洋訳（全四冊）、岩波文庫。

『リヴァイアサン』からの引用はこれによる。『リヴァイアサン』I, p. 20は、訳書の第1巻、二〇頁を意味する。テキストとしては、*Leviathan*, ed. by E. Curley, Hackett, Indianapolis/Cambridge, 1994が便利である。オーブリによるホッブズの伝記も含まれている。このテキストからの引用はHobbes (1994), I, 4, 20で、その第1部第4章、§20を意味するものとする。邦訳の場合は、岩波文庫のものに従い『リヴァイアサン』I, 4, p. 50で第1部第4章五〇頁を意味させる。

De Corpore（『物体論』）の邦訳はないが、英語のテキストは、R. S. Peter の編集した Thomas Hobbes, *Body, Man, and Citizen*, Collier Books, New York, 1962に、抜粋が含まれている。

引用は、*De Corpore*, I, 6, 4, p. 24なら、その第1部、第6章、第4節、二四頁であることを意味する。本格的なテキストは、*The English Works of Thomas Hobbes of Malmesbury*, now first collected and edited by Sir William Molesworth, Bart reprint of the edition 1840, Scientia, Aalen, 1962.

ポール・ロワイヤルに関しては、

Antoine Arnauld et Pierre Nicole, *La Logique de Port-Royal*, introduction par P. Roubinet, Lille 1964（re-edit, 1683). および、Falmmarion, Paris から出ているものがある（*La Logique ou l'art de penser*, 1970）。なお、これは第5版に基づいている。引用のページは後者によった。引用の仕方はPRL, I, 3, p. 78で『論理学』第1部第3章、七八頁を意味している。もっと新しい版も出ているようである（ed. by P. Clair and F. Girbal, Vrin, Paris）。英訳は、*The Art of Thinking* translated by James Dickhoff and Patricia James, Indianapoli and New York, 1964がある。なおこれには訳者による序文の他に、C. W. Hendel の「まえがき」が付いている。短いがロックやヒュームの研究者には有益である（xvii-xviii）。しかしもっと新しい英訳もある（translated by Vanne Buroker, Cambridge, 1996)。

Antoine Arnauld et Claude Lancelot, *Gammaire Générale et Raisonnée, les fondements de l'art de parler,* chez Pierre le Petit, Paris, 1660 に関しては邦訳がある。『ポール・ロワイヤル文法』南舘英孝訳、大修館書店、一九七二年。

初版の訳であるが、後の版とも照合してある。引用は、PRG, II, 22, p. 162は『ポール・ロワイヤル文法』第2部第22章一六二頁を意味している。テキストに関しては、次のものを参照した。しかし、章の分け方がすこしちがうので訳書の章建てと合わないところがある。http://www.archive.org/stream/grammairegnrale00lancgoog#page/n7/mode/2up

なお、これにも英訳が出ており（*General and Rational Grammer*, translated by J. Rieux and B. E. Rollin, Mouton, Hague, 1975)、それには、A. C. Danto の序文があり、N. Kretzmann の論文が付いているそうである。

ロック

ロックについては、第1章の箇所を参照。

コンディヤック（一七一五〜八〇年）

『人間認識起源論』古茂田宏訳、岩波文庫、上下二冊、一九九四年。

引用の仕方は、『起源論』I, 2, 4, §45で第1部（訳書上巻）第2章第4節§45を示す。なお訳書上巻が第1部であり、下巻が第2部である。私の参照したテキストは、Condlliac, *Essai sur l'origine des connaissances humaines*, Presentation de Alienor Bertrand, Vrin, Paris, 2002.

『感覚論』加藤周一・三宅徳嘉共訳、創元社、一九四八年、『動物論』

これに関しては、昔翻訳が出たようであるが、現在は入手困難である。筆者の用いたテキストは、Corpus des Oeuvre de Philosophie en Langue Francaise シリーズの、*Traité des Sensations, Traité des Animaux*, Fayard, 1984.

である。両論が一冊に収められている。引用に際しては *Traité de Sensations* を T. S. とし、後者の *Traité des Animaux* を T. A. とする。そして Condillac（1984）, T. S. II, 8, §35 で『感覚論』第2部第8章 §35 を指す。

ルソー（一七一二～七八年）

『人間不平等起源論』本田喜代治・平岡昇共訳、岩波文庫、一九九六年。

テキストとして手ごろなものは、*Discours sur l'origine et les fondments de l'inégalité parmi les hommes,* Texte établi, présenté et annoté par Jean Strabinski, Gallimard, 1969.

『エミール』今野一雄訳、上中下三冊、岩波文庫、一九九八年。

『告白』桑原武夫訳、岩波文庫、一九六五年。*Les Confessions,* texte établi par Bernard Gagnebin & Marcel Raymond, Gallimard, 1995.

ルソーのこれらの著作に関する引用は岩波文庫の頁を述べて箇所を示す。

ヘルダー（一七四四～一八〇三年）

『言語起源論』大阪大学ドイツ近代文学研究会訳、法政大学出版局、一九八六年。

筆者の参照したテキストは、*Johan Gottfried Herder Werke,* Urlich Gaier et al.（eds.）, Frankfurt am Main, 1985, Bd. I., *Frühe Schriften,* 1764-1772 所収のもの。その論文題名は "Abhandlung über den Urspurung der Sprache."

二次文献

H. Aarsleff, *From Locke to Saussure,* University of Minnesota Press, Mineapolis, 1985（初版1982）. Aarsleff（1982）として引用する。

———, "The History of Linguistics and Professor Chomsky," Language, 46, 1970, pp. 570-585. 引用は Aarsleff

(1971) とする。

E. J. Ashworth, "Do Words signify Ideas or Things? The Scholastic Sources of Locke's Theory of Language," *Journal of the History of Philosophy*, 19, 1981, pp. 299-326.

Ian Hacking, "Locke, Leibniz, and Hans Aarsleff," *Synthese*, 75 no. 2, 1988, pp. 135-153.

J. W. Yolton, *John Locke and the way of Ideas*, Oxford Univ. Press, Oxford, 1956.

———, *Locke and the Compass of Human Understanding*, Cambridge univ. Press, Cambridge, 1970.

———, "Ideas and Knowledge in Seventeenth-century Philosophy," *Journal of the History of Philosophy*, 13, 1975, pp. 145-165.

The Cambridge Companion to Locke, ed. by V. Chappell, Cambridge univ. Press, Cambridge, 1994.

富田恭彦『観念説の謎解き』世界思想社、二〇〇六年。

第4章 歴史認識論

Arthur C. Danto, *Analytical Philosophy of History*, Cambridge, 1968.

D. H. Fischer, *Historians' Fallacy*, Harpers Collis, New York, 1970.

C. G. Hempel, Aspects of Scientific Explanation and Other Essays in the Philosophy of Science, the Free Press, New York, 1965.

K. Hübner, *Kritik der wissenschaftlichen Vernuft*, Karl Albert, München, 1978. 邦訳は、『科学的理性批判』神野慧一郎・中才敏郎・熊谷陽一訳、法政大学出版局、一九九二年。

F. K. Manuel, *Shapes of Philosophical History*, Allen & Unwin, London, 1965.

Studies in the Philosophy of History, ed. by G. H. Nadel, Harper & Row, New York, 1965.

K. R. Popper, *Open Society and Its Enemies* 2 vols.,（5th ed.）R. K. P, London, 1965（orig. 1945）. 邦訳は数種ある。引用は Open, II, 25, p. 268で *Open Society and Its enemies* の第2巻、第25章、二六八頁を意味する。

J. W. N. Watkins, "Confirmable and Influential Metaphysics," *Mind* 67, 1958.

———, "Between Analytic and Empirical," *Philosophy*, no. 121, 1657.

Georg H. Von Wright, *Explanation and Understanding*, Cornell Univ. Press, Ithaca, 1971. 邦訳は、『説明と理解』丸山高司・木岡伸夫共訳、産業図書、一九八四年。

野家啓一『歴史を哲学する』岩波書店、二〇〇七年。

神野慧一郎「歴史観の問題」大阪市大『人文研究』第24巻、第五分冊、一九七二年。

他に、全般に亘り、Routledge Encyclopedia of Philosophy（RKP）、および、Stanford Encyclopedia of Philosophy（SEP）：http://plato.stanford.edu/ の関係各項目に裨益を受けた。

あとがき

この著述は以上で終わる。しかしイデアの哲学史そのものがここで終わりになるわけではない。私が一応ここで筆を擱くだけである。本書の狙いの一つは、哲学史の既存の見方を変えうることを示そうというものでもあり、そのことはここまで書いたことである程度達成できていると私は考えている。けれども、ここで記述を留めるのに些かためらいがある。ためらいの原因は、読者を誤解に導くかもしれないという不安にある。

本書が実際に扱っているのは主として一七、一八世紀である。また、書名が含んでいるイデアという言葉はプラトンに発するが、一七、八世紀には大きく意味を変じており、これらの時代の用語としては、それはふつう「観念」と訳される表現である。これらのことのゆえに、ここで筆を止めれば、本書は、「イデア」ないしプラトンの哲学がその歴史的使命をそこで終えた、と言おうとしているかのような印象を残すかもしれない。もちろん、そういう印象を残すのは私の意図ではない。

誤解への危惧は、私がときどきポパーを援用していることを思うとき、いっそう増大した。ポパーはプラトンやアリストテレスなどの説を厳しく批判した思想家として知られているからである。しかし彼は、プラトンの説を批判したとしても、その偉大な哲学的才能を疑ったりはしていない。プラトンへの批判が厳しいのは、彼の哲学が強力であるゆえであり、無価値と見ていることを意味しない。ポパーは、むしろイデア論のある面を受容している、とさえ思える。そのことを示せれば、イデア論は現代にも続いていることになり、誤解も防げるかもしれない。以下で管見を述べる次第である。

ポパーは自らの経験に基づき、全体主義的国家を憎み、自由な社会を求めた。ゆえに彼は、プラトンの全体主義的国家観をも拒絶する。プラトンは、国家の変遷や退廃は、支配階級がイデアを見失うことによって生ずるのであるとし、イデア（完全者）からの乖離によってそうした廃頽を説明する。つまり彼は、国家の運命を支配階級のそれと同一と見て、政治体制についての根本問題を、「だれが支配すべきか」という問題だと考え、答えて「賢者が導き、支配し、愚者が従う」と言う。

しかし、この答えは空しいのではないか。誰が賢者であり、誰がその賢者を見出すのか。裁判を受け、死刑に処されたソクラテスは、賢者ではなかったのか。

ポパーは政治体制の問題を、「どのようにすれば我々は、自分たちの政治制度を、賢明でなかったり、悪人だったりする支配者が、あまり権力を持ち過ぎないように、そしてあまり禍をなしえないように設計しうるか」とする。彼は、あまり賢くない我々が過ちを繰り返し続けながらも、よりよき社会を作るために努力することに社会の未来を託す。我々はそれほど賢くない。そしてここにポパーのプラトン批判の基本構図がある。プラトンのイデアは、その想起説が示唆するように、我々が認識しなくても存在している。それは流転する現象世界に先んじている。人々の正しい生き方は、イデアの統制に従うことにある。これが全体主義に導く。

イデア説と同工異曲の議論は、アリストテレスの形相の理論にも見てとれる。形相という考えは、実体的存在の実在的本質というような形で理解されてもよい。

アリストテレスの形相や本質の概念は、プラトンのイデアと異なる点を持つが、その直系である。形相はプラトンのイデアのように超越した独立存在ではないが、普遍的であり、事物の中に実在する。すなわち実体に内在してそれを存在させ、運動ないし変化させる本質であり原理である。しかも、それは、プラトンのイデア説の持つ神話的要素を取り去り、より理解しやすい議論になっているように見える。アリストテレスには経験論的考察の導入があるからである。形相は我々の知覚によって知られうるものであると彼は考えているように見える。しかし、本当の所はどうであろうか。

ポパーは、アリストテレスの形相説ないし本質主義を、知識の進歩を阻害するとして厳しく批判し、斥ける。その根拠は、本質主義が批判ということを無意味にすることにある。このポパーの主張の趣旨を正しく理解することが肝要である。彼の批判は、客観的真理追究としての実在的本質追究に向けられているのではない。ポパー自身、真理の概念を知識論の中核に置き、真理を追究することに科学の活動を見ている。本質主義への彼の反対は、我々が実在（本質）を把握しえたとする構図を持つこと（賢者を見出し獲得しうるという考えと同類）、に向けられているのである。我々は実在的本質を把握したと言える立場にない。

アリストテレスは、いかにして実体の形相や、それに従っての実体の固有の変化や成長を知りうるのか。ここでは当然、神的な叡智の直観に頼るのは禁じ手である。もし我々が何らかの理由（たとえばプラトンのごとき賢人の神的な叡智）に基づき、ある主張をするなら、もはやその主張に対する批判は意味を持たなくなる。では彼の方策は、繰り返して観察し、そこから抽象すること、いわば観察に基づく帰納的な推論（抽象）と理想化の結果として知ることであろうか。しかし、そうした手続きは、絶対的な知識を確立しえないものである。「石は落ちる」「動物は成長する」。しかし無重力地帯では石は落ちない。食物がなければ動物は成長しない。信頼できる例が多いというだけでは、事柄は確定しない。さらに彼の方策は実行手続きに問題がある。なぜなら、彼は自然的実体にその本質や「固有の変化」認識の基準（criterion）を明示しないゆえ、認識結果への批判（criticism）を事実上排除しており、知識の客観性を我々の手の届かない所に置いているからである。

アリストテレスの議論がもっともらしく思われるのは、それらがいずれも日常的な感覚経験の世界を対象として扱っている知識であることによる。その次元では、観察が対象の性質を告げるもののように思われるからである。生物に関しては、その固有な性質を見出したと我々は思いやすい。朝顔の種を蒔けば、やがて朝顔が咲くのが大体の場合観察される。実際、アリストテレスは生物学の創設者である。しかし、生物学を物理学と比較して見よ。物理学において説明的な役割を果たす語句や命題は、一般に、我々が主観的に知りうることに直接基づくものではない。それどころか、物理学者は、素粒子を見たことはなくても、その概念を使用する。物体の固有な性質とは何であろうか。慣性律や保存律は観察で得られる性質ではない。物理学の記述は、感覚的な（主観的な）性質によらない。

事柄をもっと一般的に論ずることもできる。ロックの名目的本質の議論（実在的本質の概念の拒否）を想起して頂きたい。その議論に従えば、観察される性質をいくら集めても「実在的本質」にはならないのである。ロックやコンディヤックは、抽象観念の分析を通じて、くどいまでに論じていた。本質と言われているのは、名目的本質に過ぎず、実在的本質ではない、と。「物体」の本質を示す為に「物体性」と言ってみた所で、物体の本質が分かるわけではない（本書 p. 207など参照）。

しかしアリストテレスにとっては、実体や本質に基づく分析こそが正しい。実体には、それ固有の本質や変化があるということを認めないのなら、変化ということも説明できなくなる、と彼は言うであろう。

比喩を使おう。アリストテレスにおける実在的本質の知識は、常識と同様な扱いを受ける。常識は批判をいわば免除されている。それは我々が安んじて従いうる知識である。というのも、そう思われるゆえに常識と看做されているのだからである。アリストテレスの説が常識と違うのは、それの方がもっと権威を持っているという点である。スコラの時代には、より権威を持っていたであろう。権威ある実在的性質の知識に合致しない事柄が現れたなら、斥けられるべきはその事柄であった。誤りは実在的本質の知識の方にはない、否、あり得ないとされたであろう。というのも、そうでないなら、その知識は知識ではなかったのであろうからである。この硬直した結論を齎すがゆえにも、アリストテレス―スコラの哲学は、近世の科学の成立の妨げとなった。

朝顔の種をまけば、やがて朝顔の花が咲くであろう、と主張する常識は、変化における外的条件の存在をほぼ無視している。植物は育たずに枯れるかもしれない。しかし、それでも常識は、自然的事物の自然的変化はその事物に固有な変化だ、というふうに言い続けるであろう。本質についての知識も、まさにこれと同じあり方をすることによって実験的方法を封じてしまう。というのも、もしある実体が、その固有の変化とされているものから逸脱した場合には、実験者は「その実体には何らかの外的干渉が加わった」、あるいは「その実体はなんらかの不純物を含んでいる」という遁辞を弄し、反証を斥けうるからである。本質（形相）と固有の変化が一旦確定されたと信じられると、その信念を改訂し改良する作業は疎かにされる。本質主義は、主体の本性は既に確認されていると主張し、主体の本性の把握・理解に対する批判を封じてしまう。

アリストテレス自身は経験論的手続きを重視する人であったにしても、彼の哲学が経験や観察を無視したと言われる理由が、彼の理論の中にあった、と我々は考えざるをえない。自然的実体には、それ固有の原理ないし本質があり、その本性に従う典型的な変化（運動）がある、という彼の主張は、その抽象的な、メタ理論的な主張としての正しさはどうあれ、空虚であり（睡眠剤の本性は催眠力であるというのは、内容は空虚であるが、論理的には妥当である）、科学の方法を排除するものである。「本質主義」は空虚な議論であるばかりか、科学的知識の進歩を阻害する反近代的な立場であることになろう。

ポパーの本質主義批判の意味をいくらか伝えられたであろうか。

では、ポパーがイデア説との繫がりを持つとはどういう意味か。まず、その「繫がり」の意味について説明しておかねばならない。さて、私はイデア説がその生命を終えたと言おうとするものではない。しかしイデア説も、批判に耐えつつ進化し適応していかねば、生き延びられまい。実際プラトンのイデアは（原型もなお生き延びているとしても）、既にアリストテレスの形相へ、次いで近世的「観念」へと変遷した。しかも、それはまだ進化しなくてはならないのではないか。この変遷に「繫がり」を認めて下さる方には、ポパーにおけるプラトン主義的構造ということの意味を理解していただくことができると私は考える。

その一つの例は、既に述べたが、ポパーの知識論では、「真理」という概念がその要《かなめ》をなしているという事実である。彼にとって知識の源泉は、誤りを見出し、それを除去することにある。それはいかにして可能か。批判、つまり反証によって。反証はいかにして成立するか。それは「真理」という概念を導入することによってである。この故に彼は実在論に立ち、科学の理論の特徴づけにおいて、道具主義や記述主義を退けた。彼の真理概念は、知識論に関しては、いわば彼のイデアであろう。ここには、プラトンの愛知の精神に代わって、限りなき探求の精神が働いている。ただポパーの「真理」はプラトンのイデアと異なり、独立実在はおろか、その存在も確立されえない(「真理近似性」の考えの失敗)。

ポパーにおけるプラトン主義のもう一つは、今述べたことに繋がる形而上学的な議論、すなわち、彼の「三つの世界」の考えに見られる。彼は、世界を三つの次元に分けた。物理的世界(世界1)、次に、意識的世界(世界2)、そしていわば知的世界(世界3)である。この世界3は、本や図書館や、コンピュータの記憶しているような論理的内容というふうに説明されている。ここで彼が主張している知的な世界は、プラトン的な知の世界の現代版であろう。なぜなら世界3は、科学理論のようなものをも含むからである。それらは仮説(仮設)として(仮説はプラトンのイデアのような意味での真実在ではなく、人間が人工的に作った知的抽象物である)、世界を説明する機能を果たすという意味で、プラトンのイデアの機能の一部をも含んでいる。ただし世界3は、プラトンの場合のように善の規範を樹立しているとは言えない。悪しき考えもこの世界に入りうるからである。この世界3に基づくプラトン主義の今後の眺望は、さらに拡げうるかもしれない。

ポパーにイデア説に対応するような一面が見られるということは、哲学史上それほど重大なことではない。私は事の成り行き上そのことを指摘しただけである。それよりむしろ、一九世紀以後のプラトン主義の眺望に関しては、他にもあろうが、たとえばヘーゲルやフレーゲのことに触れておくほうが適切かもしれない。

ヘーゲルは『法の哲学』において、「国家を、この世における神的なもの(ein Irdisch-Göttliches)として崇めなくてはならない」というふうなことを言っているが、ポパーがこのところを英語で引用して、神的イデア（Divine Idea）と訳しているのは興味深い。念のために言えば、ヘーゲルの国家観は、プラトンの考えを引くものとして、ポパーが批判の対象にしているものである。なおプラトンはイデアが流転する万物に先立って存在するとしたが、ヘーゲルは流転の中にイデアを見る（現実的なものは、理性的。理性的なものは現実的）。前者では流転は退廃へ向かうが、後者では進歩へ向かう。

また、現代の言語哲学に深甚な影響を及ぼしているフレーゲの立場は、プラトン主義の立場だと言われている。このことは、プラトンのイデア論が、彼の述べたそのままの素朴な形では最早あり得ないとしても、なお進化し続けており、またそうでありうるものだということを示唆しているように思われる。そもそもプラトンのイデアという考えの成立は、存在論的議論の他に、我々の知識がいかにして成り立つかという条件を求めての認識論的分析にもよっている。そうした意味でのイデア追求の努力は、我々の知識追求の営為が続く限り、終わらないであろう。そして私自身の観点から言えば、フレーゲのプラトン主義が生存適所を見出しているのが言語哲学においてであり、しかも、その言語哲学が特に数学や論理学に関する議論に由来するということが、プラトンの哲学と数学との関係を思うと、ひとしお興味深い。数学は、プラトン以来、知的抽象物の生存適所である。そうした興味をなぜ私が持つかという理由の一部は、私がカントのことを述べたところでいくらかお分かりいただけるかもしれない。

しかし、今のところ私はここで終る。一九世紀以来、学問、特に科学が社会の動きに巻き込まれ、思想の歴史も、思想に内的な論理のみならず社会からの影響を大いに受けるようになり、それだけ複雑になった。その実情を、見据えたいと思っている。

本書は、哲学の専門家向けのものではない。人間の思想に知的好奇心を持つ人ならだれでも予備知識なしに理解できるように述べたつもりである。なお、本書で述べたことは、その第1章第3節は、二〇〇六年一二月の「関西シェイクスピア研究会」での講演に、そして第2章と第3章とは、二〇〇九〜二〇一〇年度に京都大学総合人間学部において行った講義に基づいている。第4章は、昔の学会発表の議論を軸にしている。お世話になった方々や、私の話を熱心に聞いて質問して下さった方々に厚くお礼を申し上げたい。

最後になったが、本書を世に出す上でお世話になった方々にお礼を申し上げる。中でも私を励まし企画を成立させて下さったミネルヴァ書房の故・後藤郁夫氏、氏の病気引退後その後を引き継いで下さった同社の堀川健太郎氏、原稿全体に目を通して下さった中才敏郎大阪市立大学教授、カントに触れた節に関しては土屋盛茂香川大学名誉教授、文献資料の利用に際し多忙な中、快く御助力下さった森匡史神戸大学名誉教授ならびに戸田剛文京都大学総合人間学部准教授にお礼を申し上げる。ただ私は、これらの方々のご助力を、十分に自家薬籠中のものとできたか甚だ心もとないのを遺憾としている。

二〇一一年九月

神野慧一郎

人名索引

ア　行

カ　行

サ　行

タ　行

ナ・ハ行

マ　行

ヤ・ラ・ワ行

事項索引

ア 行

カ 行

サ　行

タ　行

ナ　行

ハ　行

マ　行

ヤ・ラ行

《著者紹介》

神野慧一郎（かみの・けいいちろう）

1932年　生まれ
　　　　京都大学文学部卒業
現　在　大阪市立大学名誉教授
主　著　『論理学――モデル理論と歴史的背景』（共著）ミネルヴァ書房，1976年
　　　　『ヒューム研究』ミネルヴァ書房，1984年
　　　　『モラル・サイエンスの形成――ヒューム哲学の基本構造』名古屋大学出版会，1996年
　　　　『我々はなぜ道徳的か――ヒュームの洞察』勁草書房，2002年

イデアの哲学史
――啓蒙・言語・歴史認識――

2011年11月20日　初版第1刷発行　　検印廃止

定価はカバーに
表示しています

著　者　神野慧一郎
発行者　杉田啓三
印刷者　江戸宏介

発行所　株式会社　ミネルヴァ書房
607-8494　京都市山科区日ノ岡堤谷町1
電話代表　(075)581-5191番
振替口座　01020-0-8076番

共同印刷工業・新生製本

ISBN978-4-623-06051-1
Printed in Japan